电子信息与安全管理

吴亚洁　著

吉林科学技术出版社

图书在版编目（CIP）数据

电子信息与安全管理 / 吴亚洁著. -- 长春 : 吉林科学技术出版社, 2024.3

ISBN 978-7-5744-1236-1

Ⅰ. ①电… Ⅱ. ①吴… Ⅲ. ①电子信息－信息安全－安全管理 Ⅳ. ① G203

中国国家版本馆 CIP 数据核字 (2024) 第 068709 号

电子信息与安全管理

著　吴亚洁
出 版 人　宛　霞
责任编辑　程　程
封面设计　树人教育
制　　版　树人教育
幅面尺寸　185mm × 260mm
开　　本　16
字　　数　250 千字
印　　张　11.25
印　　数　1~1500 册
版　　次　2024 年 3 月第 1 版
印　　次　2024 年12月第 1 次印刷

出　　版　吉林科学技术出版社
发　　行　吉林科学技术出版社
地　　址　长春市福祉大路5788 号出版大厦A 座
邮　　编　130118
发行部电话/传真　0431-81629529 81629530 81629531
81629532 81629533 81629534
储运部电话　0431-86059116
编辑部电话　0431-81629510
印　　刷　廊坊市印艺阁数字科技有限公司

书　　号　ISBN 978-7-5744-1236-1
定　　价　70.00元

前　言

在当今数字化飞速发展的时代，电子信息技术的广泛应用已经成为社会各个领域的核心驱动力之一。随着信息技术的不断进步，我们的生活方式、商业模式和社会组织结构都经历了深刻的变革，电子信息系统所带来的各种便利也伴随着新的安全威胁和挑战。

本书旨在深入探讨电子信息与安全管理的重要性，从而帮助读者更好地理解和应对当前和未来的信息安全风险。在这个高度互联的时代，电子信息的管理和安全性已经成为各类组织和个人不可忽视的议题。面对网络攻击、数据泄露、恶意软件等多种威胁，我们迫切需要建立有效的电子信息与安全管理体系，以确保信息的完整性、机密性和可用性。

通过深入研究电子信息管理的理论框架和实际案例，本书将为读者提供系统性的知识体系，涵盖信息系统规划、安全政策制定、风险评估与管理、网络安全、数据隐私保护等方面的内容。我们将探讨如何在信息系统的整个生命周期，从设计和部署到运行和维护，有效管理和维护信息安全。

在这个信息爆炸的时代，本书不仅仅关注技术层面的挑战，还将关注人、组织和法律等多个维度，探讨如何培养信息安全意识，建设安全的组织文化，以及遵循法规合规性。通过综合考虑技术、管理和人的因素，我们有望建立起更为健全的电子信息与安全管理体系，为数字社会的可持续发展提供坚实的保障。

希望本书能够成为电子信息管理与安全领域的实用指南，为广大读者提供全面而深入的见解，使其能够更加自信地应对复杂多变的信息安全挑战。在共同努力下，我们可以共建一个更加安全、稳定和可信赖的数字化未来。

目　录

第一章　电子信息技术概述

电子信息技术是指在信息传输、存储和处理方面应用电子设备和电磁波的一系列技术。这一领域的发展极大改变了人类社会的方方面面，深刻影响了我们的生活、工作和娱乐方式。通过无线电波、光纤等传输介质，我们可以实现全球范围内的实时通信。手机、互联网和社交媒体等应用的普及，让人们能够随时随地保持联系，分享信息，推动信息社会的快速发展。计算机作为信息处理的主要工具，通过芯片技术的不断创新，实现了计算速度的大幅提升。高效的存储技术使得海量数据可以被迅速保存和检索，为科学研究、商业分析等提供了强大支持。电子信息技术还推动了现代工业的智能化和自动化发展。自动化生产线、机器人技术的广泛应用，不仅提高了生产效率，降低了成本，也使得工业生产更加灵活、精准。在医疗领域，电子信息技术的应用也为医学诊断、治疗和健康管理带来了革命性变化。医疗信息系统的建立，使医生能够更好地管理患者信息，提高医疗服务的质量和效率。随着物联网、人工智能等新兴技术的崛起，电子信息技术正进入一个全新的发展阶段。物联网使得各种设备可以相互连接，实现智能化的互动；人工智能通过模拟人类智能行为，推动了语音识别、图像识别等领域的飞速发展。电子信息技术已经成为现代社会不可或缺的基石，为各行各业的创新和发展提供了强大的动力。随着技术的不断演进，电子信息技术将继续推动人类社会向着更加智能、便捷和可持续的方向发展。

第一节　信息科学与信息技术

信息科学与信息技术是当今社会中不可或缺的两个重要领域，它们共同构筑了现代数字时代的基石，推动着科技的飞速发展和社会的全面变革。

一、信息科学概述

信息科学是一门广泛研究信息的生成、传输、存储、处理和应用的综合性学科，它深入探讨了信息在各个领域中的产生、流动和转换，从而为现代社会的科技发展和人类活动提供了强大的理论支持。

（一）信息科学关注信息的生成，即信息如何从各种源头产生

信息科学作为一门综合性的学科，聚焦于信息的生成过程，深入研究信息如何从各种源头产生的复杂机制。信息的生成涉及多个领域，包括计算机科学、通信技术、认知心理学等，深入了解信息的起源和产生过程对于信息科学的发展至关重要。人类作为信息的创造者和传播者，通过思考、感知和交流，不断产生新的信息。认知心理学探讨了人类思维的机制，研究思维如何转化为符号系统，从而生成具有意义的信息。语言学研究了语言的结构和演变，揭示了语言是一种丰富的信息传递工具，为人们创造和共享信息提供了基础。计算机科学的发展推动了信息技术的飞速进步，通过计算机程序和算法，人们能够处理、存储和传递大量的信息。互联网的普及使得信息的传递变得更加便捷，人们可以通过网络轻松获取和分享信息。传感技术的不断创新使得设备能够感知环境并生成实时数据，进一步丰富了信息的来源。通信技术是信息生成的重要领域之一。从最早的文字传递到现代的高速网络通信，通信技术的演进使得信息能够在时间和空间上迅速传播。无线通信、卫星通信等技术的发展扩大了信息的覆盖范围，使得信息能够跨越国界传递，形成全球性的信息网络。生物信息学研究生命体内的基因组、蛋白质结构等信息，揭示了生物体内复杂的信息交流网络。生态学研究生态系统中的信息流动，了解生物之间的相互作用和信息传递的生态学原理。这些研究为从自然界获取并利用信息提供了理论基础。在商业和社会领域，市场调查、社会调查等手段也是信息生成的一部分。通过对人们需求、喜好、态度等方面的调查，企业和政府能够获取关键的信息，从而指导决策和服务的提升。社交媒体的兴起使得大众在社交互动中不仅产生信息，还能够迅速传播和影响他人，形成了庞大的信息社交网络。信息的生成是一个多层次、多领域的复杂过程。人类的思维活动、技术的发展、自然界的运行以及社会经济活动等方方面面都为信息的生成提供了丰富资源。深入研究信息的生成机制有助于我们更好地理解和应用信息，推动信息科学的不断发展。未来，随着技术和科学的不断进步，信息的生成将呈现出更为复杂和多样化的特征，为人类社会的发展带来更多的可能性和机遇。

（二）信息科学关注信息的传输，即信息在各种媒介和网络中的传递过程

信息科学聚焦于信息在各种媒介和网络中的传输过程，深入研究信息是如何从源头到目的地在数字和模拟环境中流动、交换、和转化的。信息的传输不仅仅关乎技术层面，还涉及信息的编码、解码、传播途径和接收端的处理等复杂的过程，这些方面的研究为我们理解和优化信息传输提供了深刻的见解。

在数字世界中，信息往往以二进制代码的形式存在，通过编码和解码的过程，在发送和接收端之间进行转换。编码技术的发展不仅提高了信息的传输效率，还加强了信息的安全性。各种编码标准和算法，如 Huffman 编码、Base64 编码等，都是信息科学中的关键组成部分，它们为信息在传输过程中的压缩、加密和解压缩提供了基础。传统的媒介包括有线通信，如电缆和光纤，以及无线通信，如无线电波和微波。随着技术的发展，互联网和移动通信网络已成为信息传输的主要载体，它们不仅连接了全球，还为人们提供了高效的信息传递手段。卫星通信、物联网等新兴技术也为信息的传输提供了更广泛的覆盖范围和更多样的途径。信息传输的研究还包括了网络拓扑结构和通信协议的优化。网络拓扑结构的设计影响了信息在网络中的传输速度和稳定性，而通信协议则规定了信息在网络中的传递规则。TCP/IP 协议、HTTP 协议等已成为互联网通信的基础，各种新兴协议的提出和改进为信息的传输提供了更高效和可靠的解决方案。信息传输还涉及传感器技术和数据传输的关系。随着物联网的兴起，传感器技术广泛应用于各种领域，从工业控制到健康监测。传感器通过收集环境中的数据，将其转化为信息并传输到相应的系统中进行处理。这一过程不仅扩展了信息的产生源头，也加强了信息在网络中的传输。在社交媒体和在线平台的背景下，信息传输也变得更加多样化和即时化。用户通过各种应用程序和社交平台分享信息，从而形成庞大的信息网络。这种社交化的信息传输模式不仅影响着个体和社会的交流方式，也对信息科学提出了更高要求，需要更加有效地管理、分析和应用海量的社交信息。在数字化和网络化时代，信息的传输已经成为社会、经济和科技发展的核心驱动力之一。通过深入研究信息传输的机制，我们可以更好地理解信息在数字世界中的流动规律，为构建高效、安全、和智能的信息传输系统提供有力的支持。

（三）信息科学关注信息的存储，即信息如何在各种介质中被保存和保留

信息科学作为一门综合性学科，着重研究信息在各种介质中的存储过程，深入探讨信息如何被有效地保存、保留和管理。信息的存储涉及多个领域，包括计算机科学、数据管理、存储技术、信息安全等，对这些方面的深入研究有助于我们更好地理解信息存储的本质及其在现代社会中的重要性。硬件存储介质如硬盘、固态硬盘、内存等

以及相关的存储管理技术是计算机系统的核心组成部分。文件系统、数据库管理系统等软件层面的技术则提供了高效、可靠的信息组织和存储方案。计算机科学的发展推动了存储技术的不断创新，从而提高了信息存储的容量、速度和可靠性。数据库系统通过结构化的方式组织和存储大量信息，提供高效的数据检索和管理手段。分布式数据库、云存储等新兴技术为大规模信息的存储和管理提供了更灵活、可扩展的解决方案。数据仓库和数据湖等概念则强调了对不同类型数据的集成、存储和分析，使得信息可以更全面、深入地被保存和利用。存储技术的不断创新也影响了信息的物理存储介质。随着时间的推移，从最初的磁带到硬盘、光盘，再到固态硬盘和云存储，存储介质经历了多个阶段的演进。新型存储技术如量子存储、DNA 存储等也在不断研究和发展，为未来提供更加高效和持久的信息存储方案。信息的安全存储是一个备受关注的话题。随着信息社会的发展，信息的价值变得愈发重要，因此保障信息的安全性显得至关重要。密码学、访问控制技术、备份与恢复策略等都是信息安全存储的关键组成部分。云安全、区块链等新兴技术也为信息的安全存储提供了新的思路和解决方案。此外，信息存储涉及知识管理的层面。随着信息量的爆炸性增长，有效地组织、分类、检索信息变得至关重要。知识图谱、信息检索技术等研究为更智能、更高效的信息存储和检索提供了支持，使得用户能够更方便地获取所需的信息。计算机科学、数据管理、存储技术、信息安全以及知识管理等多个领域的交叉融合，为信息的存储提供了全面的解决方案。信息存储的不断创新和提升将在未来继续推动科技和社会的发展，为更加便捷、智能、可靠的信息存储和管理提供新的可能性。

（四）信息科学还关注信息的处理，即信息如何通过各种算法和技术进行分析、整合和处理

信息科学不仅关注信息的存储和传输，同时强调信息的处理，即通过各种算法和技术进行分析、整合和加工的过程。信息处理是信息科学中至关重要的一环，涉及计算机科学、数据科学、人工智能等多个领域的交叉融合。深入研究信息处理，不仅有助于更好地理解信息的内在结构和含义，还能为实现更高效的信息利用提供理论和技术支持。数据处理是信息科学中的关键环节。随着大数据时代的到来，信息量呈爆炸性增长，如何从海量数据中提取有用信息成为一项具有挑战性的任务。数据预处理、清洗和转换等技术用于确保数据的质量，而数据挖掘和机器学习等算法则用于发现数据中的模式、关联和趋势。这些技术的发展使得从数据中获取有价值的信息成为可能，为科学研究、商业决策等提供了强大工具。自然语言处理致力于让计算机能够理解、处理和生成自然语言，为机器翻译、文本分析等提供技术支持。图像处理则关注图像

的获取、分析和识别，应用于图像识别、医学影像分析等领域。这些技术的发展推动了信息在多媒体领域的更深层次的应用和处理。人工智能是信息处理中的重要方向。机器学习、深度学习等技术使得计算机能够从数据中学习和提高性能，广泛应用于图像识别、语音识别、自然语言处理等任务。人工智能的发展使得计算机在处理信息时具备了更高级别的认知和智能，为解决复杂问题提供了更加强大的工具。信息处理还包括了分布式计算和并行计算等技术。随着计算任务的复杂性和规模的增加，传统的计算模型已经不能满足需求。分布式计算利用多个计算资源同时工作，提高了计算效率和处理能力。并行计算通过同时处理多个计算任务，使得计算机系统能够更加高效地处理大规模信息。在信息处理中，模型和算法的选择也是至关重要的。不同的问题可能需要不同的模型和算法来解决。优化算法、图算法、神经网络等都是信息处理中常用的工具，通过这些工具，我们能够更加有效地处理和分析各种类型的信息。信息处理是信息科学中的一个核心环节，涉及从庞大的数据中提取知识、从多媒体中理解内容、通过人工智能实现智能决策等多个方面。通过不断创新和发展信息处理的技术和方法，我们能够更好地理解和应用信息，推动信息科学的不断进步，为社会、科学和工业等领域带来更多的机遇。

（五）信息科学关注信息的应用，即信息如何为人类社会的各个领域提供支持

信息科学聚焦于信息的应用，强调信息如何为人类社会的各个领域提供支持和推动创新。信息的应用涵盖了广泛的领域，包括但不限于医疗、教育、商业、政府、社交等，对于提高效率、解决问题、促进发展起到了至关重要的作用。在医疗领域，信息科学的应用为医疗信息管理和医疗决策提供了强大的工具。电子病历、医学影像存储与传输系统（PACS）、远程医疗等技术使得医疗数据更加精准、可靠，并且能够实现医疗资源的高效利用。人工智能在医学图像诊断、药物研发等方面的应用，进一步提高了医疗领域的智能化水平。远程教育、在线学习平台、虚拟实验室等技术推动了教育资源的全球化和个性化。学生和教育者可以通过互联网获得丰富的学习资源，同时教育数据的分析也为教育决策提供了数据支持，帮助优化教育体系。在商业领域，信息科学的应用提升了企业的管理效能和市场竞争力。大数据分析、商业智能系统、供应链管理等技术为企业提供了更准确的市场洞察、更高效的运营管理。电子商务平台、在线支付系统等工具改变了传统商业模式，促进了全球贸易和消费者体验的提升。电子政务、数字化服务、智能城市建设等举措使政府更加高效、透明。大数据分析用于政策制定、公共安全和城市规划等领域，为政府决策提供科学依据。社交媒体和在线社

区等平台为人际交往提供了全新的方式，极大地促进了信息的传递和分享。信息科学的应用不仅拉近了人与人之间的距离，也促进了文化的交流和社会的多元发展。信息科学的应用还涉及环境监测、能源管理、交通优化等领域，为可持续发展提供解决方案。传感技术、物联网等技术的应用使得各种设备能够实时收集和传输数据，为资源的高效利用和环境的保护提供了技术支持。通过将先进的信息技术应用于不同领域，人类社会得以在效率、创新、可持续性等方面取得显著的进步。信息科学的不断发展和创新将为未来社会带来更多可能性，为解决人类面临的各种挑战提供强大的支持和推动力。

信息科学作为一门综合性学科，通过对信息的全面研究和应用，为人类社会提供了丰富的理论支持和实践指导。在信息时代，信息科学将继续发挥着不可替代的作用，推动着社会各个领域的发展和变革。

二、信息技术的作用和性质

它在现代社会扮演着至关重要的角色，贯穿于各个领域，从个体的生活到企业的运营，再到国家的治理，都离不开信息技术的支持和创新。

（一）信息技术以计算机科学为基础，积极应用计算机硬件和软件技术，推动着计算机系统的发展和升级

信息技术是以计算机科学为基础的一门学科，它积极应用计算机硬件和软件技术，推动着计算机系统的不断发展和升级。这一领域涵盖了广泛的知识，包括计算机体系结构、操作系统、数据库管理、网络技术、算法设计等多个方面，形成了一个庞大而密切相连的体系。计算机的硬件体系结构包括中央处理器（CPU）、内存、输入输出设备、存储设备等，这些组成部分共同构建了计算机系统的基本框架。硬件技术的不断进步和创新，如芯片技术的发展、存储设备的高速化、硬件并行计算等，为计算机的性能提升和功能拓展提供了强有力的支持。操作系统作为计算机软件的核心，管理着计算机硬件和其他软件的交互。应用软件包括各种应用程序，如办公软件、图形设计软件、数据库管理软件等，它们为用户提供了丰富的功能和服务。编程语言和算法设计是软件开发的关键环节，它们决定了软件的性能和效率。信息技术的发展不仅涉及计算机硬件和软件的提升，还包括了网络技术的广泛应用。互联网、局域网、无线网络等各种网络形式构成了一个庞大的信息交流系统。网络技术的进步使得信息能够快速、高效地在全球范围内传递，同时也催生了云计算、边缘计算等新兴技术，为计算资源的灵活利用提供了便利。信息技术的应用不仅局限于个人电脑和工作站，还包括

了嵌入式系统、移动设备、物联网设备等多种形态。嵌入式系统集成了计算、通信、控制等功能，广泛应用于汽车、家电、医疗设备等领域。移动设备如智能手机、平板电脑，已经成为人们日常生活不可或缺的工具。物联网设备通过感知和通信技术，实现了设备之间的智能互联，为智慧城市、智能家居等领域的发展提供了支持。信息技术的推动还体现在人工智能领域。机器学习、深度学习等技术的兴起，使得计算机系统能够模拟人类的认知能力，实现自主学习和智能决策。人工智能广泛应用于语音识别、图像识别、自然语言处理等场景，为人们提供了更加智能和便捷的服务。信息技术以计算机科学为基础，通过硬件和软件技术的协同应用，不断推动计算机系统的发展和升级。在数字化时代，信息技术已经深刻影响了社会的方方面面，为科学研究、商业发展、社会管理等领域带来了全新的可能性和机遇。

（二）信息技术通过工程技术手段实现信息的处理和传递

信息技术通过工程技术手段实现信息的处理和传递，构建了庞大而高效的信息系统。这一过程涵盖了多个方面，包括硬件工程、软件工程、网络工程等，以及相应的工程管理和安全保障，形成了一个复杂而协同的信息处理体系。通过计算机硬件的设计、制造和优化，信息技术实现了对信息的高速、高效的处理。中央处理器（CPU）、内存、存储设备、网络设备等硬件组件相互协同，构成了计算机系统的基本结构。硬件工程的发展使得计算机性能不断提升，存储容量逐渐扩大，网络带宽逐步增加，为信息处理和传递提供了强有力的支持。通过软件的设计、编码、测试和维护，信息技术实现了对复杂信息的处理和管理。操作系统、数据库管理系统、应用软件等层层叠加，共同构成了一个多层次、多功能的信息处理系统。软件工程的创新使得应用软件能够适应不断变化的需求，同时提供了更友好、更智能的用户界面，为信息的处理提供了便利。通过网络工程，信息能够在不同地点之间快速、可靠地传递。网络工程包括了通信协议、网络拓扑结构、路由算法等方面的设计和优化，确保信息能够在全球范围内流畅地传递。互联网的兴起是网络工程的巅峰之一，使得信息传递变得更加广泛、便捷、实时。项目管理、需求分析、质量保证等工程管理方法确保了信息技术项目的顺利实施。工程管理不仅关注项目进度和成本控制，还关心用户需求的合理满足和技术方案的可行性。它在信息技术的实际应用中，起到了桥梁和纽带作用，使得工程团队能够有序协同工作，项目得以顺利完成。信息安全工程是信息技术工程中一个至关重要的方面。随着信息技术的广泛应用，信息的安全性成为一个重大问题。加密技术、身份认证、访问控制等安全手段通过工程技术的手段，保障了信息在处理和传递的过程中不被非法访问和篡改，确保了信息的机密性和完整性。硬件工程、软件工程、网络工程等各个层面的工程构成了一个完整的信息处理系统。通过不断的技术创新和工程实践，信息技术不断推动着社会的数字化转型，为人类社会带来了更高效、更便捷、更安全的信息处理和传递方式。

（三）信息技术在企业和组织中发挥着关键的作用

信息技术在企业和组织中发挥着关键作用，已经成为推动业务发展、提高效率和促进创新的重要驱动力。信息技术不仅改变了组织内部的运作方式，还塑造了企业与外部环境的互动关系，对商业模式和战略的制定产生了深远的影响。通过自动化、数字化的方式，信息技术使得许多重复性、烦琐的任务可以更快速、更精准地完成。办公软件、协同工具、企业资源计划（ERP）等系统的应用，使得组织内部的沟通、协作、决策变得更加高效，从而提高了整体工作效能。大数据分析、商业智能系统等工具使得企业能够从海量数据中挖掘有价值的信息，预测市场趋势，优化运营流程，精准定位客户需求。这种数据驱动的决策过程有助于企业更好地理解市场、调整战略，并迅速做出反应。虚拟现实、人工智能、物联网等新兴技术为企业创新提供了新的思路和工具。通过数字化设计、模拟测试，企业能够更迅速地推出新产品，并且更好地满足市场需求。云计算等技术使得企业能够更加灵活地部署和使用计算资源，降低了创新的门槛。在客户服务方面，信息技术为企业提供了更多元化、个性化的服务渠道。社交媒体、移动应用、在线客服等工具使得企业可以更加直接地与客户互动，了解他们的需求，提供更个性化的产品和服务。这种直接沟通的方式不仅提高了客户满意度，也促进了品牌形象的建设。信息技术还在企业内部推动了组织结构和文化的变革。远程办公、协同工作平台、数字化培训等方式改变了传统的办公模式，为员工提供更加灵活的工作环境。信息技术为企业提供了更好的人才管理和培养工具，有助于建设更具创新力和适应性的组织文化。随着信息交流和存储的数字化，信息安全成为企业面临的重要挑战之一。加密技术、身份验证、网络安全策略等工具和方法有助于保护企业的敏感信息，防范潜在的风险和威胁。

它不仅提高了工作效率、创新能力，还拓展了企业的业务边界，为组织的可持续发展奠定了坚实的基础。随着技术的不断进步，信息技术将继续在企业中发挥关键作用，为其在竞争激烈的市场中取得优势提供支持。

（四）在个人生活中，信息技术通过智能手机、社交媒体、在线购物等方面的应用，深刻改变了人们的生活方式和社交方式

在个人生活中，信息技术通过智能手机、社交媒体、在线购物等方面的应用，深刻改变了人们的生活方式和社交方式，构建了一个数字化、便捷化的生活体验。智能

手机不仅是通信工具，更是一种多功能的终端设备，集成了各种应用和服务。通过智能手机，人们可以随时随地获取新闻信息、社交互动、进行在线支付、使用导航服务等，使得生活变得更加便捷和高效。社交媒体在信息技术的推动下成为人们日常社交的主要平台之一。无论是Facebook、Instagram、Twitter等国际社交媒体，还是微信、微博等国内社交媒体，都让人们能够方便地与朋友、家人保持联系，分享生活中的点滴，了解世界各地的新闻和趋势。社交媒体不仅打破了地理距离的限制，还促进了信息的传递和社交网络的拓展。在线购物是信息技术改变人们生活方式的又一个重要方面。电子商务平台如亚马孙、阿里巴巴等提供了丰富多样的商品，人们通过在线购物可以避免传统购物的时间和空间限制，实现便捷的购物体验。个性化的推荐算法使得消费者能够更容易找到符合自己兴趣和需求的商品，提升了购物的满意度。信息技术还推动了娱乐产业的升级。视频流媒体服务如Netflix、YouTube等为人们提供了随时观看各种视频内容的渠道，音乐流媒体服务如Spotify、Apple Music等让人们能够随时随地享受音乐。虚拟现实（VR）和增强现实（AR）技术使得娱乐体验更加沉浸和创新。智能家居技术也是信息技术在个人生活中的重要应用之一。通过智能家居设备，人们可以实现对家居环境的远程控制，智能化的家居安全系统、智能音箱、智能家电等产品为人们提供了更加便捷、舒适的生活体验。健康监测设备、健康管理应用等通过手机和其他数字设备为人们提供了方便的健康管理工具，使得个人能够更主动地关注自己的健康状况。从智能手机的便携性，到社交媒体的全球化社交，再到在线购物的便捷体验，信息技术为个体提供了更加个性化、自主化的生活方式，也推动了社会的数字化转型。未来，随着技术的不断发展，信息技术将继续为人们的生活带来更多便利和可能性。

（五）信息技术还在科学研究、医疗健康、教育培训等多个领域发挥关键作用

信息技术在科学研究、医疗健康、教育培训等多个领域发挥着关键的作用，为这些领域的发展和进步提供了强大支持。科学研究通常需要处理大量的数据、进行复杂的模拟和实验，信息技术通过高性能计算、大数据分析、模拟软件等工具，加速了科学研究的进程。研究人员可以更快速地分析实验结果、模拟复杂的科学现象，从而推动科学知识的积累和创新。在医疗健康领域，信息技术为医疗数据的管理、诊断和治疗提供了创新的手段。电子病历、医疗信息系统使得患者的医疗信息能够更加准确、实时地被记录和管理。医学影像的数字化和远程传输，使得医生能够更快速地进行诊断和制订治疗方案。健康信息技术的发展还推动了个性化医疗、远程医疗等新模式的

出现，提高了医疗服务的效率和质量。在教育培训领域，信息技术改变了传统的教学方式，为学生提供了更加灵活和个性化的学习环境。在线学习平台、教育软件、远程教育等工具使得学生可以随时随地获取学习资源，进行自主学习。虚拟现实技术的应用为实验教学和职业培训提供了全新的可能性，让学生能够生动地参与实践和互动。信息技术还在科研合作、医疗协同、教育资源共享等方面起到了促进作用。通过云计算、在线协作平台，研究人员、医疗专业人士和教育从业者可以跨越地域界限，共同开展合作和交流，推动知识的共享和传播。在科学研究中，人工智能可以加速数据分析和模型设计的过程。在医疗健康领域，人工智能用于医学影像诊断、基因组学研究等，提高了医学研究和医疗诊断的准确性。在教育培训领域，智能教育系统通过个性化的学习路径和反馈，帮助学生更好地理解和掌握知识。信息技术在科学研究、医疗健康、教育培训等多个领域的关键作用日益凸显。随着技术不断地创新和发展，信息技术将继续为这些领域带来新的机遇和挑战，推动各个领域朝着更加智能化、高效化、个性化的方向发展。

信息技术作为信息科学的实践应用，不仅在计算机科学领域具有深厚的理论基础，更在实际工程应用中为社会的进步和发展作出了巨大贡献。随着科技不断进步，信息技术将继续引领着新的技术浪潮，为人类创造更加智能化、便捷化的未来。

三、信息科学与信息技术结合的意义

这个深度融合的时代，将信息科学的理论与信息技术的实践相结合，不仅推动着科技的创新发展，也为社会的进步和个体的发展提供了前所未有的机遇和挑战。

（一）信息科学与信息技术的紧密结合在生产领域发挥着重要作用

信息科学与信息技术的紧密结合在生产领域发挥着重要作用，为生产过程提供了更高效、精准和智能的解决方案，推动着工业制造的数字化转型和智能化升级。生产计划与调度方面，信息科学与信息技术的应用使得生产计划更加精准和灵活。通过数据分析、模拟仿真等手段，生产计划可以更好地预测市场需求、优化生产流程，实现生产资源的最优配置。智能化的调度系统能够根据实时生产数据动态调整生产计划，提高了生产的灵活性和适应性。生产过程的监控与控制方面，信息科学与信息技术的融合实现了生产过程的实时监测和远程控制。传感器、物联网技术的应用使得生产设备能够实时采集大量数据，通过数据分析和大数据处理技术，实现对生产过程的全面监控。智能控制系统能够根据实时数据对生产设备进行调整和优化，提高了生产效率和质量。在制造执行系统方面，信息科学与信息技术的结合使得生产数据能够被高效地收集、处理和传递。通过制造执行系统，企业能够实现对生产过程的全面控制和管理，确保产品能够按照计划高效生产。生产过程中的异常情况可以得到及时发现和处理，提高了生产的稳定性和可靠性。信息科学与信息技术的应用还促进了数字化工厂的建设。数字化工厂利用先进的信息技术手段，将生产过程中的各个环节进行数字化和网络化连接。这包括数字化的设计与仿真、数字化的生产过程控制、数字化的产品生命周期管理等。数字化工厂使得生产数据能够实现全生命周期的管理，提高了产品的设计质量和生产效率。在供应链管理方面，信息科学与信息技术的应用实现了供应链的可视化和智能化。通过信息系统，企业能够更好地监测和管理供应链中的各个环节，实现对供应链的实时分析和优化。智能供应链系统通过预测需求、优化库存、提高供应链的反应速度，使得生产过程更加敏捷和可持续。信息科学与信息技术在生产领域的结合推动了工业制造的数字化转型和智能化升级。这种紧密的结合不仅提高了生产效率和质量，还促使了生产模式的创新和企业竞争力的提升。未来随着技术的不断进步，信息科学与信息技术在生产领域的作用将继续扩大，为工业制造带来更多的创新和发展机遇。

（二）在生活方面，信息科学与信息技术的结合使得人们的生活更加便捷和智能

在生活方面，信息科学与信息技术的结合使得人们的生活更加便捷和智能，为个体提供了丰富的数字化工具和服务，极大地改善了生活品质。智能手机不仅是通信工具，更是一种多功能的终端设备。通过手机应用，人们可以方便地获取新闻信息、社交互动、进行在线支付、使用导航服务等。这使得生活中的许多方面变得更加便捷，不论是日程管理、购物还是社交沟通，都能够在手掌之间得以完成。通过连接各种智能设备，如智能家电、智能音箱、智能灯具等，人们可以远程控制家居设备，实现自动化的家居管理。语音助手技术的应用，如智能音箱，使得人们能够通过语音指令轻松控制家居设备，增强了居家生活的便利性。在健康管理方面，信息科学与信息技术的结合提供了丰富的健康监测和管理工具。智能穿戴设备、健康监测应用可以实时监测身体健康状况，记录运动数据、睡眠情况等。这不仅帮助个体更好地关注自身健康，也促使健康管理的个性化和精准化。社交媒体平台的发展加强了人际交往的便捷性。通过社交媒体，人们可以随时与朋友、家人保持联系，分享生活中的点滴。视频通话技术的普及使得远隔重洋的亲朋好友也能够面对面交流，消除了时空的距离感，丰富了人际关系的互动。在线购物的兴起改变了传统的购物方式。通过电商平台，人们可以随时随地浏览和购买商品，享受更加便捷的购物体验。个性化推荐系统通过分析用

户行为和喜好，为用户提供更符合个性化需求的商品选择，提高了购物的满意度。智能交通系统的推广提高了交通出行的效率。导航软件、交通监测系统等应用使得人们能够更加迅速地规划最优出行路径，减少了交通拥堵的影响。共享交通工具的兴起，如共享单车、电动滑板车，也为城市出行提供了更多的选择。从日常生活的方方面面，人们都能够感受到数字化带来的便捷，让生活更加智能、高效、有趣。随着科技不断创新，信息技术将继续为人们的生活带来更多可能性和便利。

（三）在学习和教育方面，信息科学与信息技术的结合让教育模式得到革新

在学习和教育方面，信息科学与信息技术的结合催生了教育模式的革新，为学生提供了更丰富、个性化的学习体验，同时也提升了教学效率和教育质量。电子教材、在线课程、教育应用等数字资源为学生提供了多样化的学习内容，使得学习可以随时随地进行。学生可以通过互联网获取到全球各地的知识资源，拓展学科广度，深入研究感兴趣的领域，实现了个性化学习的可能。学生可以通过云端学习平台参与在线课程、观看教学视频、参与远程协作。这种模式不仅提供了更灵活的学习时间，还促进了学生之间的互动与合作，打破了地域限制，使得教育资源更加普惠。教育数据分析技术的应用推动了个性化教育的实现。通过对学生学习数据的收集和分析，教育者可以更好地了解学生的学习习惯、知识水平和兴趣特点。基于这些数据，教育者可以制订个性化的学习计划，为每个学生提供更精准的指导和支持，提高学习效果。虚拟现实（VR）和增强现实（AR）技术为教育带来全新的体验。虚拟实验室、虚拟实地考察等应用使得学生能够在虚拟环境中进行实践操作，弥补了传统实验条件的限制。AR技术则能够为学生提供更加生动、直观的学习体验，例如通过AR技术展示三维模型、提供实时信息等。在线测评和智能化评价系统的应用提高了教育评价的客观性和准确性。教育者可以通过在线测评系统快速收集学生的学业水平和问题点，及时调整教学策略。智能化评价系统基于数据分析和人工智能技术，更全面地评估学生的综合素养，为教育者提供更有针对性的反馈。信息科学与信息技术的结合催生了教育模式的革新，推动了学习和教育领域的数字化转型。通过数字资源、在线学习平台、个性化教育等手段，学生和教育者都能够更好地适应信息时代的学习需求，提升学习的质量和效率。未来，随着技术的不断发展，信息科学与信息技术将继续为教育领域带来更多的创新和可能性。

（四）信息科学与信息技术结合在社会治理、医疗健康等领域也发挥着关键作用

信息科学与信息技术结合在社会治理、医疗健康等领域发挥着关键作用，推动了社会治理的现代化、医疗健康服务的智能化和个性化发展。在社会治理领域，信息科学与信息技术为政府和社会机构提供了更强大的数据分析和决策支持能力。大数据分析、人工智能等技术被广泛应用于社会管理、城市规划、公共安全等方面。通过对海量数据的挖掘，政府能够更准确地了解社会动态、人口流动、疫情传播等情况，从而制订更科学、更有针对性的政策。智能城市系统、智能交通系统等的建设使得城市治理更加高效，提升了居民的生活质量。在医疗健康领域，信息技术的应用为医疗服务带来了革命性的变化。电子病历、医疗信息系统的建设使得医生能够更方便地查阅和管理患者的医疗信息，实现了医疗过程的数字化。远程医疗、在线医生咨询等服务通过信息技术连接了医生和患者，提供了更灵活的医疗服务方式。医疗大数据的分析应用有助于疾病预测、流行病学研究等领域，为公共卫生提供科学依据。信息技术在疫情防控中的作用尤为明显。在疫情暴发时，通过大数据分析、人工智能预测等手段，政府能够更迅速地识别患者、追踪密切接触者，制订科学的防控措施。在线健康码、移动 App 的使用使得居民可以方便地获取疫情信息、预约疫苗接种等服务，提高了疫情信息的透明度和社会的协同抗疫能力。在社会治理中，信息技术的应用还加强了公共安全领域的监控和应急响应。智能监控系统、人脸识别技术在城市和公共场所的使用提高了治安管理水平。紧急事件的响应系统通过实时数据分析和通信技术，能够更迅速、精准地响应突发事件，保障公共安全。信息科学与信息技术的结合在社会治理、医疗健康等领域的应用，促进了社会管理的现代化和医疗服务的智能化。这一结合为社会提供了更有效的工具和手段，使得治理更加科学、医疗更加精准，为构建数字社会和提升社会运行效能带来了新的机遇和挑战。未来，随着技术的不断进步，信息科学与信息技术在这些领域的作用将继续扩大。

在这个数字化、智能化的时代，我们不仅拥有了更强大的计算和处理能力，也获得了更多元的信息资源。然而，这也带来了新的挑战，如信息隐私、网络安全等问题需要我们不断探索解决之道。在不断迈入信息时代的同时，我们需要以科学的态度对待信息科学与技术，善用这一强大工具，推动社会朝着更加智能、可持续的方向发展。

第二节　信息化社会

信息化社会是指在信息技术迅速发展的背景下，信息在社会各个领域广泛应用，深刻影响着人们的生产、生活和社会组织形式的社会状态。这一概念体现了信息技术在社会中的全面渗透和深刻变革，塑造了一个高度互联、高度数字化的时代。

一、信息化社会的特征之一是信息技术在生产领域的广泛应用

信息化社会的特征之一是信息技术在生产领域的广泛应用，这一现象对经济结构、生产方式和产业格局都产生了深远影响。信息技术的广泛渗透和应用，不仅提高了生产效率和质量，也引领了产业的数字化转型，塑造了新的生产生态。

（一）信息技术的广泛应用使得生产过程更加智能和高效

信息技术的广泛应用使得生产过程更加智能和高效，为企业提供了强大的工具和解决方案，推动了生产领域的数字化转型和智能化升级。生产计划与调度方面，信息技术通过大数据分析、人工智能等技术，使得生产计划更为科学、合理。企业可以根据市场需求、原材料供应情况等因素进行智能化的生产计划，实现生产资源的最优配置。智能调度系统能够根据实时的生产数据动态调整生产计划，提高了生产的灵活性和适应性。生产过程的监控与控制方面，信息技术通过物联网、传感器技术等手段，实现了对生产过程的实时监测。生产设备可以通过传感器采集大量数据，而监控系统能够对这些数据进行实时分析和反馈。智能控制系统可以根据实时数据对生产设备进行调整和优化，提高了生产效率和质量。在制造执行系统方面，信息技术的应用使得生产数据能够被高效地收集、处理和传递。通过制造执行系统，企业可以实现对生产过程的全面控制和管理。生产数据的实时监测和反馈帮助企业迅速发现和解决问题，提高了生产的稳定性和可靠性。信息科技的发展也促使数字化工厂的建设。数字化工厂利用信息技术，将生产过程中的各个环节进行数字化和网络化连接。这包括数字化的设计与仿真、数字化的生产过程控制、数字化的产品生命周期管理等。数字化工厂使得生产数据能够实现全生命周期的管理，提高了产品的设计质量和生产效率。在供应链管理方面，信息技术的应用实现了供应链的可视化和智能化。通过信息系统，企业能够更好地监测和管理供应链中的各个环节，实现对供应链的实时分析和优化。智能供应链系统通过预测需求、优化库存、提高供应链的反应速度，使得生产过程更加

敏捷和可持续。通过数字化、智能化的手段，企业能够更好地适应市场变化，提高生产效率，降低生产成本，从而在激烈的市场竞争中保持竞争力。未来，随着技术的不断创新，信息技术将继续为生产领域带来更多的创新和发展机遇。

（二）信息技术的广泛应用促成了产业结构的调整和升级

信息技术的广泛应用促成了产业结构的调整和升级，引领了全球产业的数字化、智能化转型，对经济增长、效益提升和创新推动起到了关键作用。工业互联网、物联网、大数据分析等技术的引入使得传统制造业得以数字化转型。智能制造系统通过连接各个生产环节的传感器和设备，实现了生产过程的实时监测和智能化控制。数字化生产过程提高了生产效率，降低了成本，并为定制化生产、柔性生产等提供了更多可能性。金融科技、电子商务、在线教育等行业通过信息技术的创新，提高了服务的效率和质量。金融科技的应用改变了传统金融模式，实现了支付、贷款等服务的便捷化。电子商务的崛起使得消费者能够随时随地进行网上购物，推动了零售业的数字化升级。在线教育通过互联网技术，为学生提供了更加灵活的学习方式。在能源和资源领域，信息技术的广泛应用促进了能源的智能管理和资源的高效利用。智能电网技术实现了电力系统的智能化调度和监控，提高了能源利用效率。工业互联网在资源开发和利用中的应用，通过数据分析和优化控制，实现了资源利用的精细化和智能化。信息技术的广泛应用也推动了新兴产业的崛起。人工智能、区块链、生物技术等新兴技术在医疗、生物科技、人工智能领域的应用促使了新产业的发展。这些产业的崛起对产业结构的调整和创新发挥了积极作用，为未来经济增长和就业创造了新动力。信息技术的广泛应用也在全球范围内推动了供应链的数字化转型。数字化供应链通过整合信息、优化协作，提高了供应链的透明度、效率和灵活性。企业能够更好地应对市场变化，降低库存成本，提高供应链的可持续性。信息技术的广泛应用催生了产业结构的调整和升级，推动了经济的数字化转型。新兴技术的涌现和传统行业的数字化升级相互交融，为全球产业提供了更多发展机遇，也带来了更大的创新动力。未来，信息技术将持续引领产业结构的演变，为经济社会的可持续发展带来更多机遇和挑战。

（三）信息技术的广泛应用推动了产品和服务的创新

信息技术的广泛应用推动了产品和服务的创新，为企业提供了更多的发展机遇，同时也满足了消费者日益增长的需求，推动了经济的数字化转型和智能化升级。在产品创新方面，信息技术的引入使得产品变得更加智能化、功能更为丰富。智能家居产品、智能穿戴设备、智能汽车等涌现出来，通过与互联网的连接，实现了产品之间的信息共享和互动。传感器技术的应用使得产品能够感知环境、用户需求，实现更加智能的交互体验。这些创新产品不仅提升了用户的生活质量，也为企业创造了新的市场机会。信息技术的广泛应用推动了服务行业的创新。电子商务平台、在线支付系统、社交媒体等应用为消费者提供了更为便捷的购物和社交体验。共享经济模式的兴起，如共享单车、共享汽车、共享住宿等，使得传统服务行业发生了颠覆性的变化。通过手机应用，用户可以随时随地享受到各种服务，拓宽了服务的渠道。在金融领域，金融科技（FinTech）的崛起推动了金融服务的创新。移动支付、数字货币、区块链技术等应用改变了传统金融模式，提高了金融服务的效率和便捷性。金融科技还推动了普惠金融的发展，通过大数据分析和信用评估技术，为更多人提供了金融服务的机会。在医疗健康领域，信息技术的应用催生了数字化医疗服务。远程医疗、医疗健康 APP、智能医疗设备等产品和服务的推出，使得患者可以更便捷地获取医疗服务，医生能够更有效地进行远程诊断和治疗。医疗大数据的应用为疾病预测、个体化治疗等提供了科学依据。在教育领域，信息技术的广泛应用推动了在线教育的发展。通过在线学习平台、教育应用，学生可以随时随地获取到丰富的学习资源，个性化的学习方案得以实现。虚拟现实（VR）和增强现实（AR）技术的应用也为教学提供了更为生动、直观的体验。信息技术的广泛应用推动了产品和服务的创新，使得企业在激烈的市场竞争中更具竞争力，也为消费者带来了更为便利和丰富的选择。这种创新不仅提高了生产效率和服务质量，也促使各行各业的数字化升级，为经济的可持续发展带来了新的动力。未来，随着技术的不断发展，信息技术将继续引领产品和服务创新的潮流。

（四）信息技术的广泛应用带来了产业协同和全球化生产的新格局

信息技术的广泛应用带来了产业协同和全球化生产的新格局，推动了企业之间的合作与交流，促使全球范围内的产业链更加紧密地相互关联。通过数字化、网络化的手段，不同企业、供应商和合作伙伴可以更为高效地共享信息、资源和技术。云计算、大数据分析等技术为企业提供了强大的数据处理和存储能力，使得产业链上的各个环节更紧密地协同工作。这种协同能力的提高有助于加速产品研发、减少生产周期、提高产品质量。企业可以通过互联网轻松地进行国际贸易、合作和投资，实现跨国产业链的构建。供应链管理系统的数字化和智能化使得全球范围内的供应链更为透明、高效。全球化生产不仅使得企业能够更充分地利用全球资源，降低生产成本，也促使不同国家之间的产业协同和合作。在全球分工方面，信息技术的应用使得企业能够专注于自身的核心竞争力，而将非核心业务外包给全球的专业化供应商。这种分工模式有助于提高整体生产效率，降低运营成本，提高产品质量。同时，全球化生产也促使了技术和经验的全球传递，推动了全球范围内产业的协同创新。在全球价值链方面，信息技术使得企业能够更好地在全球范围内进行价值链的整合和优化。企业可以通过数字化技术对全球供应链进行监控和分析，更好地理解全球市场的需求和竞争态势。这使得企业能够更灵活地调整生产和供应策略，更好地适应市场的变化。在全球化生产中，信息技术的应用也推动了跨国企业管理的创新。企业可以通过在线协作平台、远程工作技术等手段实现全球范围内的协同工作，提高了跨国企业的灵活性和反应速度。数字化的管理系统使得企业能够更好地协调全球范围内的生产和管理活动。企业之间的数字化合作和全球化生产模式使得产业链更为紧密，也为企业提供了更多的机遇和挑战。这种新格局不仅促进了全球产业的发展，也推动了经济的全球化进程。未来，信息技术将继续在产业协同和全球化生产中发挥关键作用，推动产业的创新和发展。

这一趋势不仅推动了生产方式的变革，也为产业的数字化升级提供了巨大机遇。随着技术的不断发展和创新，信息技术将继续在生产领域发挥引领作用，为构建更加智能、高效的生产生态贡献力量。

二、信息化社会深刻改变了人们的生活方式

智能手机、智能家居、电子商务等的普及，使得人们能够更便捷地获取信息、进行沟通、购物和娱乐。

信息化社会深刻改变了人们的生活方式。随着智能手机、智能家居、电子商务等技术的广泛普及，人们的日常生活得以极大地便捷化和多样化。这一变革不仅影响了个体的行为和选择，也对社会的交往、商业模式和娱乐方式带来了深远影响。

（一）智能手机的普及改变了人们获取信息和进行沟通的方式

智能手机的普及改变了人们获取信息和进行沟通的方式，成为现代生活中不可或缺的重要工具，深刻地塑造了人们的生活方式和社交行为。通过智能手机，人们可以随时随地访问互联网，获取新闻、社交媒体更新、电子邮件等各种信息。无论是工作、学习还是娱乐，用户可以通过手机轻松地获取所需的信息，不再受制于时间和地点的限制。这种即时性的信息获取方式改变了人们对信息的依赖模式，使得信息流动更为迅速和广泛。各种社交应用如微信、Facebook、Instagram 等成为人们分享生活、交流思想的主要平台。通过这些应用，人们能够建立和维护更广泛的社交网络，与亲朋好友保持更为密切的联系。实时的文字、图片、视频传输使得沟通更加生动丰富，拉近了人们之间的距离，也促进了信息的传播和共享。智能手机的摄像头、音频录制等功能让用户能够轻松地创造和分享多媒体内容。个人照片、视频、博客等内容的创作和分享变得更加便利，进一步促进了社交媒体的繁荣。这种用户生成的内容的广泛传播

也改变了传统媒体的格局，使得信息更加多元和民主。智能手机的应用程序（App）生态系统为用户提供了各种各样的功能和服务，从购物、支付、在线预订到健康管理等，几乎涵盖了日常生活的方方面面。这使得用户可以通过手机一站式解决多种需求，极大地提高了生活效率。智能手机也成为娱乐和休闲的重要载体，用户可以通过手机观看视频、听音乐、玩游戏等，随时随地获得娱乐享受。智能手机的普及还在教育领域发挥了积极作用。通过教育应用和在线学习平台，学生能够随时随地获取学习资源，参与在线课程，提高学习的灵活性和便捷性。这种移动学习方式推动了教育模式的变革，拓展了学习的场景和形式。智能手机的普及深刻地改变了人们获取信息和进行沟通的方式，使得生活更为便捷、多样化。它不仅是一种通信工具，更是连接人与世界、实现信息互动的纽带，成为现代社会中不可或缺的重要组成部分。随着技术的不断发展，智能手机将继续推动社会的变革和进步。

（二）智能家居技术的应用使得居住环境更加智能化和便捷

智能家居技术的应用使得居住环境更加智能化和便捷，为居民提供了更舒适、安全、高效的居住环境，成为现代家庭生活的重要组成部分。智能家居技术通过连接家庭设备和系统，实现了集成控制。居民可以通过智能手机、平板电脑或语音助手等设备，远程控制家中的照明、空调、暖气、安防系统等。这种远程控制功能不仅提高了家庭能源的有效利用，也使得居民可以在外随时随地监控和控制家中设备，实现对家庭环境的个性化定制。智能安防系统通过摄像头、传感器等设备，实时监测家中的安全状况，一旦发现异常情况，系统将立即发出警报并通知用户。智能锁具有远程控制和电子钥匙功能，提高了家庭的物理安全。这种智能安防技术不仅增强了居民对家庭安全的感知，也提供了更有效的防范和应对手段。智能家居技术还通过传感器和自动化系统，实现了居住环境的智能调控。例如，智能温控系统能够根据居民的生活习惯和室内环境变化，自动调节温度，提高了居室的舒适性和能源利用效率。智能照明系统通过感应居民的活动，自动调整光线亮度和色温，提供更加人性化的照明体验。这些智能调控系统不仅降低了家庭能源的浪费，也减轻了居民的生活负担。智能家居技术还促进了家庭娱乐体验的创新。智能音箱、智能电视、智能影音系统等设备的应用，使得居民能够更方便地享受音乐、电影、游戏等娱乐内容。这些设备之间的互联互通，也使得家庭娱乐体验更加智能和全面。智能家居技术在健康管理方面也发挥了积极作用。智能健康监测设备可以实时监测居民的生理指标，提供健康数据分析和建议。智能床垫、智能镜子等设备也可以帮助居民更好地管理睡眠和身体状况。智能家居技术的应用使得居住环境更加智能化和便捷，提升了生活的品质和安全性。随着科技的不断发展，智能家居技术将继续演进，为人们的居住体验带来更多创新和便利。

（三）电子商务的兴起改变了人们的购物方式

电子商务的兴起改变了人们的购物方式，成为现代社会极为普遍和便捷的购物渠道，深刻影响了消费者的购物习惯和零售行业的格局。电子商务通过互联网技术打破了时空限制，使得人们可以随时随地进行在线购物。无论是家庭、办公室还是移动设备，只要联网，消费者就可以方便地浏览商品、比较价格、查看评价，并完成购物交易。这种便捷性不仅为消费者提供了更广泛的购物选择，也为零售商拓展了销售渠道。通过大数据分析和人工智能技术，电商平台能够根据消费者的购物历史、喜好和行为，为其推荐个性化的商品。个性化推荐不仅提高了用户对商品的满意度，也促使了购物决策的迅速实现。安全便捷的在线支付方式为消费者提供了更多支付选择，并提高了购物的便捷性。物流系统的升级和网络化仓储使得商品能够更快速、准确地送达消费者手中。快捷高效的物流服务提高了消费者对电子商务的信任度，也促使了线上零售市场的不断扩大。电子商务的发展催生了新的商业模式，如平台型电商、社交电商等。平台型电商通过为第三方商家提供线上销售平台，吸引了众多商家和消费者。社交电商借助社交媒体平台，通过社交关系和推荐引导用户购物，增强了购物的社交性和趣味性。跨境电商使得消费者可以购买来自世界各地的商品，同时也使得商家能够更轻松地拓展国际市场。这促使了商品的国际化和多元化，为全球市场带来更大的选择和竞争。电子商务的兴起改变了人们的购物方式，使得购物更为便捷、高效和个性化。随着技术的不断进步，电子商务将继续演变，为零售业带来更多创新和变革。这种趋势不仅给消费者带来了更多便利，也给商家提出了更高的服务和竞争水平的要求。

（四）信息化社会也影响了人们的娱乐方式

信息化社会的发展极大地影响了人们的娱乐方式，使得娱乐活动更加多样化、便捷化，并融入了数字科技的元素，丰富了人们的休闲生活。互联网、智能手机和平板电脑的普及使得人们能够随时随地享受丰富多样的数字娱乐内容。视频流媒体平台、在线音乐服务、电子书阅读等数字化媒体提供了丰富的娱乐选择，消费者可以根据个人兴趣和时间自由选择喜欢的内容，摆脱了传统媒体的时间和地域限制。通过社交平台，人们可以分享生活瞬间、观点和兴趣，与朋友、家人建立更加广泛的社交网络。社交媒体上的互动和分享成为一种娱乐形式，加强了人际关系的纽带，也为个人树立了更为广泛的社交身份。虚拟现实（VR）和增强现实（AR）等技术的应用使得娱乐体验更加沉浸和互动。虚拟现实游戏、虚拟旅游体验等项目使得用户能够身临其境地感受到娱乐内容。增强现实技术则将数字信息与现实世界相结合，创造出更加丰富、趣味十足的娱乐体验，例如AR游戏、AR导览等。电子游戏通过图像、声音、互动性等多媒体元素为玩家提供沉浸式的娱乐体验。在线多人游戏、电子竞技等形式使得游戏不再是孤独的娱乐活动，而是构建了全球性的虚拟社区，促进了社交和竞技互动。信息化社会还催生了新的娱乐产业，如在线直播、短视频平台等。通过互联网，个人可以轻松分享自己的才艺或生活日常，吸引关注者，形成一种全新的娱乐方式。直播平台和短视频平台为用户提供了更为即时、生动、多样的娱乐内容，也为创作者提供了展示自己才华的机会。数字化媒体、社交媒体、虚拟现实等技术的应用不仅丰富了娱乐内容，也改变了人们娱乐的习惯和行为。未来随着技术的不断创新，信息化社会将继续塑造新的娱乐形态，为人们提供更为丰富、多元的娱乐选择。智能技术的普及不仅提高了生活效率，也为人们的生活带来更多元化的选择。然而，随着信息技术的不断演进，也需要关注信息安全、隐私保护等问题，以确保信息化社会的可持续和健康发展。

三、信息化社会还促进了社会组织形式的变革

信息化社会的发展不仅深刻改变了个体的生活方式，也在很大程度上促进了社会组织形式的变革。这一变革涉及政府、企业、非营利组织等各个层面，推动着组织运作、决策模式和社会互动的全面升级。

（一）信息化社会加速了政府治理体系的现代化转型

信息化社会的兴起和发展加速了政府治理体系的现代化转型，为政府提供了更高效、更智能的工具和手段，以更好地满足社会的需求、提高治理效能，并推动了治理方式的创新和升级。通过大数据技术，政府可以收集和整合海量的社会经济数据、民生信息等，实现对社会状况的全面监测。这使得政府能够更准确地了解社会问题的发展趋势，针对性地制订政策和规划，提高治理的科学性和精准性。政府部门通过建设电子政务平台，实现了行政事务的数字化管理，提高了工作效率。在线政务服务使得公民和企业能够更方便地办理各类事务，缩短了办事时间，减少了行政成本。这种数字化和在线化的趋势不仅提高了政府的服务水平，也增强了政府的透明度和公信力。政府通过社交媒体、在线问政平台等渠道与公民进行更紧密的沟通。公众参与政策制订、监督执法等活动的机会增多，政府能够更及时地了解社会舆论和需求，更好地回应公众的关切。这种互动和参与机制促进了政府决策的民主化和社会治理的共建共享。政府可以通过实时监测、信息发布、应急响应系统等手段更迅速地了解和应对突发事

件，提高了社会的抗风险能力。信息技术的应用也加强了政府间的协同与合作，形成多层次、多方参与的治理网络。智能化决策支持系统、人工智能技术的应用，使得政府能够更快速、精准地做出决策。区块链技术的引入可以提高政府数据的安全性和透明度。这些创新技术的应用加速了政府治理体系的现代化升级，使得政府能够更好地适应信息时代的挑战和变革。信息化社会加速了政府治理体系的现代化转型，为政府提供了更先进、高效的管理手段。这种变革不仅提升了政府的治理水平，也促进了政府与社会各界的互动与合作。未来，随着技术的不断发展，信息化对政府治理的影响将更为深刻，为建设数字化社会提供更多可能性。

（二）企业组织形式发生了深刻变化

企业组织形式发生了深刻变化，受到科技进步、全球化经济、社会变革等多方面因素的影响，企业逐渐转变了其结构和运营方式，迎来了新的组织模式和管理方式。数字化转型使得企业能够更加高效地收集、分析和利用大数据，通过智能化的决策支持系统提升管理层的决策水平。云计算、物联网、人工智能等技术的广泛应用使得企业能够建立更为灵活、智能的组织结构，提高生产效率和响应速度。企业不再局限于本地市场，而是通过建立全球供应链、跨国并购等方式，拓展了市场边界。这使得企业需要更加多元化、国际化的组织结构，能够更好地适应不同国家和地区的法规、文化和市场需求。灵活的组织结构和工作方式逐渐取代了传统的层级体制。平板组织、网络组织、团队协作等模式得到了广泛应用，减少了组织内的层级和冗余，提高了沟通效率和灵活性。远程办公、弹性工作时间等措施也成为企业吸引和保留人才的重要手段。创业公司的快速决策、敏捷的执行和注重团队协作的特点影响了传统企业的管理理念。大公司也开始引入创新实验室、孵化器等机制，鼓励内部创业和持续创新。企业社会责任（CSR）和可持续发展的理念逐渐渗透到企业组织结构中。越来越多的企业将社会和环境责任纳入其战略和运营决策中，通过建立独立的可持续发展部门、设立 CSR 基金等方式，强调企业在社会和环境方面的积极贡献。产业链的深度整合、生态系统的构建使得企业更加倾向于与其他企业合作，共同推动产业发展。开放创新、共享经济等概念逐渐被企业采用，使得企业能够更好地利用外部资源，提升创新能力。数字化、全球化、创新等方面的发展使得企业更加注重灵活性、创新性和可持续性，推动了企业组织形式的不断演进，以更好地适应快速变化的商业环境。这种变革不仅对企业本身的管理和运营提出了新的要求，也为整个商业生态系统带来了新的机遇和挑战。

（三）非营利组织在信息化社会中发挥了更大作用

非营利组织在信息化社会中发挥了更大作用，得益于数字技术的普及和信息传播的便捷，这些组织能够更有效地实现其使命，促进社会进步、可持续发展和公益事业的推动。社交媒体、在线平台、电子邮件等数字渠道使得非营利组织能够更迅速、广泛地传达其使命、目标和项目信息。通过互联网，这些组织能够与全球各地的支持者、志愿者和受益者建立联系，扩大影响范围，吸引更多人关注和参与公益事业。云计算、大数据分析、项目管理软件等工具使得这些组织更好地进行内部管理、资源分配和监测项目进展。这样的数字化管理提高了透明度和责任追踪能力，使得组织更能向捐赠者和社会公众展示其资金使用情况和项目效果。数字化的筹款和捐赠模式推动了非营利组织的可持续发展。在线捐款平台、数字货币等新型筹款方式使得组织能够更便捷地募集资金，同时拓展了捐赠的渠道。智能化的捐赠系统和数据分析工具能够更好地了解捐赠者的偏好，提供个性化的募捐体验，增加捐赠的积极性。数字平台为组织提供了共享资源、经验和最佳实践的机会。合作伙伴关系管理软件和在线协作工具有助于组织之间更好地协同工作，共同应对社会问题和挑战。信息技术的进步还支持非营利组织更有效地进行社会问题的研究和解决方案的设计。大数据分析、人工智能和机器学习等技术可以帮助这些组织更好地理解社会问题的本质，提出更有针对性的解决方案，推动公益事业的创新。信息化社会为非营利组织提供了更多与企业、政府和学术机构的合作机会。数字技术成为推动跨界合作的媒介，有助于组织共享资源、整合力量，共同应对社会的复杂问题。这些组织通过数字技术的应用能够更高效、更广泛地实现其公益使命，与其他社会力量共同推动社会的可持续发展。随着科技的不断进步，非营利组织将有更多创新的可能性，为解决全球性的社会问题做出更大的贡献。

（四）信息化社会催生了新的组织形式，如网络社群、在线合作平台等

信息化社会催生了新的组织形式，其中网络社群和在线合作平台等新兴组织模式成为社会互动和协作的重要载体，深刻地改变了人们的沟通方式、合作模式和社交形式。网络社群作为一种基于互联网的组织形式，使得人们能够在线聚集在共同兴趣、目标或身份认同的虚拟空间中。社交媒体平台、专业论坛、兴趣社区等网络社群形成了一个自发组织的生态系统。这种组织形式使得人们能够跨越地域限制，与全球各地的成员进行互动、分享经验、共同学习，并在共同关心的议题上展开讨论。在线合作平台为各类专业领域和创意产业提供了全球性的协作和共享资源的机会。通过云计算、在线协作工具，个体或组织可以在虚拟空间中合作完成任务、共同创造价值。这种平台连接了全球范围内的独立工作者、自由职业者和企业，促使更加灵活和高效的协作模式的出现。开源社区作为一种特殊形式的网络社群，推动了开源软件和开放式

创新的发展。开源社区的成员通过在线协作，共同编写和改进软件代码、共享技术经验，形成了一个开放式的知识生态系统。这种组织形式推崇协作、透明和共享的价值观，为科技创新和知识传播提供了独特平台。众包和共享经济模式也是信息化社会中新兴组织形式的代表。众包平台通过在线连接了大量的个体用户和任务需求方，实现了资源的高效配置。共享经济平台则通过在线市场，让个人和企业能够共享资产和服务，形成一个以共享为基础的经济生态系统。新的组织形式还包括社交创业平台、虚拟办公空间等。社交创业平台通过在线社交网络为创业者提供资源、支持和合作伙伴。虚拟办公空间通过在线协作工具和虚拟现实技术，使得分布在不同地方的团队能够共享工作空间，实现远程协作。信息化社会催生了多样化的新组织形式，它们以网络社群、在线合作平台等为代表，通过数字技术的支持，促进了更广泛、更灵活的协作和共享。这些新兴组织形式不仅丰富了社会互动的方式，也推动了社会经济的创新和升级，为社会带来了更大的机遇和挑战。随着技术的不断发展，这些组织形式将继续演变，为社会的可持续发展提供更多可能性。

信息化社会推动了社会组织形式的演进，使得政府、企业和非营利组织等在数字化时代更好地适应和应对挑战。这一变革不仅提高了组织的运作效率，也为社会创新和可持续发展提供了更广泛的空间。随着信息技术的发展，也需要注意信息安全、隐私保护等问题，以确保社会组织形式的变革能够持续健康地推进。

四、信息化社会也面临着一些挑战，包括信息隐私、网络安全、数字鸿沟等问题

信息化社会在带来便利和发展的同时，也面临着一系列严峻的挑战，其中包括信息隐私、网络安全、数字鸿沟等问题。这些挑战不仅牵涉到个体权益和社会公平，还需要综合协同的解决方案来确保信息化社会的可持续和健康发展。

（一）信息隐私问题在信息化社会中显得尤为突出

信息隐私问题在信息化社会中显得尤为突出，随着科技的迅速发展和数字化的普及，人们个人信息的收集、存储、传输和使用变得更为复杂，引发了一系列涉及隐私的挑战和争议。随着互联网、智能设备和传感技术的普及，各种组织和平台能够轻松地收集个人的各种信息，包括但不限于身份信息、地理位置、搜索记录、购物习惯等。这种信息的搜集规模庞大，导致了个人隐私的普遍暴露。大规模的数据库和云服务存储着庞大的用户信息，一旦这些数据被不法分子获取，就可能导致个人隐私泄露、身份盗用等风险。由于数据处理的算法和技术并不完美，存在数据泄露、数据误用等问题，加剧了信息隐私的风险。社交媒体和在线平台的普及加剧了个人信息的共享和传播。

在这些平台上，用户习惯性地分享个人生活、兴趣爱好等信息，而这些信息可能被广泛传播，超出了用户最初的意图。这些平台通常通过用户数据来进行个性化推荐和广告定向投放，进一步增加了个人信息被商业利用的可能性。随着物联网、人工智能等技术的不断进步，智能家居、可穿戴设备等带来的数据收集也引发了新的信息隐私问题。这些设备能够实时监测和记录用户的生活习惯、健康状况等信息，这也意味着用户的个人生活变得更加透明，引发了对隐私边界的担忧。信息隐私问题对个人权利和社会稳定产生了负面影响。个人信息泄露可能导致身份盗用、财产损失等问题，也会损害用户的信任感。在社会层面，信息隐私问题引发了法律和伦理层面的争议，促使政府、企业和个体对信息隐私保护采取更加严格的法规和措施。解决信息隐私问题需要综合的法规制度、技术手段和用户自我保护意识的提升。法规应当明确规定个人信息的合法收集、使用和保护标准，技术上需要加强数据安全和加密措施，而用户也需要增强对自己信息的保护意识，审慎对待个人信息的分享和公开。只有综合运用多种手段，才能在信息化社会中更好地保护个人信息隐私。

（二）网络安全问题是信息化社会不可忽视的挑战

网络安全问题在信息化社会中是一项不可忽视的挑战，随着数字技术的广泛应用和网络的普及，各种网络威胁和攻击呈现出多样化、复杂化的趋势，对个人、组织和国家的信息资产和隐私构成了严重的威胁。网络攻击手段日益多样，包括但不限于恶意软件、网络钓鱼、勒索软件、零日漏洞利用等。黑客和网络犯罪分子通过不断创新和改进攻击手法，对网络系统和信息进行窃取、破坏和勒索，给个人和企业带来了巨大损失。这使得网络安全面临着不断演变和复杂化的态势。大规模的数据泄露事件频发，成为信息安全的主要难题。公司、政府机构和组织的数据库不时遭到黑客攻击，导致大量敏感信息的泄露。这些泄露事件不仅损害了个人隐私，还可能导致身份盗用、金融欺诈等问题，对社会稳定和经济安全构成威胁。物联网设备的爆炸性增长增加了网络攻击的表面。智能家居、工业控制系统、医疗设备等连接到互联网的物联网设备存在着安全漏洞，黑客可以通过攻击这些设备进一步渗透到整个网络，威胁到人们的生活、工作和健康。网络安全问题不仅仅是个人和企业面临的挑战，也是国家安全的重要组成部分。网络战争、网络间谍活动等网络攻击行为已经成为国际关系中的一项重要议题，各国都在加强网络防御和网络攻击能力的建设。

应对网络安全问题需要多方面的努力，要加强网络安全意识和培训，提高个人、组织和企业的网络安全素养。建立健全的法规和法律体系，规范网络行为，对网络攻击行为进行法律追究。采用先进的网络安全技术和工具，包括入侵检测系统、防火墙、加密技术等，保障网络系统的安全性。国际合作也是解决网络安全问题的关键，各国应加强信息共享、联合防御，共同维护全球网络安全。通过综合运用法律手段、技术手段和国际合作，才能更有效地保护网络安全，确保信息社会的稳定和可持续发展。

（三）数字鸿沟问题凸显了信息化社会中的不平等问题

数字鸿沟问题在信息化社会中凸显了不平等现象，表现为在数字技术和信息获取利用方面存在差异，导致一些群体无法充分享受信息化带来的便利和机会。在发达地区和高收入家庭中，人们更容易获得高速互联网连接、先进的电子设备和最新的数字技术产品，而在发展中地区和低收入家庭中，由于经济条件限制，存在数字设备、网络速度和技术培训等方面的不平等，使得部分人群无法享受到信息技术带来的便捷。在信息爆炸时代，拥有信息获取渠道和信息处理能力的人更容易获取各类知识和资源，而那些信息获取受限的群体则难以充分了解社会发展、融入数字文化，导致信息不对称，信息贫困的问题日益突出。拥有高质量数字教育资源的学生更容易掌握先进的科技知识，而数字设备和网络的不平等可能使得一些地区的学生无法享受到这些资源。这可能进一步造成职业领域的不平等，因为数字技术在许多行业中已经成为成功的关键因素。数字鸿沟还可能导致社会经济不平等的加剧。那些能够充分利用数字技术进行创新和商业活动的企业和个体更容易获得经济收益，而那些由于数字鸿沟而无法参与数字经济的人可能会错失机遇，导致社会财富的不均衡分配。

解决数字鸿沟问题需要综合政策和社会努力，要加大对数字基础设施的投资，确保全社会都能够平等地接入高速互联网。需要提供全面的数字素养培训，包括数字技术的使用和信息获取能力，以便不同年龄、收入和教育水平的人群都能充分享受数字化带来的便利。政府和企业可以合作，制订政策和项目，促进数字技术在教育、医疗、经济等领域的平等应用，以缩小数字鸿沟，促进社会的公平与包容。

（四）信息化社会还面临着信息滥用、虚假信息传播、社交媒体对社会稳定的影响等一系列挑战

信息化社会面临着一系列严峻挑战，包括信息滥用、虚假信息传播以及社交媒体对社会稳定的影响。这些问题涉及到信息的可信性、社交媒体的影响力和社会公共舆论的形成，需要采取综合性的措施来应对。在信息化社会，大量个人和组织的数据被收集和存储，这些数据可能被滥用用于商业目的、个人隐私侵犯甚至违法犯罪。黑客攻击、数据泄露和身份盗用等事件时有发生，对个人和组织的信息安全构成了严重威胁。保护个人隐私，建立健全的数据隐私保护法规，以及推动安全技术的发展，是解决信息滥用问题的关键。社交媒体和在线平台成为信息传播的主要渠道，但也容易受

到虚假信息、谣言和假新闻的影响。这种信息的传播可能导致公众误解，损害个人和机构的声誉，甚至对社会稳定产生负面影响。建立有效的信息验证机制、提高公众对媒体素质的认识，以及强化网络舆论监管，都是减缓虚假信息传播的有效手段。社交媒体成为信息传递、意见表达和社会互动的平台，但也容易成为信息过滤的源头、社会分裂的渠道。在社交媒体上的信息泡沫、群体极化和谣言扩散等现象，可能引发社会的紧张局势和不稳定因素。加强对社交媒体的监管，引导公众理性使用社交媒体，以及提高媒体的责任感，都是促进社会稳定的必要举措。推动数字素养的提升，培养公众对信息的辨别力和批判性思维也是解决这些问题的重要途径。通过教育和宣传，提高公众对信息真实性的判断能力，培养大众对数字世界的理解和应对能力，有助于降低信息滥用、虚假信息传播和社交媒体对社会稳定的负面影响。解决信息化社会面临的挑战需要政府、企业、社会组织和公众共同努力。通过制定健全的法规、推动技术创新、加强教育培训，可以建设一个更加安全、健康、公正和有序的信息社会。

（五）在解决这些问题的过程中，国际合作、跨界协同将是至关重要的

在解决信息化社会面临的复杂问题时，国际合作和跨界协同将是至关重要的，许多挑战涉及全球范围，需要各国共同努力，共享资源和经验，共同制订有效的策略和解决方案。信息滥用、虚假信息传播、社交媒体对社会稳定的影响等问题不受国界限制，因此需要国际社会共同应对。通过国际组织、政府间合作、跨国企业和民间社会的合作，可以共同制订全球性的法规和标准，建立信息安全和网络治理的共同原则，以促进全球信息社会的稳定和发展。黑客攻击、网络犯罪通常跨越国界，需要各国政府和执法机构紧密合作，共享情报、协同调查，以便打击犯罪分子并保护全球信息安全。国际司法合作和信息交流机制将成为对抗跨国网络犯罪的有效手段。通过建立国际组织和机制，促进各国在信息验证、新闻媒体责任等方面的经验分享，可以提高各国应对虚假信息传播的能力，维护全球信息的真实性和公正性。通过共同开展教育培训项目、分享最佳实践，各国可以共同努力提高全球公众对信息的辨别力和批判性思维，增强应对信息化社会挑战的整体抵抗力。在数字化时代，技术的发展不仅关乎国家竞争力，也影响着全球信息安全和发展。通过跨国合作，各国可以共同投入研发，制订全球性的技术标准，以确保数字技术的健康发展和应对各种挑战。信息化社会的问题需要国际社会共同面对，跨界协同合作将是推动全球信息社会可持续发展的关键因素。只有在国际层面展开协作，形成合力，才能更有效地应对信息化社会的复杂挑战，确保数字时代的稳定和繁荣。

在全球范围内，各国纷纷加大对信息技术的投入，推动数字经济的发展，共同构建一个更加智能、创新和可持续的未来。

第三节 电子信息技术发展历程

电子信息技术的发展历程可以追溯到20世纪初，经历了几个显著的阶段，每一阶段都标志着技术的巨大飞跃，推动了人类社会的深刻变革。

一、20世纪初的电子管时代

在这个时期，电子管作为一种关键的电子器件，催生了电子技术的崭新时代。电子管的发明和广泛应用为信息处理和通信领域带来了革命性的变革，标志着人类进入了电子化的新时代。20世纪初期，电子管的发明者如李·德福雷斯特、杰克·基尔比等在电子技术领域作出了重要贡献。电子管是一种真空管，通过控制电子的流动来实现信号的放大和开关功能。这项技术的出现极大地提高了电子设备的性能，为信息处理和通信系统的发展提供了全新的可能性。电子管时代的典型代表是早期的电子计算机，如ENIAC（电子数字积分计算机）等。这些计算机利用大量的电子管构建逻辑电路，实现了前所未有的计算能力。电子管的可靠性和稳定性使得计算机系统得以运行，推动了计算机科学的发展，开创了现代计算机时代的序幕。电子管在通信领域也发挥了巨大作用。早期的无线电设备、电视机、广播接收器等都广泛采用了电子管技术。电子管的放大和调制特性使得信号传输更为可靠，为广播和电视等媒体的普及提供了技术基础。这一时期，电子管被广泛应用于各个领域，为社会的信息化进程奠定了坚实的基础。随着电子管技术的推进，它也暴露出一些问题，如功耗大、体积庞大、寿命短等。这促使了半导体技术的崛起，推动了电子器件的进一步微型化和集成化。20世纪中叶，半导体技术的发展逐渐取代了电子管技术，使得电子技术进入了更为先进和高效的集成电路时代。然而，电子管时代仍然是信息技术发展历程中不可或缺的关键时期，为后续技术的崛起奠定了坚实的基础。

二、二战期间主要以电子管和机械计算机为主

二战期间，电子信息技术经历了另一个重要的飞跃，这一时期主要以电子管和机械计算机为主。这个时期是信息技术历史上的一个关键时刻，电子管和机械计算机的广泛应用为二战的军事行动、科学研究和后来的计算机科学奠定了基础。电子管在二战期间发挥了关键作用，尤其是在军事通信和情报处理领域。电子管技术的进步使得

军方能够更加有效地加密和解密通信，进行更复杂的计算和数据处理。这不仅促进了军事情报的迅速处理，也推动了电子管技术的进一步发展。在机械计算机方面，图灵机等早期机械计算设备成为密码学破译和大量数据处理的有力工具。英国的巴贝奇分析机（Analytical Engine）等机械计算设备在战争中得到了广泛的应用。这些机械计算机的使用不仅改变了军事作战的计算需求，也为计算机科学领域的进一步发展提供了实践基础。在二战结束后，电子信息技术的发展成果得以迅速转化为民用领域。电子管技术在广播、电视、通信等领域得到了广泛应用，成为信息传输和处理的重要工具。机械计算机的经验为后来的电子计算机的设计和制造提供了宝贵经验，推动了计算机技术的演进。二战期间电子信息技术的突破，也催生了计算机科学这一新兴学科。图灵的理论研究和实际机械计算机的使用，为计算机科学奠定了理论基础和实践基础。这一时期的成就在战后的计算机科学发展中发挥着重要作用，为信息技术的全面崛起打下了坚实基础。二战期间电子信息技术的飞速发展，以电子管和机械计算机为代表，为战争的胜利和后来的科技革命作出了巨大贡献。这一时期的技术突破和经验积累为电子信息技术的广泛应用和计算机科学的崛起创造了有利条件，塑造了当代信息社会的基础面貌。

三、20 世纪 60 年代至 70 年代进入了集成电路时代

20 世纪 60 年代至 70 年代，电子信息技术迎来了集成电路时代，这一时期标志着电子技术的巨大进步，推动了计算机和通信领域的革命性变革。集成电路的发明和广泛应用使得电子器件得以微型化和集成化，为信息技术的迅猛发展开辟了新的篇章。在这个时期，集成电路的发明者如杰克·基尔比、罗伯特·诺伊斯等为电子技术的未来奠定了坚实基础。集成电路是一种将数百至数千个电子器件集成在一片芯片上的技术，这种集成性质使得电子设备更小巧、更轻便，也更加高效。在这项技术的推动下，计算机和通信设备逐渐从庞大笨重的状态走向了微型化和便携化。计算机领域在这一时期经历了重大的演变。第一台商业化的微型计算机 Altair 8800 的推出标志着个人计算机的诞生，使得计算能力逐渐走入家庭和小型企业。集成电路的应用使得主机和终端的连接更为高效，网络通信的发展进一步促进了信息的快速传递。在通信领域，集成电路的应用使得通信设备变得更加紧凑和智能化。数字化交换机的使用使得通信系统更加稳定和高效。此外，集成电路的广泛应用也推动了卫星通信、光纤通信等新技术的发展，使得信息传递的速度和质量得到显著提升。集成电路的时代还催生了半导体产业的崛起。从当初的小规模集成电路（SSI）到后来的中规模集成电路（MSI）和

大规模集成电路（LSI），半导体技术的进步不断推动着集成度的提高，降低了电子产品的制造成本，也提高了设备的性能。20 世纪 60 年代至 70 年代是电子信息技术的重要时期，标志着电子器件由离散元件向集成电路的发展转变。这一时期的技术进步奠定了现代信息社会的基础，为后来信息技术的普及和创新打下了坚实的基础。

四、20 世纪 80 年代至 90 年代快速发展阶段

20 世纪 80 年代至 90 年代，是电子信息技术快速发展的阶段，这一时期见证了信息技术的广泛应用和普及，涌现了许多重要的技术和产品，深刻改变了人们的生活、工作和社会组织方式。在计算机领域，个人计算机逐渐普及。IBM PC 的推出以及微软公司开发的 Windows 操作系统的推广，使得计算机不再局限于专业领域，普通人也可以轻松使用个人计算机进行各种任务。这一时期还见证了图形用户界面（GUI）的普及，使计算机操作更加直观和用户友好。x86 架构的微处理器也逐渐成为主流，为计算机硬件的快速发展提供了基础。在通信领域，移动通信技术取得了巨大的突破。80 年代中期，第一代移动通信系统（1G）开始商用，使得人们可以在移动状态下进行电话通话。90 年代初期，第二代移动通信系统（2G）的推出进一步提高了通信质量，加强了数据传输的能力，为移动通信的普及打下了基础。这一时期还见证了全球移动通信系统的标准化，为全球通信的互联互通奠定了基础。互联网的崛起也是这一时期的一大亮点。互联网开始从军事和学术领域扩展到商业和大众应用，引领了信息时代的来临。1989 年，World Wide Web（WWW）的提出和浏览器的发明使得互联网更加易用，进一步推动了信息的共享和传播。电子邮件、网站、搜索引擎等应用层面的创新也相继涌现。在半导体技术方面，存储和处理能力不断提升。随着动态随机存储器（DRAM）和闪存技术的不断发展，计算机存储容量得到显著提升。微处理器的性能提升以及芯片制造工艺的改进也推动了计算机的处理速度和能效的提高。个人计算机、移动通信、互联网等技术的普及和创新，为信息社会的形成打下了坚实基础，为未来科技的进一步演进提供了丰富的经验和机遇。

五、智能手机、物联网、人工智能等新兴技术涌现

智能手机、物联网、人工智能等新兴技术的涌现，使得信息技术进一步渗透到人们的日常生活，带来了深刻的变革，塑造了智能化、便捷化的现代生活方式。

（一）智能手机的普及改变了人们的沟通和信息获取方式

智能手机的普及深刻改变了人们的沟通和信息获取方式，成为现代社会不可或缺的生活工具。这一变革涵盖了个人生活、工作和社交等多个方面，对社会产生了深远影响。智能手机作为一种便携式的通信工具，极大地便利了人们的沟通。通过智能手机，人们可以随时随地进行语音通话、短信或社交媒体的即时聊天。这使得人际沟通不再受制于时间和空间，消除了地理距离的限制，使得人们能够更加灵活地保持联系，加强了社交网络的强度和广度。通过各种应用程序，用户可以轻松获取新闻、娱乐、学术知识等多种信息资源。社交媒体、新闻应用、在线搜索等工具使得信息获取变得更加便捷和个性化，满足了用户多样化的信息需求。这也加速了信息传播的速度，使得社会上发生的事件能够更迅速地传递给大众。智能手机的普及对工作方式和商业模式产生了深远影响。移动办公、远程工作成为可能，通过智能手机可以随时随地处理邮件、参与会议、进行文件共享等工作活动。电子商务和在线支付的普及也使得购物变得更加便捷，推动了商业模式的数字化转型。智能手机的功能不断增强，融合了多种生活服务，如导航、健康监测、智能家居控制等，使得人们的生活变得更加便利和智能化。智能手机的相机和社交媒体应用也推动了图像和视频的创作与分享，促进了数字内容的繁荣。随着智能手机的广泛使用，也引发了一些问题，包括信息过载、数字依赖、隐私安全等方面的挑战。人们需要在享受智能手机带来便利的同时，保持理性态度，关注数字健康和隐私保护。智能手机的普及改变了人们的沟通方式、信息获取途径和生活方式，为社会带来了前所未有的便利和可能性，同时也需要社会不断适应和引导，以更好地应对智能手机社会带来的新挑战。

（二）物联网技术使得设备之间实现了更加智能的互联

物联网技术的发展使得设备之间实现了更加智能的互联，为日常生活、工业生产和城市管理等领域带来了巨大变革。物联网（Internet of Things，IoT）通过将传感器、通信设备和数据处理技术嵌入到各种物理设备中，实现了设备之间的互联，使得它们能够感知、收集数据，并相互协同完成各种任务。家用电器、照明设备、安防系统等可以通过物联网连接，形成一个智能家庭网络。居民可以通过智能手机或其他终端设备远程控制家中设备，实现智能化的环境控制、安全监控和能源管理，提高生活的便利性和舒适度。物联网在工业领域实现了设备的智能化互联，被称为工业物联网（Industrial Internet of Things，IIoT）。生产设备、机械系统、传感器等可以通过物联网技术实时传输数据，形成实时监控和反馈的工业系统。这有助于提高生产效率、降低成本，并推动了智能制造的发展。物联网技术在农业领域的应用为农业生产带来了新的可能性，被称为农业物联网。通过传感器监测土壤湿度、气象条件等数据，农民可以精准地进行灌溉、施肥和作物管理，提高农业生产的效益和可持续性。物联网技术在城市管理中也发挥了关键作用，构建了智慧城市。交通信号灯、垃圾桶、公共交通系统等城市基础设施可以通过物联网实现智能监控和管理，提高城市运行的效率和便捷性，同时降低资源浪费和环境污染。随着物联网的广泛应用，也带来了一些挑战，包括数据安全、隐私保护、标准化等方面的问题。解决这些问题需要综合运用技术、法规和行业标准，以确保物联网的可持续发展并为社会创造更多的价值。物联网技术的发展为设备之间的智能互联提供了全新的可能性，将继续在各个领域推动科技创新和社会变革。

（三）人工智能的应用为个人生活带来了更多智能化的体验

人工智能的应用为个人生活带来了更多智能化的体验，深刻地改变了人们与技术互动的方式，提高了生活的便捷性和个性化体验。语音助手如 Siri、Alexa、Google Assistant 等，通过自然语言理解和机器学习技术，使得用户能够通过语音指令完成各种任务，如设定提醒、查询天气、播放音乐等。这种交互方式改变了人们与设备的互动方式，使得人机交互更加直观和智能。通过分析用户的行为、偏好和历史数据，人工智能能够为用户提供个性化的推荐服务，如音乐推荐、电影推荐、购物推荐等。这不仅节省了用户搜索信息的时间，也提高了用户发现新事物的机会，使得个人生活更加丰富多彩。通过连接各种智能设备，如智能灯具、智能家电、智能安防系统等，人工智能可以实现智能家居的整体控制。用户可以通过手机或语音助手远程控制家中设备，实现智能温控、远程监控和自动化管理，提升了家庭生活的便利性和安全性。人工智能在医疗健康领域也有广泛的应用。医疗影像分析、个性化治疗方案推荐、健康数据监测等都得益于人工智能技术的发展，为个人提供了更精准、个性化的医疗服务，提高了医疗水平和健康管理的效果。随着人工智能在个人生活中的应用逐渐增多，也带来了一些问题，如隐私安全、算法公正性等。确保人工智能应用的合理、透明和负责任地使用，是未来发展的重要方向。人工智能的应用为个人生活带来了更多智能化的体验，推动了技术与生活的融合，为个人提供了更为便捷、个性化的服务，同时也提出了对技术应用的监管和规范的挑战。

（四）新兴技术的融合也催生了一系列新的应用场景

新兴技术的融合在科技领域掀起了一场变革风潮，催生了一系列新的应用场景，推动了创新和发展。这种技术融合不仅加速了产业的升级，还为社会生活、商业运营等领域提供了全新的可能性。通过将传感器和智能设备与人工智能算法相结合，实现了更智能、自动化的环境。例如，智能家居系统可以通过物联网连接各类设备，而人工智能算法则能够根据用户的行为和偏好实现更个性化的智能控制，使得居住环境更加智能、舒适。区块链的去中心化和安全性特点使得物联网设备之间的通信和数据传输更为安全可信。在供应链中，通过区块链技术可以实现全程追溯，确保产品质量和安全性。这种融合为建立可信、高效的物联网生态系统提供了解决方案。边缘计算与人工智能的结合催生了更快速、更智能的应用。边缘计算将计算能力从中心服务器推移到离数据源更近的地方，结合人工智能算法可以实现更实时的数据处理和决策。在自动驾驶、智能工厂等领域，这种融合为实现低延迟、高效率的应用场景提供了支持。虚拟现实（VR）和增强现实（AR）技术与人工智能的结合也在多个领域展现出巨大潜力。在教育、医疗、娱乐等行业，通过整合虚拟和现实的元素，结合人工智能的智能交互，创造了全新的体验。新兴技术的融合为社会带来了全新的应用场景，丰富了人们的生活体验，提升了产业的效率和创新力。这也提出了对于跨学科合作、技术标准制订、隐私安全等方面的挑战，需要全球范围内的努力来推动技术的合理应用和可持续发展。这一趋势不仅提高了生活效率和品质，也为社会创新和发展提供了新的动力。随着科技的不断进步，人们可以期待更多智能化、便捷化的科技应用将继续丰富和改变我们的日常生活。

六、5G 技术、量子计算等前沿技术不断发展

未来，随着 5G 技术、量子计算等前沿技术的不断发展，电子信息技术将迎来新的突破，将推动社会进入更加智能、高效和连接的新时代。

（一）5G 技术的广泛应用将带来更快速、更可靠的通信网络

5G 技术的广泛应用将极大地改变通信网络的面貌，为社会带来更快速、可靠的通信服务，同时也催生了许多创新应用场景，对产业、医疗、智能交通等多个领域产生深远的影响。相较之前的通信技术，5G 的传输速率更快，这意味着用户可以更迅速地下载和上传大容量数据，提升了互联网体验的质量。视频流、大型文件传输等都将更为高效，满足了现代社会对于高速数据传输的需求。在医疗领域，5G 的低延迟可以支持远程手术、远程医疗等高度依赖实时数据传输的应用。在智能交通领域，车辆之间的实时通信将有助于提高交通安全和效率。数以亿计的设备可以同时连接到 5G 网络，这将促使物联网在智能城市、智能工厂等领域的应用更为广泛。智能家居、智能电网、智能农业等场景将因为 5G 的大连接性而得以升级。5G 技术的应用也将推动产业的数字化和自动化升级。工业互联网、远程操作、智能制造等将在更强大的网络支持下迎

来新的发展机遇，提高生产效率和工业生产的灵活性。随着5G技术的广泛应用，也涌现出一些问题，如网络安全、隐私保护、基础设施建设等。确保5G网络的安全性和可靠性，制订相应的法规和标准，将是推动5G技术可持续发展的重要因素。5G技术的广泛应用将为社会带来更加便捷、高效、创新的通信服务，也需要全球范围内的协同合作，以解决相关问题，确保5G技术的健康发展和社会效益的最大化。

（二）量子计算的突破将改变计算机的性能和能力

量子计算的突破将深刻改变计算机的性能和能力，标志着计算领域迈向全新的时代。传统计算机以比特为基本单位，而量子计算机则以量子位（qubit）为基本单位，利用量子叠加和纠缠等原理，实现了计算能力的指数级提升，为解决传统计算机无法处理的复杂问题提供了新的可能性。传统计算机在解决复杂问题时需要逐步试错，而量子计算机通过量子叠加的特性可以同时处理多个可能性，从而在某些情况下实现指数级的加速。这对于在通信、加密、优化问题等领域具有广泛应用的算法而言，将带来巨大的计算效益。量子计算的纠缠特性使得远距离的量子比特可以相互关联，即使它们之间的距离很远。这为建立全球性的量子通信网络提供了可能，保障了通信的安全性，因为任何试图窃听量子通信的行为都会立即破坏量子纠缠状态，被检测出来。量子计算在解决诸如模拟量子系统、优化问题、分子结构预测等领域有着巨大潜力。例如，在材料科学领域，量子计算可用于模拟复杂分子结构，加速新材料的研发。在金融领域，量子计算可以用于优化投资组合，解决传统计算机无法高效处理的问题。传统加密算法的安全性基于复杂数学问题的难解性，而量子计算的出现可能会打破这种安全性，因为它可以在相对较短的时间内解决传统计算机无法应对的问题。这促使人们研究和发展抗量子攻击的新型加密算法。尽管量子计算技术取得了一系列突破，但实现可控制、稳定的量子比特和构建大规模的量子计算系统仍然是一个巨大的挑战。解决这些技术难题，实现可靠的量子计算机系统，是未来研究和发展的重要方向。量子计算的突破将深刻改变计算机的性能和能力，开启了计算科学的崭新篇章，对于解决现有计算机难以应对的问题和推动科技发展具有深远的影响。

（三）人工智能将更加广泛应用于各个领域

人工智能（AI）作为一项前沿技术，正以惊人的速度渗透和改变着各个领域。随着科技的不断进步，人工智能将更加广泛应用于社会、经济、科技等各个领域，为人类带来深刻的变革和创新。在医疗领域，人工智能的应用已经显著提高了医疗服务的质量和效率。机器学习算法能够分析大量的医学数据，帮助医生更准确地诊断疾病，制订个性化的治疗方案。AI还能在医学影像解读、基因研究等方面发挥作用，加速疾病的诊断和治疗过程，为患者提供更好的医疗体验。在教育领域，人工智能也将发挥越来越重要的作用。个性化教育系统利用AI技术，能够根据学生的学习风格和水平，提供量身定制的教学内容，提高学习效果。智能辅助教学工具还能够帮助教师更好地了解学生的学习进展，及时调整教学策略，实现教育资源的优化配置。在工业制造领域，人工智能的广泛应用将推动智能制造的发展。自动化生产线、智能机器人和预测性维护系统等技术的应用，可以提高生产效率，减少资源浪费，降低生产成本。人工智能的介入还能够使制造过程更加灵活和智能化，适应市场的变化，实现定制化生产，满足不断变化的需求。在金融领域，人工智能技术也将对风险管理、投资决策等方面产生深远影响。机器学习算法能够分析海量的金融数据，识别潜在的风险因素，提高金融机构的风险管理能力。智能交易系统可以更快速、精准地执行交易策略，提高投资回报率，推动金融市场的创新和发展。在交通领域，人工智能技术也将为智能交通系统的建设提供强大支持。智能交通管理系统可以通过分析交通流量数据，优化交通信号灯控制，缓解城市交通拥堵问题。无人驾驶技术的发展将使交通更加安全、高效，减少交通事故发生的可能性，提高交通运输的整体效益。在社会服务领域，人工智能的应用也将推动公共服务的智能化和高效化。智能客服系统能够更快速、准确地响应用户的需求，提升服务质量。社会管理和治理方面，人工智能技术可以通过数据分析和预测，帮助政府更好地制订政策，优化资源配置，提高社会治理的效率。人工智能的广泛应用将深刻改变我们的生活和工作方式，推动社会各个领域的创新和进步。随着人工智能技术的不断发展，也带来了一系列挑战和问题，包括数据隐私、就业变革、伦理道德等方面的考虑。在推动人工智能技术应用的同时，也需要加强法律法规的制订和监管，保障人工智能的安全和可持续发展。

（四）边缘计算、物联网的发展也将加速信息技术在实际应用中的融合

边缘计算和物联网的迅猛发展必将成为信息技术在实际应用中融合的重要推动力。这一趋势将深刻改变我们对数据处理、互联性和实时反馈的理解，为各行各业带来更高效、智能化的解决方案。边缘计算的崛起使得数据处理更加靠近数据源，减少了对云计算中心的依赖。通过将计算能力推向数据产生的现场，边缘计算有助于降低延迟，提高实时性。这对于需要即时决策的应用场景，如自动驾驶、工业自动化和智能城市等，将产生显著影响。边缘计算还能有效减轻云计算中心的负担，提高整个系统的稳定性和可靠性。物联网的快速发展也为边缘计算提供了丰富的数据来源。通过互联各种设备和传感器，物联网构建了一个庞大的网络，实现了设备之间的智能互通。这不仅为企业和消费者提供了更多的数据获取途径，也为边缘计算提供了更多的实时数据处理

和分析的机会。物联网的普及使得人们可以更方便地监测和控制各种设备，从而提高了生产力、提升生活质量。

在工业领域，边缘计算和物联网的结合将推动工业互联网的发展。通过在生产线上部署传感器和智能设备，企业可以实时监测设备状态、生产效率等关键指标，实现智能制造。这不仅能够降低生产成本，提高生产效率，还能够提前发现并解决潜在问题，实现预测性维护，减少生产线停机时间。在医疗领域，边缘计算和物联网的应用也将推动医疗信息化的发展。通过搭建智能医疗设备和传感器网络，医疗机构可以实时监测患者的生理指标、药物反应等信息，为医生提供更全面、准确的诊断依据。患者也可以通过可穿戴设备监测自身健康状况，实现个性化的健康管理。在交通领域，边缘计算和物联网的结合将推动智能交通系统的发展。通过在道路上部署智能传感器和摄像头，交通管理部门可以实时监测交通流量、车辆行驶状况，优化交通信号灯控制，缓解交通拥堵问题。车辆之间的智能互联也有助于提高交通安全性，减少交通事故的发生。边缘计算和物联网的发展将加速信息技术在实际应用中的融合，为各个行业带来更多创新和机会。随着技术的不断进步，也需要关注数据安全、隐私保护等问题，加强相关标准和规范的制订，确保新技术的可持续、安全、可控发展。

（五）信息技术的发展需要关注与之伴随的社会、伦理等问题

信息技术的飞速发展带来了巨大的机遇，同时也引发了一系列社会和伦理等问题，这些问题需要我们审慎关注和妥善解决，以确保技术的进步与社会的共同利益相协调。随着信息技术的普及，数据隐私问题成为一个备受关注的焦点。大量个人信息的收集、存储和分析可能导致用户隐私泄露的风险。确保个人数据的安全性和隐私权是信息技术发展中不可忽视的伦理问题。制订健全的法规和政策，加强数据保护措施，是保护个体隐私权益的关键。自主决策的机器系统可能产生不公平的结果，甚至带有潜在的歧视性。确保人工智能系统的公正性、透明性和可解释性，以及避免算法对社会中特定群体的不平等影响，成为亟须解决的伦理挑战。应该加强对人工智能技术的道德培训，推动其在道德层面的合理应用。社会不平等也是信息技术发展中的一个重要关切点。数字鸿沟的扩大可能导致某些社群无法享受到技术发展的红利。需要采取措施确保信息技术的普及与平等。促进数字素养的提高，支持基础教育中信息技术的普及，是解决这一问题的途径之一。信息技术的迅速发展也在一定程度上对就业市场造成了冲击。自动化和智能化的引入可能导致某些传统行业的工作岗位减少，而新兴行业的就业需求则有所增加。需要通过培训和教育，帮助人们适应新技术带来的就业变化，减缓对劳动力市场的冲击。信息技术的滥用也是一个不可忽视的问题。网络犯罪、

虚假信息传播等负面行为可能对社会造成严重危害。需要加强网络安全防护措施，制订严格的法规来打击网络犯罪，并提高公众对信息真实性的辨别能力。只有在充分考虑并解决这些问题的前提下，我们才能更好地推动技术的创新，确保技术的应用符合社会的价值观和伦理标准。在追求技术进步的同时，我们必须保持对社会责任的关切，以确保技术的长期可持续发展。

未来电子信息技术将在5G、量子计算、人工智能等前沿技术的推动下迎来新的突破，为社会的智能化、数字化发展开启更为广阔的前景。随着科技的不断进步，人们可以期待更多创新应用的涌现，以及信息技术对人类社会产生的积极而深远的影响。

第二章　现代电子信息技术

现代电子信息技术是指在当今数字化时代中，以计算机科学和电子工程为基础，集成了多种先进技术的综合体系。这一技术领域的迅猛发展，塑造了现代社会的方方面面，涵盖了通信、计算、存储、传感、人工智能等多个方向，推动着科技的不断进步和社会的全面变革。高速、高带宽的通信网络，如5G技术，大幅提升了信息传输的速度和效率。通过互联网，人们可以实现实时的语音、视频通信，社交媒体、电子邮件等成为信息传递的主要工具，全球范围内的信息交流变得更加紧密和便捷。从个人电脑到超级计算机，计算机的不断升级演进使得信息处理能力呈现爆炸式增长。云计算技术的兴起，使得计算资源可以在全球范围内灵活调配，为各类应用提供了强大的支持。同时，量子计算等新兴计算技术也呈现出前所未有的发展潜力。从传统的硬盘到固态硬盘，再到云存储，存储容量的不断扩大和速度的不断提升，使得海量数据可以被高效地管理和利用。这为大数据、人工智能等应用提供了坚实的基础。各类传感器的广泛应用，使得设备可以感知和收集周围环境的信息，从而实现智能化的控制和决策。传感技术的发展推动了物联网的崛起，各种设备实现了互联互通，构建了一个智能、自动化的生态系统。人工智能作为现代电子信息技术的前沿领域，正在改变着人机交互、自动化决策等方面。机器学习、深度学习等技术使得计算机可以从大量数据中学习和适应，实现更加智能的应用，如语音识别、图像识别、自然语言处理等。在不断创新的推动下，我们正处在一个信息时代的核心地带，信息技术的蓬勃发展将继续引领着社会向着更加智能、数字化的未来迈进。

第一节　微电子技术

微电子技术是一门涉及微观尺度的电子器件和集成电路设计、制造、测试以及应用的高度专业化领域。它在现代电子学和信息技术中扮演着至关重要的角色，促使电子器件的小型化、高性能化以及集成度的不断提升。

一、微电子技术关注的主要对象是微型电子器件

微电子技术关注的主要对象是微型电子器件。微电子技术是一门研究和应用微小尺寸电子器件的学科，其目标是在微观尺度上设计、制造和操作电子元件。这一领域的发展旨在实现电子器件的微型化、集成化和高性能化，为电子技术的进步和创新提供了基础。

在微电子技术中，微型电子器件是指尺寸微小到纳米级别的电子元件，如晶体管、电容器、电阻器等。这些微型器件常常通过微影技术、光刻技术、化学蚀刻等先进工艺制造而成。微电子技术的主要任务之一是在微小的空间内实现更多功能，提高器件的性能、效率和集成度。

（一）晶体管是微电子技术中的核心元件之一

晶体管是微电子技术中不可或缺的核心元件之一，其在现代电子设备和电路中扮演着关键角色。晶体管的发明和广泛应用标志着电子技术领域的一次革命，推动了信息技术的快速发展，为现代社会的数字化、自动化和智能化提供了坚实的基础。它的核心结构包括三个电极：源极、漏极和栅极。根据输入信号的变化，栅极的电场影响了源极和漏极之间的电流流动，从而实现对电流的调控。这种控制特性使得晶体管可以作为电子信号放大器和开关，广泛应用于数字电子设备、通信系统和计算机等领域。通过将数百万甚至数十亿个晶体管集成到一个芯片中，实现了强大的计算和存储能力。这种集成度的提高推动了计算机性能的指数级增长，使信息处理、数据存储和通信速度得到了极大提升。在数字逻辑电路中，晶体管的应用使得逻辑门、存储器单元等各种功能块得以实现。逻辑门通过不同的晶体管组合，实现了二进制逻辑运算，为计算机进行复杂的数据处理和控制提供了基础。晶体管的非易失性存储特性也被应用于闪存等存储器设备，实现了高速、可靠的数据存储。晶体管技术的不断创新也推动了新型器件的发展，如场效应晶体管（FET）、金属氧化物半导体场效应晶体管（MOSFET）等。这些新型晶体管不仅在性能上有所提升，而且在功耗、稳定性等方面也得到了改善，满足了不同应用场景对于电子器件的更高要求。晶体管的发明和不断创新推动了微电子技术的发展，为现代科技的进步和社会的变革提供了基础。从最早的晶体管到今天的高度集成电路，这一技术的演进不仅加快了信息处理的速度，也为电子设备的小型化、高性能化提供了关键支持。随着科技的不断发展，晶体管技术仍然在不断演进，为未来电子技术的创新奠定了坚实基础。

（二）微电子技术还包括了微型传感器和微型能源器件的研究

微电子技术作为一个综合性的领域，除了晶体管等核心元件外，还包括微型传感器和微型能源器件的研究。这一领域的不断创新和发展为智能物联网、生物医学应用、环境监测等领域提供了丰富的技术手段，推动着微系统技术的进步。微型传感器是微电子技术中的一个重要分支，其主要功能是将环境中的物理量、化学量或生物量等转化为电信号。这些传感器尺寸小、功耗低，可以被集成到微型芯片中，广泛应用于各个领域。例如，在环境监测中，微型传感器可以实时监测空气质量、水质情况等，为环境保护提供重要数据。在医疗领域，微型传感器可用于监测患者的生理参数，实现远程医疗监护。此外，微型传感器还应用于工业生产、智能家居等多个领域，为实现智能化和自动化提供了基础支持。随着移动设备、传感器网络的广泛应用，对微型能源的需求逐渐增加。微型能源器件可以将环境中的能量，如光能、振动能、温差能等，转换为电能供给微型设备。太阳能电池、振动发电器、热电发电器等都是微型能源器件的代表。这些器件的研究不仅有助于解决微型设备电源的问题，还有望推动可穿戴设备、智能传感器等领域的发展，实现设备的自给自足。微型传感器和微型能源器件的结合，形成了一种新型的微系统技术，也被称为微电子机电系统。这种系统集成了传感、处理、通信和能源等功能于一体，具有尺寸小、功耗低、智能化的特点。微电子机电系统的应用领域广泛，包括智能交通、智慧城市、医疗健康等，为社会的智能化发展提供了强大支持。微电子技术的研究不仅包括了传统的晶体管等核心元件，还涉及微型传感器和微型能源器件等新兴领域。这些技术的不断进步推动着信息技术的创新，为解决实际问题、提高生活质量提供了可能性。微电子技术的发展将继续为科技进步和社会发展开辟新的道路。微电子技术的研究和应用不仅推动了电子器件的微型化和集成化，也为信息技术、通信技术、生物医学工程等领域的创新提供了支持。随着科技的不断发展，微电子技术将继续在微观尺度上探索新的技术和方法，为未来电子器件的设计和制造带来更多的可能性。

二、微电子技术的一个重要方向是集成电路（IC）的研发与制造

微电子技术是当今科技领域中不可或缺的一项重要技术，而其发展的一个关键方向便是集成电路（Integrated Circuit，IC）的研发与制造。集成电路作为微电子技术的重要产物，已经深刻地改变了人类社会的方方面面，从电子产品的性能提升到信息传输的效率提高，都离不开集成电路的先进应用。本书将探讨集成电路的研发与制造在微电子技术中的地位、影响以及未来的发展趋势。

（一）集成电路在微电子技术中的地位不可忽视

集成电路（Integrated Circuit，IC）作为微电子技术的核心和重要组成部分，其地位在整个技术领域不可忽视。集成电路的发明和广泛应用标志着电子技术的一次巨大飞跃，为信息社会的崛起和数字时代的到来奠定了坚实的基础。集成电路的核心思想是将数百万甚至数十亿个晶体管、电容器和电阻等元件集成到一个微小的芯片中。这种高度集成的特性使得电子元件之间的连接变得非常紧密，极大地提高了电路的可靠性、性能和节能效率。与传统离散电路相比，集成电路具有更小的体积、更轻的重量，更低的功耗，使得电子设备变得更加紧凑、轻便和高效。集成电路的应用范围非常广泛，涵盖了计算机、通信、医疗、汽车、家电等几乎所有现代科技领域。在计算机领域，微处理器是一种高度集成的集成电路，是计算机的核心，负责执行各种计算和控制任务。在通信领域，集成电路被广泛用于无线通信、卫星通信等系统中，实现信号处理和调制解调等功能。在医疗设备中，集成电路被应用于生命体征监测、医学影像处理等方面，推动了医疗技术的飞速发展。随着集成度的不断提高，集成电路的性能也在不断增强。摩尔定律规定了集成电路上可容纳晶体管数量的翻倍规律，这使得集成电路的计算能力在短时间内取得了巨大提升。高性能、低功耗的集成电路使得移动设备、智能家居、物联网设备等得以实现，推动了信息技术的快速普及和社会的数字化转型。全球范围内有一批先进的集成电路制造厂商，它们在技术创新、工艺制造等方面竞争激烈。集成电路制造的发展对于推动整个电子产业链的进步，促使相关技术的不断创新，也在一定程度上反映了一个国家在高科技领域的实力和竞争力。集成电路在微电子技术中的地位不仅仅是技术创新的核心，更是推动信息社会发展的重要引擎。其高度集成、高性能、低功耗的特点使得集成电路成为现代电子设备和系统的基础，为社会带来了智能、便捷和高效的生活方式。未来，随着技术的不断演进，集成电路将继续发挥关键作用，推动科技的进步和社会的不断发展。

（二）集成电路的研发与制造对科技产业的影响深远

集成电路的研发与制造对科技产业产生了深远影响，这不仅体现在技术创新和产业竞争力上，还对全球经济和社会的发展产生了广泛而深刻的影响。随着摩尔定律的持续发展，集成电路在单位面积内集成的晶体管数量呈指数增长，这促使计算能力的不断提升。研发人员通过不断创新电子元件材料、工艺技术和设计理念，推动了集成电路性能的持续改善。这种技术创新不仅提升了信息处理的速度和效率，也为其他科技领域的发展提供了支持，如人工智能、物联网、生物医学等。在全球范围内，一些拥有先进制造工艺和大规模生产能力的国家和企业成为集成电路制造的中心。这不仅涉及硬件水平上的竞争，也牵涉到工程和制造技术的创新。各国和企业之间的竞争推动了整个产业链的不断升级和优化，促使了高端技术和高附加值产品的涌现。作为一种基础技术，集成电路的需求带动了大量相关产业的发展，包括半导体材料、设备制造等。这些产业链的形成和发展，不仅提供了大量就业机会，也带动了全球经济的增长。集成电路行业的繁荣对于全球贸易、投资和科技合作产生了积极的推动作用。集成电路不仅是计算机、通信领域的核心组成部分，也在汽车、医疗、工业自动化等多个领域得到广泛应用。这种多领域的融合促进了各个行业的数字化转型和智能化升级，为产业升级、创新和可持续发展提供了动力。其不断创新的技术进步、全球竞争的激烈格局、对相关产业的拉动效应，都使得集成电路产业成为科技产业发展的关键推动力之一。未来，随着技术的不断发展和应用领域的拓展，集成电路的作用将进一步凸显，为科技产业的繁荣和社会的进步做出更大的贡献。

（三）集成电路的研发与制造对人类社会的变革产生了深远影响

集成电路的研发与制造对人类社会产生了深远影响，这一技术的崛起不仅在科技领域引发了革命性的变革，也在社会、经济和文化方面有了巨大的变化。通过将数百万甚至数十亿个晶体管集成到一个芯片中，集成电路实现了空前的计算能力和存储容量，推动了计算机科学、通信技术、人工智能等领域的蓬勃发展。互联网、智能手机、云计算等应用的广泛普及，直接改变了人们的生活方式和信息获取方式，构建了一个高度互联的数字社会。在制造业、能源领域、交通运输等方面，集成电路的应用使得各类设备和系统实现了更高效的自动化控制和智能化操作。这不仅提高了生产效率，降低了成本，还改善了工作环境和生产安全性，推动了工业界的现代化转型。作为信息技术的核心，集成电路产业的崛起带动了全球产业链的升级，促使了科技产业的全球化。一些国家和地区依托集成电路产业取得了经济竞争的优势，推动了全球科技创新和经济发展的重心的变迁。数字化时代的到来，社交媒体、在线娱乐、电子商务等的兴起，使得信息传播、文化创意和社交交往变得更为便捷和广泛。人们的生活方式、沟通方式、娱乐方式都受到了极大影响，社会发生了由传统向数字化转型的重大变革。集成电路的研发与制造对人类社会产生了深刻而广泛的影响，推动了科技的迅速发展，改变了产业格局，塑造了新的社会文化。这一技术的变革不仅影响了人们的工作和生活，也在全球范围内引发了新的社会、经济和文化模式的崛起。在未来，随着科技的不断演进，集成电路的进一步发展将持续推动社会的变革和进步。

（四）在未来，集成电路的研发与制造将面临新的挑战和机遇

未来，集成电路的研发与制造将面临着一系列新的挑战和机遇，这源于技术创新、

市场需求变化以及可持续发展的要求，将对整个行业产生深远的影响。随着摩尔定律的逼近极限，集成电路的设计、制造和封装技术面临着日益严峻的挑战。开发新型材料、突破纳米级尺度的制造工艺、提高能效和降低功耗等将成为研发的重要方向。新型计算架构、量子计算、光电子集成等技术也将成为未来集成电路创新的关键领域。随着物联网、人工智能等技术的广泛应用，对于数据隐私和信息安全的关注不断增强。未来的集成电路设计需要更加注重硬件安全性，采用更为先进的加密和认证技术，以应对日益复杂的网络安全威胁。在制造过程中，减少对环境的影响、提高能源效率、推动可再生能源的应用等将成为制造业的发展方向。降低电子废弃物对环境的负面影响，推动可持续的电子废弃物管理和回收也将成为未来的关键挑战。机遇方面，新兴应用领域的拓展将为集成电路带来广阔的市场。人工智能、5G 通信、物联网、医疗电子、自动驾驶等领域的快速发展将推动对高性能、低功耗、定制化集成电路的需求，为行业带来新的商机。各国间的协同研发、国际标准的制订、知识产权的共享，将有助于促进全球半导体产业的共同发展，推动技术进步，降低生产成本，提高产业竞争力。通过技术创新、可持续发展和国际合作，集成电路产业将继续在数字化时代发挥关键作用，为社会、经济和科技的进步作出贡献。

其在科技发展、产业升级和社会变革中发挥着举足轻重的作用。随着技术的不断演进和新的应用场景的出现，集成电路将继续成为推动微电子技术发展的引擎，为人类社会带来更多的创新和便利。未来，集成电路产业需要持续创新，顺应时代潮流，以更加智能、高效的方式满足人类对科技发展的不断追求。

三、微电子技术在半导体工业中具有关键地位

半导体材料的性能和加工技术直接影响微电子器件的质量和性能。微电子技术是当今半导体工业中不可或缺的重要组成部分，其在推动科技进步和满足现代社会需求方面发挥着关键地位。半导体材料的性能和加工技术直接决定了微电子器件的质量和性能，对其进行深入研究和不断创新显得尤为重要。

（一）半导体材料作为微电子器件的基础，其性能直接关系到器件的稳定性、速度和功耗等关键指标

半导体材料作为微电子器件的基础，其性能直接关系到器件的稳定性、速度、功耗等关键指标，对整个微电子技术的发展和应用产生着深远的影响。高迁移率的半导体材料可以提高电子在晶体中的迁移速度，从而提高了器件的工作速度。这对于高性能计算机、通信设备等应用至关重要。半导体材料的电子导电性直接关系到器件的导

电效率和稳定性，因此在半导体材料的选择和研发中，需要充分考虑这些因素，以满足不同应用场景对性能的要求。较小的能隙通常意味着在器件关闭状态下更低的功耗，而高迁移率的载流子有助于提高器件的工作效率。在设计低功耗、高效能的微电子器件时，对半导体材料的选择十分关键。这在移动设备、传感器网络等对能源消耗有严格要求的场景中尤为重要。半导体材料的热稳定性和耐辐射性也是微电子器件在特殊环境下应用的考虑因素。例如，在航空航天、核能领域，器件可能会面临极端的温度、辐射等环境，对半导体材料的性能提出了更高要求。开发具有良好热稳定性和辐射耐受性的半导体材料，是满足特殊应用需求的关键。半导体材料的制备工艺和成本也是影响微电子器件应用的重要因素。制备工艺的复杂性、成本的高低直接关系到半导体器件的生产成本和可大规模应用的可能性。研发更为成本效益的半导体制备工艺，是推动微电子技术普及和产业化的关键之一。半导体材料作为微电子器件的基础，其性能对器件的关键指标有着直接的影响。在半导体材料的选择、研发和制备工艺的不断优化中，微电子技术得以不断创新与进步，为科技的发展和社会的进步提供了坚实的支持。

（二）半导体加工技术是影响微电子器件制备的另一关键因素

半导体加工技术是影响微电子器件制备的另一关键因素，它涵盖了多个工艺步骤，包括光刻、沉积、蚀刻、离子注入等，这些步骤共同构成了半导体器件的制备过程。半导体加工技术的创新不仅直接影响着器件的性能，还对整个微电子产业链的效率、成本和可持续发展产生深远的影响。它通过光刻胶、掩膜和光源的协同作用，将图形转移到半导体晶圆上，定义器件的结构和电路。随着集成度的提高，光刻技术要求更高的分辨率、更小的特征尺寸。发展高分辨率、多层次的光刻技术成为半导体制造的重要方向。沉积技术用于在晶圆上沉积各种材料，如绝缘层、金属层等。沉积技术的改进直接关系到器件的性能和可靠性。例如，采用化学气相沉积（CVD）或物理气相沉积（PVD）等先进沉积技术，能够实现更均匀、致密的薄膜，提高器件的性能和制备的一致性。蚀刻技术用于去除不需要的材料，定义器件的结构。随着器件尺寸的不断缩小，蚀刻技术需要更高的选择性、更精准的控制。为了减小对环境的影响，绿色蚀刻技术的研发也成为产业关注的焦点。离子注入技术用于改变半导体晶体的导电性质，调制器件的电性能。在集成电路的制备中，通过离子注入可以实现掺杂和形成电子器件的结构。随着器件尺寸的不断减小，精确控制离子注入的剂量和深度变得至关重要。新兴的三维集成、自组装技术、纳米加工等都是半导体加工技术领域的创新方向。三维集成技术可以实现器件在垂直方向上的堆叠，提高集成度和性能。自组装技术则利用自然力学原理，使得器件在制备过程中自行组装，有望提高生产效率。半导体加工技术的创新不仅关系到微电子器件的性能提升，还涉及产业链的高效运转和制造成本的控制。对于新材料、新工艺、新技术的不断研发与应用，将推动半导体加工技术的进步，为微电子技术的快速发展提供坚实基础。

（三）随着信息技术的飞速发展，对微电子器件的集成度和性能要求越来越高

随着信息技术的飞速发展，对微电子器件的集成度和性能提出了越来越高的要求。这一趋势不仅是技术创新的必然结果，也反映了现代社会对于更快速、更强大、更智能的电子设备和系统的迫切需求。集成度指的是在一个芯片上集成的元器件数量，它与芯片的尺寸和制造工艺有直接关系。随着微电子技术的不断创新，摩尔定律的持续发展，集成电路上可容纳的晶体管数量不断增加，从而实现了更高的集成度。这种高度集成的设计使得芯片体积更小、功耗更低，同时提高了系统性能和可靠性。高性能的微处理器、高频率的通信设备、高分辨率的图像传感器等，对器件的速度、功耗、稳定性等性能指标提出了更高要求。为了满足这些需求，微电子器件需要采用先进的半导体材料、优化的制备工艺，并运用新颖的架构和设计理念，以实现更快速、更高效的数据处理和通信能力。集成多种传感器、通信模块、处理单元等功能于一体的多功能器件，有望实现更智能、更灵活的应用。例如，物联网设备、智能家居系统等就需要集成多种传感器和通信功能，以实现设备之间的互联和智能控制。随着人工智能、机器学习等技术的兴起，对于在芯片上集成专门的硬件加速器以提高计算效率的需求也在增加。这促使微电子器件的设计变得更加复杂，需要在硬件和软件层面实现更高度的协同工作。随着信息技术的快速发展，微电子器件将不断面临更高层次的集成度和性能要求。这不仅需要半导体材料、制备工艺等方面的创新，还需要在器件设计、系统架构等方面进行更深层次的创新和优化，以满足社会对于更先进、更智能的电子设备的不断追求。这一发展趋势将为科技进步和社会的数字化转型提供强有力的支持。

（四）在国际竞争激烈的半导体市场中，保持技术领先显得尤为重要

在国际竞争激烈的半导体市场中，保持技术的领先地位显得尤为重要。半导体技术的领先不仅关系到企业自身的竞争实力，更直接影响到国家和地区在全球半导体产业链中的地位和话语权。持续的技术创新、研发投入和产业协同合作成为在这个竞争激烈的领域中立于不败之地的关键要素。半导体行业处于快速发展的前沿，技术的更新换代速度极快，从而企业需要在芯片设计、制造工艺、材料科学等多个方向不断进行创新。投入大量资源进行研发，关注新型材料、先进制造工艺以及未来技术趋势，

成为取得技术领先地位的必要手段。这可以通过建立研发实验室、加强产学研合作等方式来推动。半导体产业的全球价值链极为复杂，依赖多个环节的协同工作。企业需要与国际上的先进技术研发机构、大学、其他企业等建立合作伙伴关系，通过共享资源和经验，推动技术的进步。国际产业协同可以在研发速度、成本控制、市场拓展等方面提供更为全面的优势。半导体领域需要高度专业化的人才，包括芯片设计工程师、制造工艺专家、材料科学家等。为了保持竞争优势，企业需要注重内部人才培养，建立健全的培训体系，同时也要吸引全球范围内的优秀人才，形成创新团队。关注知识产权的保护也是保持技术领先地位的关键之一。通过申请专利、保护核心技术，企业可以有效抵御竞争对手的挑战，确保自身的技术优势不受侵害。通过不断的技术创新、全球合作、人才培养以及知识产权保护等综合手段，企业可以在激烈的国际竞争中占据有利地位，推动半导体技术的不断升级，实现可持续发展。

微电子技术在半导体工业中占据着关键地位，其对半导体材料性能和加工技术的不断创新推动着整个行业的发展。随着科技的不断进步，微电子技术将继续在各个领域展现其重要性，为人类社会的科技发展做出更大贡献。

四、微电子技术在通信领域中的应用

微电子技术在通信领域的应用具有显著的重要性，其创新不仅推动了通信技术的迅猛发展，而且深刻地改变了人们的生活方式和社会结构。从通信设备到网络基础设施，微电子技术的不断进步为通信领域带来了诸多革命性的变化。

（一）微电子技术在通信设备方面的应用是显著的

微电子技术在通信设备方面的应用是显著的，其不断的创新和发展推动了通信领域的巨大变革，从传统的通信方式到现代的高度智能化、高效能的通信系统，都离不开微电子技术的支持。微处理器、微控制器等微电子元件的不断升级，使得通信设备能够更快速地处理和传输信息。高集成度的集成电路提供了更强大的计算和控制能力，使通信设备能够更有效地支持复杂的通信协议和处理大量数据。微电子元器件的微型化和集成度提高使得通信设备得以更小巧、更轻便，这在移动通信设备、便携式通信终端等方面都有着显著作用。这种小型化带来的便携性使得人们能够更自由地进行通信，极大地提升了通信的灵活性。数字信号处理器、FPGA（现场可编程门阵列）等器件的广泛应用使得通信信号能够更容易地数字化处理，提高了通信的质量和可靠性。人工智能技术的崛起也为通信设备带来了智能化的功能，例如语音识别、自然语言处理等，使得通信设备能够更智能地满足用户的需求。微电子技术在通信设备的无线通信方面也发挥了重要作用。射频集成电路（RFIC）的进步，使得无线通信设备能够更好地实现高频率、宽频带的信号处理。这不仅提高了通信的速度，也为无线通信设备提供了更好的频谱利用效率。低功耗设计、智能电源管理等技术的应用，使得通信设备在工作时能够更加高效地利用能源，降低能源消耗，符合可持续发展理念。微电子技术在通信设备方面的广泛应用推动了通信领域的创新和进步，使得通信设备更加高效、便携、智能，为人们提供了更便捷、可靠的通信体验。随着微电子技术的不断发展，通信领域将继续受益于其创新带来的各种可能性。

（二）微电子技术对通信网络的发展起到了关键推动作用

微电子技术对通信网络的发展起到了关键推动作用，其不断的创新和应用促使通信网络实现了从传统到现代的巨大飞跃，从而推动了数字社会的发展和全球通信的普及。通过微处理器、光纤通信、高速传输协议等技术的引入，通信网络得以更快速地处理和传输数据，从而实现更高带宽、更低延迟的通信。这对于支持大规模数据传输、高清视频流、云计算等现代通信需求至关重要。数字信号处理、先进的通信协议、软件定义网络（SDN）等技术的应用使得通信网络得以数字化处理，实现了更高效的数据传输和管理。人工智能技术的引入，例如智能路由器、智能调度系统等，使得通信网络能够更智能地进行资源分配、故障诊断等，提升了网络的可靠性和性能。通过射频集成电路（RFIC）的不断发展，通信网络得以更好地支持无线通信技术，如 5G 和 Wi-Fi 6 等，提供更大的覆盖范围、更高的传输速度和更多的连接能力。这使得移动通信、物联网等应用得以广泛普及和深入发展。微电子技术在通信网络的节能和环保方面也发挥了重要作用。低功耗设计、智能电源管理等技术的应用，使得通信网络在工作时能够更加高效地利用能源，降低碳排放，符合可持续发展的理念。微电子技术对通信网络的发展起到了关键作用，从提高速度和容量、数字化和智能化网络、支持无线通信到节能环保，都展现了微电子技术在通信领域的重要价值。这种技术的不断创新将继续推动通信网络的发展，为人们提供更高效、智能、可靠的通信服务，助力数字时代的蓬勃发展。

（三）微电子技术在光纤通信领域也发挥着重要作用

微电子技术在光纤通信领域发挥着至关重要的作用，其不断地创新和应用推动了光纤通信系统的发展，使其成为现代通信网络的核心组成部分。光电子器件是将光信号转换为电信号或将电信号转换为光信号的关键元件。微电子技术的发展使得这些器件能够更小型化、更高效，从而提高了整个系统的集成度和性能。例如，光接收器和光发射器的微型化不仅减小了设备体积，还提高了通信系统的带宽和传输速度。通过数字信号处理器、高速数字转换器等微电子元器件的引入，光纤通信系统能够更好地处理数字信号，实现数字光传输和数字信号处理。智能化的控制系统通过微电子技术的支持，能够实现网络的动态调度、故障检测与修复等智能功能，提高了系统的可靠性和稳定性。低功耗、高效能的微电子元器件降低了整个系统的能耗，同时智能电源管理系统的应用也使得通信设备能够根据实际需求调整功耗，进一步提高了系统的能效。微电子技术在光纤通信系统的调制解调、信号处理、调度控制等多个方面的应用也极大地促进了光纤通信的创新。例如，先进的光子学器件和微电子元器件的结合推动了新型调制解调技术的发展，进一步提高了系统的传输速度和容量。微电子技术在光纤通信领域的应用对于现代通信系统的高速、高效、智能化具有不可替代的作用。随着微电子技术的不断发展，光纤通信系统将继续迎来新的创新，为人们提供更快速、可靠的通信服务，助力信息社会的全面发展。

（四）微电子技术在通信安全领域扮演着关键角色

微电子技术在通信安全领域扮演着至关重要的角色，其不断创新和应用推动了通信安全技术的发展，使得信息传输更加可靠、隐私更加安全，有效应对了日益增多的网络威胁和安全挑战。现代通信网络中，数据加密是确保信息安全的基石。微电子技术的发展使得高级加密算法能够在计算能力有限的设备上高效运行，例如，使用专门设计的加密芯片或硬件加速器。这保护了通信数据免受未经授权的访问，确保了通信的机密性。硬件安全模块、安全芯片等技术通过微电子元件的集成，提供了更安全的存储和处理环境，用于存储密钥、进行身份验证等关键安全功能。这种硬件级别的安全机制能够抵御多种攻击，如侧信道攻击、物理攻击等，提高了系统的安全性。量子通信利用量子力学的原理实现安全的通信，微电子技术在量子密钥分发、量子随机数生成等方面的创新，使得量子通信技术逐渐走向实用化。量子通信的特殊性质使其对于突破传统加密技术的攻击具有天然的抵御能力，为通信安全提供了新的可能性。微电子技术的发展也支持了网络入侵检测系统、防火墙等安全设备的设计和实施。通过在硬件层面实现更强大的处理能力和更复杂的算法，这些设备能够更有效地检测和阻止潜在的网络攻击，提高了通信系统的整体安全性。随着通信技术的不断发展和安全需求的提升，微电子技术的创新将继续推动通信安全技术的进步，为建设更安全、可信的通信网络提供强大支持。

微电子技术在通信领域的广泛应用不仅提升了通信设备和网络的性能，也拓展了通信应用的领域。从移动通信到光纤通信，从网络基础设施到通信安全，微电子技术的持续创新为现代通信领域的发展注入了强大的动力，推动了信息社会的快速发展。

随着技术的不断演进，微电子技术将继续在通信领域发挥引领作用，为未来通信技术的创新打下坚实基础。

五、微电子技术在传感器、探测器等领域的应用也愈发重要

随着物联网、传感器网络等技术的迅速兴起，微电子技术在传感器、探测器等领域的应用变得更加重要和广泛。微电子技术的创新不仅提高了传感器和探测器的性能，还推动了各种行业中的智能化、自动化和数据采集的发展，为实现智能城市、智能制造等应用场景奠定了坚实基础。

（一）微电子技术在传感器领域的应用引领了物联网时代的到来

微电子技术在传感器领域的应用引领了物联网时代的到来，为实现智能化、互联互通的世界打开了新的可能性。传感器的微型化、智能化和低功耗特性，使得各类设备能够感知、收集、传输和处理环境信息，从而构建了一个更加智慧和高效的物联网生态系统。通过采用微纳加工技术，制造更小型、更高灵敏度的传感器，微电子技术使得传感器能够更容易地嵌入各种设备中，实现无缝集成。这种微型化不仅有助于设备更加轻巧紧凑，还提高了传感器的灵活性和适应性。通过在传感器中集成微处理器和存储单元，传感器能够更好地处理感知到的信息，实现实时分析和决策。智能传感器能够通过本地处理，减轻对云端的依赖，提高响应速度，同时降低了对通信网络的负担，有助于构建更为稳定和高效的物联网系统。微电子技术的低功耗设计使得传感器能够长时间运行，从而延长了物联网设备的使用寿命。低功耗设计有助于提高能源利用效率，使得传感器能够在不断变化的环境中稳定运行，同时也降低了设备运行的整体成本。微电子技术的创新推动了各种传感器技术的发展，包括光学传感器、声波传感器、温度传感器等。这些传感器的不断演进和集成，为物联网应用提供了更加多样化的感知能力，从而能够满足不同场景下的需求，拓宽了物联网的应用范围。微电子技术在传感器领域的应用为物联网时代的到来奠定了基础，使得物体之间能够更智能、更高效地互相交互。随着微电子技术的不断创新，物联网将继续迎来更先进、更智能的传感器技术，推动着物联网在各行各业的广泛应用。

（二）微电子技术在传感器网络方面的发展加速了分布式传感系统的建设

微电子技术在传感器网络方面的发展加速了分布式传感系统的建设，为实现大规模、高效率的感知和数据处理提供了强大支持。这种系统利用分布在空间中的大量传感器节点，通过相互协作和信息共享，实现对环境的全面监测和实时响应。随着微处

理器、传感器、通信模块等元器件的不断微型化，传感器节点得以更小巧地设计，使其能够轻便地布置在各种环境中。微电子技术的集成化设计使得传感器节点具备更高的集成度和性能，从而在有限的空间内实现更多的感知和处理功能。通过采用先进的通信协议、射频集成电路等技术，传感器节点能够更迅速、可靠地进行信息传递。这种高效的通信能力支持了传感器网络的实时数据传输，使得感知系统能够更加灵敏地捕捉环境变化。微电子技术的低功耗设计使得传感器节点能够长时间运行，降低了对电池更换的频率和成本。低功耗设计有助于延长传感器节点的使用寿命，使其更适合长期部署在野外或边缘环境中，提高了系统的稳定性和可靠性。微电子技术的智能化设计促使传感器节点的本地数据处理能力的提升。传感器节点能够在本地对采集到的数据进行初步处理和分析，只将重要信息传输至中心节点，减轻了网络负担，提高了系统的响应速度。这种系统能够广泛应用于环境监测、智能交通、农业精准化管理等领域，通过大规模的感知网络实现对复杂环境的全面监测，推动了物联网和智能城市的发展。随着微电子技术的不断创新，分布式传感系统将进一步提升感知能力和智能化水平，应对更多领域的挑战。

（三）微电子技术在生物医学传感器方面的创新为医疗健康领域带来了革命性变化

微电子技术在生物医学传感器方面的创新为医疗健康领域带来了革命性变化，推动了生物医学监测、诊断和治疗的发展，为患者提供了更精准、便捷的医疗服务。微电子技术的不断进步使得生物传感器能够更小型、更灵敏，能够在微观尺度上进行生物分子的检测。这种微型化和集成化使得生物传感器可以被嵌入生物体内或外部设备上，实现对生物指标的实时监测，为医生提供更多、更及时的医学数据。通过在传感器上整合多种传感技术，如生物传感、光学传感、电化学传感等，可以获取更全面、准确的生物信息。例如，通过集成微型摄像头和生物传感器，可以实现对患者的实时影像监测和生理参数测量，为医生提供更全面的诊断依据。采用微型射频芯片和无线通信技术，生物传感器可以实现对生物数据的实时传输和存储，医生可以通过远程监测系统随时了解患者的健康状况。这种无线通信的特性使得医疗监测更加便捷，也为远程医疗提供了可行性。微电子技术的低功耗设计使得植入式生物医学传感器能够长时间在生物体内运行。植入式传感器可以实时监测生理参数，为患者提供个性化的医学治疗方案。这种植入式技术的创新为慢性病患者的管理和治疗提供了更加有效的手段。生物传感器的微型化、多模态集成、无线通信以及植入式设计等特性使得医疗监测更加便捷、个性化，为医生提供了更准确的诊断和治疗手段，为患者提供了更好的医疗体验。随着技术的不断发展，微电子技术将继续推动生物医学传感器的创新，为医疗健康领域带来更多的可能性。

（四）微电子技术在探测器领域发挥了关键作用

微电子技术在探测器领域的应用发挥了关键作用，为科学研究、医疗影像、安全检测等领域提供了高性能、高精度的探测器设备。微电子技术的创新推动了探测器的微型化、高集成度和低功耗设计，拓展了探测器的应用领域，提升了其性能和效率。通过微电子加工技术，探测器的元件可以更小型化，同时集成度更高，从而实现了更精密的测量和更高灵敏度的探测。这对于空间科学、高能物理实验等领域的研究具有重要意义，因为微小的探测器可以被轻松搭载到太空或实验室环境中，收集更为精确的数据。通过在同一探测器上集成不同类型的传感器和检测器，微电子技术实现了多种测量参数的同时获取。例如，在医疗领域，结合 X 射线和光电探测器，可以实现更全面的医学影像检测。这种多模态集成提高了探测器的多功能性和适用性。数字信号处理器和先进的数据处理算法的应用使得探测器可以更高效地处理采集到的数据，提高数据分辨率和准确性。这对于科学研究、医学诊断等领域的数据分析和解释具有关键性的意义。低功耗设计使得探测器能够在长时间的实验或监测中稳定运行，减少电池更换的频率，降低了维护成本，尤其在远程或高度不便的环境下具有明显优势。微电子技术在探测器领域的应用推动了探测器技术的不断创新和进步，为科学、医学、安全等领域的研究和应用提供了更为高效、灵敏和多功能的探测手段。随着微电子技术的不断发展，探测器将继续受益于其创新，为各种领域的探测任务提供更加先进和可靠的解决方案。微电子技术在传感器、探测器等领域的应用为社会的智能化和数字化转型提供了重要的技术基础。随着技术的不断进步，微电子技术将继续推动传感器技术的创新，助力各个领域的智能化发展，促使物联网时代的全面到来。

微电子技术作为现代电子学和信息技术的基础，为各种电子设备和系统的高效运行提供了关键支持。其不断创新和发展将进一步推动信息技术的进步，为科技的发展提供了更加广阔的前景。

第二节　纳米电子技术

纳米电子技术是一门专注于纳米级尺度（通常在 1 到 100 纳米之间）的电子器件和系统研究与开发的领域。这一领域的发展推动了电子学的新篇章，具有广泛的应用前景，涵盖了纳米材料、纳米器件、纳米电路和系统等多个方面。

一、纳米电子技术注重研究和应用纳米材料

纳米电子技术作为一门前沿领域，着眼于研究和应用纳米材料，其在电子器件领域的探索和创新为科技发展注入了强大的活力。纳米电子技术在纳米材料的研究与应用上取得的进展，不仅深刻影响着电子器件的性能和功能，而且为未来电子技术的发展提供了新的可能性。

（一）纳米电子技术注重对纳米材料的深入研究

纳米电子技术注重对纳米材料的深入研究，这一领域的发展为电子器件和系统的设计与制造带来了重大变革。纳米材料的引入使得电子元器件能够实现更小尺寸、更高性能、更低功耗等优势，推动了电子技术的不断创新与进步。通过精密的纳米加工技术，研究人员能够精确控制材料的结构、形态和组成，实现对电子器件内部微观特性的精细调控。这使得纳米电子器件能够充分发挥纳米材料的独特性质，如量子效应、表面效应等，从而实现更高的性能和更多样的功能。例如，纳米材料如碳纳米管、量子点等被广泛应用于场效应晶体管（FET）、存储器、传感器等领域。纳米电子器件的制备和应用使得电子元器件在尺寸、速度和功耗等方面取得了显著突破，为高性能、低能耗的电子设备提供了可能性。纳米尺度的电子输运行为通常受到量子效应的影响，因此在纳米电子器件中的电子输运行为表现出与宏观尺度截然不同的特性。通过深入研究纳米材料的电子输运性质，科学家们能够更好地理解并利用这些特殊的量子效应，为器件的设计和优化提供了新的思路。纳米电子技术也探索了纳米尺度下的能带结构、能级分布等方面的特性。纳米材料的这些特性对电子器件的电子能级调控、载流子输运以及电子 - 声子相互作用等方面都有着深远的影响。这些研究为构建更高效、更可靠的纳米电子器件提供了理论基础和实验指导。纳米电子技术对纳米材料的深入研究为电子器件的创新和进步提供了丰富的理论和实验基础。随着对纳米材料性质的更深入理解和纳米加工技术的不断发展，纳米电子技术将继续引领电子技术领域的创新方向，推动电子器件朝着更小型、更高性能、更低功耗的方向发展。

（二）纳米电子技术在电子器件的应用方面展现了巨大潜力

纳米电子技术在电子器件的应用方面展现了巨大潜力，为电子领域带来了革命性的变革。通过精密的纳米加工技术和对纳米材料特性的深入理解，纳米电子技术为电子器件的性能、尺寸和功耗等关键参数带来了显著的提升，推动了电子设备的不断创新与发展。采用纳米材料如碳纳米管、石墨烯等作为半导体元件，纳米电子器件能够

实现更小的晶体管尺寸，提高电子元件的集成度。这种微小尺寸的晶体管可降低电子元件之间的电阻、电容，从而提高电路的响应速度、降低功耗，使得电子器件在性能上有了质的飞跃。采用纳米尺度的存储单元，如非易失性存储器（NVM）、快闪存储器等，纳米电子器件实现了更高的存储密度和更快的读写速度。这为移动设备、云计算等领域提供了更为高效的数据存储解决方案，支持了信息社会的快速发展。通过引入纳米材料，如纳米光子晶体、纳米光栅等，纳米电子器件在激光器、光调制器、光探测器等方面取得了显著进展。这种纳米光电子器件的创新使得光通信、光传感等领域能够更好地满足高速、高带宽的通信需求。纳米电子技术的应用也涉及能源器件、传感器、医学电子器件等多个领域。在能源方面，通过纳米结构的设计，提高了太阳能电池和能量存储器件的效率。在传感器领域，纳米电子技术的创新使得传感器能够更灵敏地感知环境中的微小变化。在医学电子器件方面，纳米技术的应用为生物传感、医学成像等提供了更高的分辨率和更强的信号灵敏度。纳米电子技术在电子器件的应用方面展现了巨大潜力，推动了电子领域的技术进步和创新。这种技术的不断演进将为未来智能电子设备、通信系统、能源技术等领域的发展带来更多可能性，助力构建更智能、更高效的数字化社会。

（三）纳米电子技术在能源领域的研究也备受关注

纳米电子技术在能源领域的研究备受关注，通过利用纳米尺度的材料和结构设计，致力于提高能源转换、存储和传输的效率，推动了能源领域的创新和可持续发展。通过纳米结构的设计，如纳米光子晶体、纳米线阵列等，可以实现太阳能电池的光吸收表面积的增加和光电转化效率的提高。纳米电子器件的应用使得太阳能电池更轻薄、灵活，能够更好地适应不同形状和应用场景，为可再生能源的广泛应用提供了新的可能性。通过纳米尺度的设计，提高了电池和超级电容器的能量密度和充放电速度。纳米电极材料、纳米多孔结构等技术的应用使得电池的循环寿命得到改善，能够更长时间、更稳定地储存和释放能量。这对于电动汽车、可穿戴设备等领域的发展提供了关键支持。通过纳米材料的运用，如纳米线和纳米管，可以实现电子、光子、热子的高效传输。纳米电子器件的应用提高了电流的导电性能，减少了电阻损耗，有望改善能源传输效率。在能源管理方面，纳米材料的热电性能也被用于热电转换器件，将废热转换为电能，提高能源利用效率。纳米电子技术还在能源领域的传感和监测方面有所突破。通过纳米传感器的设计，可以实现对能源系统中参数变化的高灵敏监测，提高能源系统的安全性和稳定性。纳米电子技术在能源领域的研究为提高能源转换效率、储能性能和能源传输效率提供了新的思路和解决方案。这种技术的不断创新将为未来能源领域的可持续发展、清洁能源的广泛应用以及能源系统的智能化提供重要支持，有望推动能源技术迈向更加高效和可持续的未来。

（四）纳米电子技术对信息存储和处理领域的影响日益显著

纳米电子技术对信息存储和处理领域的影响日益显著，通过利用纳米尺度的材料和结构设计，推动了信息技术的发展，为高性能、低功耗的存储与处理器件提供了新的可能性。采用纳米尺度的存储单元，如相变存储器（PCM）、自旋电子学存储器等，可以实现更高密度、更快速的数据存储。纳米电子器件的设计使得存储介质在微观层面上可以被准确控制，实现了更高的密度和更稳定的数据存储，为大规模数据存储和高速随机存取提供了新的解决方案。通过引入纳米材料，如碳纳米管、量子点等，可以实现更小型化的晶体管和更高集成度的电子元件。这种微小尺寸的器件使得信息处理器件能够在更小的空间内实现更多的功能，为高性能计算和人工智能提供了基础。通过纳米材料的设计，实现了更好的量子比特控制和量子纠缠效应，为量子计算机的发展提供了有力支持。这种技术的应用还有望提高量子通信的安全性和效率，推动信息传输领域的创新。通过采用纳米尺度的材料和器件，降低了电子元件之间的电阻和电容，减少了能耗损失，从而提高了信息技术系统的能效。这对于构建更为可持续和环保的信息技术生态系统具有积极意义。纳米电子技术在信息存储和处理领域的应用为高效、高性能的信息技术设备提供了创新的解决方案。随着这一领域的不断发展，纳米电子技术将持续推动信息技术的进步，为未来智能化社会、云计算、物联网等领域的发展带来更多的机遇和可能性。

纳米电子技术以其对纳米材料的深入研究和创新应用为核心，推动了电子器件、能源、信息存储等领域的快速发展。纳米电子技术的突破性进展为未来科技的发展带来了前所未有的机遇，其在材料科学、电子工程和能源技术等多个领域的综合应用，将为人类社会的进步和创新做出更为重要的贡献。

二、纳米电子技术关注纳米级别的电子器件设计和制造

纳米电子技术专注于纳米级别的电子器件设计和制造，这一领域的深入研究和创新应用为电子工程领域带来了前所未有的挑战和机遇。关注纳米级别的电子器件，旨在充分利用纳米尺度的特殊性质，如量子效应、尺寸效应等，以实现更小型、更高性能、更低功耗的电子设备。

（一）纳米电子技术强调纳米级别的电子器件设计

纳米电子技术强调纳米级别的电子器件设计，这一领域专注于在纳米尺度上精确控制和构建电子元件，以实现更高性能、更小尺寸、更低功耗的电子器件。这种强调纳米级别的设计为电子技术带来了许多前所未有的优势，推动了电子器件领域的创新和发展。通过先进的纳米加工技术，研究人员能够在纳米级别上精确操控和组装材料，实现了器件内部微观结构的精细调控。这种精密的纳米加工为电子器件提供了更强大的性能基础，使得器件在稳定性、速度和功耗方面都能够得到显著改善。通过采用纳米尺度的晶体管、电极等元件，纳米电子器件能够在非常小的空间内实现更多的功能。这不仅提高了电子元件的集成度，还在一定程度上减小了电子元件之间的电阻和电容，提高了电子器件的性能和运行速度。在纳米尺度上，量子效应开始显现，例如量子隧穿效应、量子点效应等。通过深入研究和利用这些量子效应，纳米电子技术为电子器件的设计提供了更多的可能性，实现了在量子级别上的控制和操作，为量子计算和量子通信的发展提供了新的途径。通过纳米级别的设计，能够实现更高效的光电转换、更稳定的电池储能、更快速的电子传输等。这为能源技术的创新提供了新的方向，促使能源领域朝着更加高效和可持续的方向发展。这种设计理念不仅推动了现有电子技术的进步，还为未来的纳米电子器件和量子电子学的发展打开了广阔的前景，为构建更加先进、高效的电子系统奠定了坚实的基础。

（二）纳米电子技术注重纳米级别电子器件的制造

纳米电子技术注重纳米级别电子器件的制造，这一领域专注于开发精密的加工技术和制备方法，以在纳米尺度上精确构建电子元件。这种注重纳米级别的制造为电子器件的性能、尺寸和功能提供了卓越的改进和创新，推动了电子技术的不断发展。采用先进的纳米加工工艺，如电子束光刻、原子层沉积、纳米压印等，使得研究人员能够在纳米级别上实现对材料的高度精确控制。这种高精度的纳米加工技术为电子器件提供了微观结构的精细调控，使得器件能够充分发挥纳米尺度特有的优势。通过利用自组装方法，例如 DNA 自组装、分子自组装等，可以实现更精确和高效的元件排列，构建纳米级别的电子器件。这种自组装技术有助于降低生产成本，并在纳米尺度上实现高度复杂的结构，为制造更为复杂的电子器件提供了可行性。通过选择特定的纳米材料，如碳纳米管、石墨烯等，以及对这些材料进行定制设计，可以在纳米尺度上调控材料的电学、光学和磁学性质。这种纳米级别的材料设计有助于优化电子器件的性能，实现更高的电导率、更低的功耗等特性。纳米电子技术还注重纳米级别制造的可扩展性和可重复性。这意味着制造过程需要能够在大规模生产中保持高质量和一致性。

通过开发可靠的制造技术和生产流程，纳米电子技术能够更好地应对工业化生产的需求，实现纳米级别电子器件的商业化应用。纳米电子技术在纳米级别电子器件的制造方面取得了显著进展，为电子技术的创新和发展提供了强大支持。这种制造技术的不断演进将推动电子器件朝着更小型、更高性能、更节能的方向发展，为未来智能电子设备和先进电子系统的制造奠定了坚实基础。

（三）纳米电子技术在电子器件材料方面的研究至关重要

纳米电子技术在电子器件材料方面的研究至关重要，通过对纳米尺度材料的深入探索和定制设计，推动了电子器件性能的提升和创新。这种关注材料层面的研究为纳米电子技术的发展提供了坚实基础，为电子器件的设计和制造提供了更多可能性。纳米尺度的材料通常表现出与宏观尺度截然不同的性质，如量子效应、表面效应等。通过精心选择纳米材料，例如碳纳米管、石墨烯、量子点等，可以在纳米电子器件中发挥其独特的电学、光学和磁学特性，从而实现更高性能和更多功能的电子器件。通过精密的制备工艺，例如纳米加工、自组装等技术，研究人员能够在纳米尺度上精确控制材料的结构和形态。这种精密的设计和制备使得纳米电子器件能够实现更高的集成度、更小尺寸和更快的响应速度，同时还拓展了电子器件的应用领域。通过在纳米电子器件中引入多种功能材料，例如多层结构、异质结构等，可以实现多种功能的集成。这种多功能性的设计使得电子器件可以同时具备光电转换、传感、存储等多种功能，为实现智能化、多用途化的电子设备提供了可能性。纳米电子技术还致力于解决纳米尺度材料的稳定性和可靠性问题。纳米级别的材料通常更为脆弱和敏感，研究人员在纳米电子器件的设计中需要考虑材料的稳定性、耐久性以及长期使用的可靠性，以确保器件在实际应用中具有持久性和稳定性。纳米电子技术在电子器件材料方面的研究为电子技术的创新提供了关键支持。这种材料层面的关注将为未来电子器件的设计、制造和性能优化提供更多可能性，推动电子技术领域不断迎接新的挑战并取得更为卓越的成果。

（四）纳米电子技术的研究涉及能源效率和新型功能性器件的开发

纳米电子技术的研究涉及能源效率和新型功能性器件的开发，这一领域的关注点主要集中在利用纳米尺度的材料和结构设计，以提高电子器件的能源利用效率和拓展器件的功能性。这种研究方向为未来电子技术的可持续发展和创新提供了关键的方向。通过纳米级别的设计和制造，电子器件可以实现更高效的能源转换和传输。例如，采用纳米材料作为电极或半导体元件，可以减小电子器件之间的电阻和电容，从而减少能耗损失。这有助于提高电子器件的能源利用效率，推动电子技术向着更为节能和环保的方向发展。通过引入纳米结构和纳米材料，研究人员能够设计和制造具有新颖功能的电子器件。例如，采用磁性纳米材料可以实现磁存储器件的制备，采用光敏纳米结构可以实现光电转换器件的设计。这种功能性器件的开发不仅丰富了电子技术的应用领域，还为实现更高性能的电子设备提供了新的可能性。通过研究和应用纳米级别的材料，如二维材料、纳米线、纳米颗粒等，研究人员可以发现这些材料具有独特的电学、光学和磁学性质。这为新型电子器件的设计提供了新颖的材料基础，拓展了电子技术的研究领域。通过在纳米尺度上实现多种材料和功能的高度集成，研究人员可以打破传统电子器件的限制，实现更为灵活和智能的电子系统。这种集成和多功能性的设计为电子技术的发展带来了更为丰富和复杂的应用场景。纳米电子技术在能源效率和新型功能性器件的研究方面的努力为电子技术领域注入了创新活力。这种研究方向有望在未来推动电子技术向着更为高效、智能和多功能的方向发展，为社会的数字化和智能化提供更为先进的解决方案。

纳米电子技术在关注纳米级别的电子器件设计和制造方面，引领着电子工程的发展。其研究成果将为未来电子产品的小型化、高性能化和功能多样化提供坚实的技术基础，推动着电子科技的不断创新和发展。

三、纳米电子技术推动纳米电路的研发

纳米电子技术的迅猛发展不仅令人瞩目，更是推动了纳米电路的研发，为电子领域带来了革命性变革。关注纳米级别的电子器件和电路设计，纳米电子技术在以下几个方面对纳米电路的研发起到了关键的推动作用。

（一）纳米电子技术的推动加速了纳米电路的小型化和集成度提升

纳米电子技术的推动加速了纳米电路的小型化和集成度提升，这一趋势是在纳米尺度上设计和制造电子器件的结果。随着纳米电子技术的不断发展，电子元件的尺寸逐渐缩小到纳米级别，同时实现了更高的集成度，为电子器件的性能和功能提供了显著的改进。通过采用纳米尺度的材料和先进的纳米制造技术，例如电子束光刻和自组装技术，研究人员能够在纳米级别上精确操控电子器件的组成结构。这种精密的制造使得传统器件的尺寸大幅缩小，实现了纳米电路的微型化。随着尺寸的减小，电子器件内部的元件密度得以显著提高，从而实现更多功能的集成。纳米级别的制造技术使得电子元器件能够在极小的空间内实现复杂的电路结构，如存储单元、逻辑门等，从而在单一芯片上集成更多的功能和性能。在纳米尺度上，量子效应开始显现，新型纳米电路设计能够充分利用这些效应，实现更高效、更快速的电子传输。例如，量子点

器件和量子阱传输器件等新型设计在纳米电路中得到应用，带来了新的电子运输方式和更先进的电子器件性能。通过选择和设计纳米材料，如碳纳米管、石墨烯等，可以改善电子元器件的导电性能、机械性能和热稳定性。这种新型材料的引入有助于提升纳米电路的整体性能和稳定性。纳米电子技术的推动使得纳米电路变得更加小型化、集成度更高，为电子技术的发展带来了新的可能性。这一趋势推动了信息技术、通信、计算机科学等领域的不断创新，为构建更为高效、紧凑和先进的电子设备奠定了坚实基础。

（二）纳米电子技术推动了纳米电路的高性能化

纳米电子技术推动了纳米电路的高性能化，通过在纳米尺度上精确设计和制造电子器件，实现了电子器件性能的显著提升。这一趋势在提高电路速度、降低功耗、增加功能集成等方面都取得了令人瞩目的成就，为信息技术、通信、计算机科学等领域带来了全新的发展机遇。在纳米尺度上，电子器件的结构更为精细，电子运动更受控制，电子在电路中的传输速度得以显著增加。这不仅提高了纳米电路的工作频率，也使得数据传输和处理更为迅速，推动了信息处理的高效性能。在纳米尺度上，电子元器件的电阻和电容减小，电子的移动变得更加轻松，因此电路的功耗显著降低。这种低功耗的特性对于电子设备的节能和长时间使用具有重要意义，同时也有助于减缓电子设备产生的热量，提高了系统的稳定性。在纳米尺度上，可以更容易地在单一芯片上集成多个功能单元，如存储单元、逻辑单元、传感单元等。这种多功能集成使得纳米电路能够同时执行多项任务，实现更为复杂和智能化的电子系统。通过引入纳米材料和纳米结构，如碳纳米管、石墨烯等，研究人员能够设计和制造具有新颖性能的器件，如量子点器件、自旋电子学器件等。这些新型器件的应用不仅推动了纳米电路的创新，也为电子技术的未来发展提供了新的方向。这为信息技术、通信、计算机科学等领域带来了更为强大、高效和多功能的电子设备，推动了数字化社会的不断发展。

（三）纳米电子技术的发展推动了新型纳米电路的探索

纳米电子技术的发展推动了新型纳米电路的探索，为电子器件领域带来了一系列的创新和突破。这一趋势主要得益于对纳米尺度材料和结构的深入研究，以及先进的纳米制造技术的应用，从而实现了对电子器件设计的全新思路和范式的拓展。在纳米尺度上，量子效应开始显现，而纳米电子技术的发展使得科学家们能够更好地理解和利用这些效应。新型纳米电路的探索包括了引入量子点、量子阱等纳米结构，以实现更精确的电子能级控制和传输，从而打开了在量子水平上设计和构建电子器件的可能性。通过在纳米尺度上组合不同材料，如半导体、金属和绝缘体等，研究人员可以创造出具有特殊性质的异质结构。这种异质结构在新型纳米电路中得到了广泛应用，例如引入二维材料如石墨烯，以改善传导性能，或在器件中引入新型材料，如拓扑绝缘体，以实现更高效的电子传输。引入纳米材料，如碳纳米管、纳米线等，成为新型纳米电路设计的重要组成部分。这些材料不仅在尺寸上具备优势，还展现出独特的电学、光学和机械性质，为新型纳米电路的性能提升和多功能性集成提供了丰富的选择。纳米电子技术促进了更先进的器件结构的探索。例如，自旋电子学、量子点器件、拓扑电子学等新兴概念在新型纳米电路的设计中得到了应用。这些新型结构不仅提高了电子器件的性能，还为实现更高度集成和多功能性的纳米电路奠定了基础。纳米电子技术的发展推动了新型纳米电路的探索，为电子器件领域带来了新的理念和可能性。这种创新势头为未来信息技术、通信和计算机科学的发展注入了新的活力，为构建更为强大和多样化的电子系统提供了广阔的舞台。

（四）纳米电子技术对纳米电路的能源效率进行了改善

纳米电子技术对纳米电路的能源效率进行了改善，通过在纳米尺度上精确设计和制造电子器件，以实现更为高效的能源转换和传输。这一发展方向在提高电子器件的能效、降低功耗以及推动绿色电子技术的发展方面取得了显著的进展。在纳米尺度上，电子器件内部的电阻和电容减小，电子运动更受控制，导致能耗降低。通过采用纳米级别的材料和先进的纳米制造技术，研究人员能够设计和制造功耗更低的电子器件，使得纳米电路在相同性能下消耗更少的能源。在纳米尺度上，电子运动更迅速、更精确，电子在电路中的传输速度得以显著提高。这使得电子器件在同样的能源输入下能够实现更高的性能，从而提高了能源的利用效率。通过引入纳米结构和新型纳米材料，例如量子点、纳米线等，研究人员能够设计更高效的能源转换器件，如太阳能电池、热电器件等。这些新型器件在捕获、存储和转换能量方面表现出更高的效率，有助于实现更为可持续和环保的能源利用。通过在纳米尺度上引入智能控制单元，电子器件可以实时感知和调整工作状态，使其在不同负载和使用场景下实现最佳能源效率。这种自适应性的特性有助于在实际使用中最大限度地降低功耗，提高能源利用效率。

这种改善不仅有助于降低电子设备的能源成本，还为构建更为环保和可持续的电子系统奠定了基础，推动了电子技术朝着更为能效和绿色的方向发展。

（五）纳米电子技术的推动促进了纳米电路在量子计算领域的研究

纳米电子技术的推动对纳米电路在量子计算领域的研究产生了深远影响，为实现量子计算提供了新的可能性。这一趋势的主要推动力来自纳米尺度的精密控制和制备技术，使得科学家能够在量子水平上设计和操控电子器件，从而开启了探索量子计算的全新时代。在纳米尺度上，研究人员可以更精确地操控和探测单个量子比特，即量子信息的最小单位。通过采用纳米尺度的材料和结构，如量子点、超导体等，可以实现更稳定的量子比特，有效抑制了量子比特之间的干涉和相互作用，为量子计算的搭建奠定了基础。在纳米电路中，通过巧妙设计的量子门操作可以在量子比特之间实现相互作用，形成量子比特之间的纠缠态，这是实现量子并行计算的基础。纳米电子技术的发展使得量子门操作更为精确和可控，为构建更为复杂和可扩展的量子计算系统提供了支持。通过在纳米尺度上操控量子比特，研究人员能够更好地实现量子纠缠，这是量子计算中关键的一步。通过引入纳米材料和纳米结构，如纳米线、量子点等，可以有效调控量子态的生成和探测，为量子信息处理的实现提供了更灵活和可行的途径。通过在纳米结构中引入拓扑绝缘体等特殊材料，可以实现更为稳定的量子比特存储和传输，抵抗外界扰动的影响，从而提高了量子计算的容错性和稳定性。纳米电子技术的推动促进了纳米电路在量子计算领域的深入研究。这种研究不仅为量子计算的理论和实验提供了新的突破口，也为未来实现量子计算机的构建奠定基础，进一步推动了信息技术的革命性发展。

在小型化、高性能化、新型材料引入、能源效率提升等方面，纳米电子技术为纳米电路的创新和发展提供了多方面支持，为电子技术的未来开创了崭新的前景。

四、纳米电子技术的作用

纳米电子技术的广泛应用不仅局限于纳米电路的研发，还在信息存储、光电子学、量子计算等领域发挥着关键作用，为这些领域的创新和进步注入了新的动力。

（一）在信息存储领域，纳米电子技术的推动助力了存储器件的小型化和高密度化

在信息存储领域，纳米电子技术的推动助力了存储器件的小型化和高密度化，为提高存储容量、速度和效率提供了新的可能性。这一趋势主要通过在纳米尺度上精确设计和制造存储器件，实现了更紧凑和高效的存储解决方案。通过采用纳米级别的材料和制造技术，如电子束光刻和自组装技术，研究人员能够在微小的空间内构建高度精密的存储结构。这使得存储单元的尺寸得以大幅缩小，实现了存储器件的微型化，从而提高了存储器的整体性能。在纳米尺度上，存储单元之间的距离可以更为紧凑，且存储单元的精密度得以提高。这使得在同样的空间内可以存储更多的信息，实现了存储器件的高密度布局。高密度存储器件意味着更大的存储容量，能够满足日益增长的数据存储需求。通过引入纳米级别的材料，如磁性纳米颗粒、相变材料等，存储器

件可以展现出更为优越的性能。例如，磁性纳米颗粒可用于磁性存储器，而相变材料可以用于实现快速可擦除的非挥发性存储器。这种材料的创新有助于提高存储器件的稳定性、速度和可靠性。通过在垂直方向上堆叠多层存储单元，可以进一步提高存储器的容量和密度。这种三维存储结构通过在纳米尺度上实现多层交叉，将存储单元的数量倍增，实现了更为高效的数据存储和读写操作。纳米电子技术的推动在信息存储领域引发了革命性变化，助力了存储器件的小型化和高密度化。这为数字化社会中不断增长的数据需求提供了创新性的解决方案，推动了信息存储技术的不断进步，为未来存储器件的设计和发展打开了崭新的前景。

（二）纳米电子技术在光电子学领域展现出独特优势

纳米电子技术在光电子学领域展现出独特的优势，为光学和电子学的融合提供了全新的可能性，推动了光电子学的创新和发展。这一趋势主要得益于纳米尺度的精密控制和制备技术，使得科学家能够在微观层面上设计和操控光电子器件，实现了更高效、更紧凑的光电子系统。通过在纳米尺度上精确控制光电子元件的结构，如纳米线、纳米点、纳米天线等，研究人员能够调控光子的传播和操纵光信号的特性。这使得纳米光子学器件具备更高的光学性能，包括更高的分辨率、更宽的频谱响应范围和更强的光学场增强效应。通过在纳米尺度上实现光子学元件的高度集成，如光学波导、耦合器、光调制器等，研究人员可以在单一平台上实现多种功能。这种集成性有助于减小光电子系统的尺寸，提高器件性能，并且拓展了光电子学应用的范围，如光通信、传感、信息处理等领域。在纳米尺度上，光子和电子之间的相互作用呈现出新的物理现象，如表面等离子共振、局域表面等离子共振等。这些效应为设计出更为灵活和高性能的光电子器件提供了理论基础，也为探索新的光学和电子学效应提供了契机。通过利用纳米尺度的光学元件，如光学超材料、纳米光子晶体等，研究人员能够实现更高密度的光通信、更高速的光学计算和更为敏感的光学传感，为信息技术的不断升级提供了先进的解决方案。纳米电子技术在光电子学领域的展示独特优势，为光电子学的研究和应用注入了新的活力。这种融合为未来的光电子技术创新提供了广泛的舞台，为更高性能、更紧凑和更功能多样的光电子系统的发展奠定了基础。

（三）纳米电子技术对量子计算的研究有着深远的影响

纳米电子技术对量子计算的研究产生了深远影响，为实现量子计算提供了关键的技术支持和理论基础。这一趋势主要得益于纳米尺度的精密控制和制备技术，使得科学家们能够在微观层面上设计和操控量子比特，探索更高效、更稳定的量子计算系统。在纳米尺度上，研究人员能够更精确地操控和探测单个量子比特，即量子信息的最小单位。通过采用纳米级别的材料和结构，如超导体、量子点等，可以实现更稳定的量子比特，有效抑制量子比特之间的干涉和相互作用，为量子计算的实现提供了基础。在纳米电路中，通过巧妙设计的量子门操作可以在量子比特之间实现相互作用，形成量子比特之间的纠缠态，这是实现量子并行计算的基础。纳米电子技术的发展使得量子门操作更为精确和可控，为构建更为复杂和可扩展的量子计算系统提供了支持。通过在纳米尺度上操控量子点和量子线路，研究人员能够设计出更为灵活和高效的量子计算器件。量子点的引入可以用于实现高度集成的量子比特，而量子线路则可用于构建复杂的量子逻辑门，进一步提高了量子计算系统的性能。通过在纳米结构中引入拓扑绝缘体等特殊材料，可以实现更为稳定的量子比特存储和传输，抵抗外界扰动的影响，从而提高了量子计算的容错性和稳定性。纳米电子技术对量子计算的研究产生了深远的影响，为实现更为强大和可靠的量子计算机打开了新的研究方向。这种影响不仅提高了量子计算的实验可行性，也推动了量子信息科学的发展，为未来信息处理和加密领域带来了前所未有的挑战和机遇。

（四）纳米电子技术在传感器领域也有着重要应用

纳米电子技术在传感器领域的应用显得尤为重要，为传感器的性能和功能带来了革命性的提升。这一趋势主要得益于纳米尺度的制备和控制技术，使得传感器的敏感元件能够在微观层面上进行精确设计和调控，从而实现更高灵敏度、更广泛的检测范围以及更低的检测限。通过在纳米尺度上设计传感器的关键元件，如敏感材料、电极和信号放大器等，研究人员可以实现传感器尺寸的显著减小。这不仅有助于制造更为便携和嵌入式的传感器设备，还提高了传感器对微小变化的响应能力，使其更适用于复杂环境下的实时监测和检测任务。通过引入纳米级别的材料，如纳米颗粒、纳米线、纳米薄膜等，传感器能够展现出新的特性，如更大的比表面积、更敏感的电子结构和更强的表面增强效应。这些特性使得传感器在检测目标物质时更为灵敏，提高了检测的准确性和可靠性。通过在纳米尺度上实现多功能元件的集成，例如光学、电子和生物传感器的融合，传感器能够同时检测多种参数，扩大了应用领域。这种多功能化的设计有助于提高传感器的全面性能，使其适用于更广泛的应用场景，包括医疗诊断、环境监测、食品安全等领域。纳米电子技术还推动了传感器的实时监测和远程传输能力的提升。通过在传感器中引入纳米电子元件，如纳米天线和纳米放大器，传感器能够实现对检测信号的实时处理和远程传输，从而加强了传感器的智能化和可远程操控性。这种应用不仅提高了传感器的性能，还拓展了其应用范围，为解决众多实际问题和挑战提供了更为先进和可行的解决方案。

纳米电子技术在信息存储、光电子学、量子计算以及传感器领域的关键作用，加速了这些领域的创新和发展。通过充分利用纳米尺度下材料的特殊性质，纳米电子技术为人类社会的科技进步提供了强大支持，为未来科技的发展开辟了新的前景。

五、纳米电子技术带动了生物医学等领域的研究

纳米电子技术的迅猛发展不仅在电子领域取得了重要成就，同时也在生物医学、能源储存等跨学科领域推动了前沿研究的发展，为这些领域带来了新的突破和创新。

（一）在生物医学领域，纳米电子技术的应用呈现出巨大的潜力

在生物医学领域，纳米电子技术的应用呈现出巨大的潜力，为医学诊断、治疗和生物学研究提供了创新的解决方案。这一趋势主要得益于纳米尺度的制备和控制技术，使得科学家们能够在细胞和分子水平上进行精确地探测和操作，推动了生物医学科学的发展。通过引入纳米级别的成像剂和探测器件，如纳米颗粒、纳米探针和纳米传感器，生物医学研究人员可以实现对生物体内部结构和功能的高分辨率成像。这种高度精确的成像技术有助于早期疾病的检测、生物过程的实时观察，为医学影像学提供了更为准确和全面的信息。通过在纳米尺度上设计和制造药物载体，如纳米粒子、纳米胶囊等，研究人员能够实现药物的精准输送和释放。这种纳米级别的药物递送系统可以提高药物的生物利用度、减少副作用，同时实现对肿瘤和其他疾病靶点的定向治疗，为个性化医疗和精准医学打开了新的可能性。通过在纳米尺度上设计高灵敏的生物传感器，如基于纳米结构的生物传感器、纳米电极等，科学家们可以实现对生物分子的高灵敏检测。这种技术在疾病标志物的检测、生物标记物的测定以及病理生理过程的研究中具有重要的应用前景，为早期诊断和治疗提供了强有力的支持。通过在纳米尺度上设计和制造电子传感器和调控器件，研究人员能够实现对神经元的精确操控和监测，有助于深入理解神经系统的结构和功能，为神经疾病的治疗提供新的思路。纳米电子技术在生物医学领域的应用开辟了新的前景，推动了医学科学的进步。这种应用不仅提高了生物医学研究的深度和广度，还为未来个性化医疗、精准医学和治疗策略的制定提供了丰富的技术手段和创新的可能性。

（二）纳米电子技术在能源存储领域的应用是研究的热点之一

纳米电子技术在能源存储领域的应用是当前研究的热点之一，为提高能源存储设备的性能、效率和稳定性提供了新的可能性。这一趋势主要通过在纳米尺度上进行精确的设计和制备，使得储能材料和器件能够展现出更强大、更持久的性能。通过引入

纳米级别的材料，如纳米颗粒、纳米线、纳米片等，研究人员能够调控储能材料的结构和电子特性，提高其导电性和离子传导性。这使得储能材料能够更有效地存储和释放电能，从而提高了储能设备的性能和循环寿命。通过在电极和电解质等关键部件上引入纳米结构，如纳米涂层、纳米多孔材料等，能够增大电极的比表面积，提高电荷传输速度，减小电阻，从而提高了储能设备的能量密度和功率密度。这种改进对于提升电池的性能、延长循环寿命以及加快充放电速率具有显著的影响。通过在纳米尺度上设计和操控电化学过程，例如在纳米电极上实现嵌入 / 脱嵌反应、电容电极上的纳米电容效应等，可以开发出新的储能机制。这些机制使得储能设备具备更高的能量存储密度和更快的充放电速率，有望解决传统储能设备中存在的一些挑战。通过在纳米结构上调控光吸收和传热性能，研究人员能够设计出更高效的光催化材料和热储能系统，从而提高能源转换效率。这种应用不仅有助于提高能源存储设备的性能和稳定性，也有助于推动可再生能源的更广泛应用，为构建可持续的能源未来奠定了基础。

（三）纳米电子技术在光伏领域发挥了关键作用

纳米电子技术在光伏领域的应用发挥了关键作用，为提高光伏器件的效率、稳定性和成本效益提供了新的途径。通过在纳米尺度上对光伏材料和器件进行精密设计和调控，研究人员能够实现更高效的光吸收、更有效的电荷分离和更优越的光电转换性能。通过引入纳米结构，如纳米颗粒、纳米线、纳米薄膜等，研究人员能够改善光伏材料的光学和电学性质。这种精确的纳米设计可以调控光子在材料中的传播和吸收过程，增大材料的吸收截面，提高光伏材料的光吸收效率，从而增强了光伏器件的性能。通过在光伏器件的电极和电荷传输层引入纳米结构，如纳米线电极、纳米粒子电子传输层等，可以提高电子和空穴的分离效率，减小电荷复合损失。这种纳米级别的界面工程有助于提高光电转换效率，使得光能更有效地转化为电能。通过在纳米尺度上调控光吸收层的结构，研究人员可以实现多光子激发效应，使得一个光子可以激发多个电子 - 空穴对。这有望提高光伏器件的光电转换效率，克服传统光伏器件中受限于能带结构的单光子激发效应。纳米电子技术在薄膜太阳能电池和柔性光伏器件等方面也发挥了积极作用。通过在柔性基底上引入纳米结构，可以实现更轻薄、柔韧的光伏器件，为集成到各种应用场景提供了更大的灵活性。这种应用不仅提高了光伏器件的效率和稳定性，也为实现低成本、高效能源转换提供了前所未有的机会，有助于推动太阳能作为清洁能源的广泛应用。

在纳米电子技术的推动下，纳米尺度的材料、器件和系统研究正在催生新的科技革命，跨学科的合作变得愈发密切。纳米电子技术的应用不仅仅限于电子本身，更是扩展到了生物医学、能源存储等多个领域，为人类社会带来了更加先进和创新的解决方案。这种跨界合作将在未来为科技的发展开辟新的方向，推动技术创新不断迈向更高的水平。纳米电子技术的研究和应用开启了电子学领域的新纪元，其革命性的影响将深刻改变我们对电子器件和系统的认识，推动着科技的不断前进。

第三节　光电子技术

光电子技术是一门以光学和电子学为基础的交叉学科，主要研究光和电子的相互关系及其在信息处理、通信、传感、能源转换等方面的应用。光电子技术的发展将光子学和电子学融合在一起，为现代科技领域带来了许多创新和进步。

一、光电子技术在通信领域发挥着至关重要的作用

光电子技术作为一门交叉学科，其在通信领域的应用发挥着至关重要的作用，推动了通信系统的高速、高效、高容量发展。从光纤通信到光子学器件，光电子技术在通信网络的建设和提升中发挥了关键性的支持作用。

（一）光电子技术在光纤通信方面发挥了重要作用

光电子技术在光纤通信方面发挥了极其重要的作用，为信息传输提供了高速、高带宽和低损耗的解决方案，推动了现代通信技术的飞速发展。通过光电子器件的应用，将电信号转换为光信号，实现了光纤通信系统的构建。这种转换使得信息传输的速度大大提高，同时降低了信号在传输过程中的衰减和失真，使得通信系统具备更远距离、更高带宽和更稳定性的传输能力。激光器作为光源，通过光电子技术的精密调控，能够提供高度稳定和单色性的光信号。光探测器则能够高效地将光信号转换为电信号。这些光源和光探测器的升级提高了通信系统的性能，提高了信号的质量和可靠性。通过光电子器件对光信号的调制和解调，实现了数字信息的传输。这种技术不仅使得光纤通信系统能够传输更复杂的数据，也为多波长和波分复用等技术的引入提供了基础，进一步提高了通信系统的容量和效率。光纤放大器通过光电子技术实现对光信号的放大，能够在信号传输的过程中延长光纤通信的距离而无需转换为电信号，有效降低了信号的衰减和损耗，提高了通信系统的性能。这种技术的不断创新和进步使得光纤通信系统更为高效、可靠，为信息社会的建设提供了坚实的技术基础，推动了通信技术的不断演进。

（二）光电子技术在光子学器件的研发中起到了关键的推动作用

光电子技术在光子学器件的研发中起到了关键的推动作用，为光学和电子学的融合提供了创新的解决方案，推动了光子学器件的性能提升和应用领域的拓展。通过在纳米尺度上进行精密的光电子器件设计，研究人员能够调控和操控光子的行为，实现更高效的光子操控和光电转换。这种设计使得光子学器件能够更好地适应不同应用需求，提高了器件的性能和可定制性。通过引入纳米结构、量子点、光子晶体等先进材料，光电子技术有助于调制光子学器件的光学性能。这不仅提高了器件对光的敏感度，还拓展了器件在光谱范围内的应用，使得光子学器件在光源、传感、通信等方面表现更为卓越。光电子技术推动了新型光电子器件的创新。例如，光电子技术的应用促进了新型激光器、光调制器、光探测器等光子学器件的设计和制造。这些器件在通信、医学、材料加工等领域发挥着关键作用，为实现更高效、更稳定的光学系统提供了有力支持。光电子技术还推动了光子学器件的微型化和集成化。通过在光子学器件中引入微电子元件，如微型光电二极管、微型光电晶体管等，研究人员实现了器件的微小化，使其能够集成在芯片上，从而提高了器件的集成度、稳定性和可靠性。光电子技术在光子学器件研发中的关键作用推动了光学和电子学的深度融合，为光子学领域的创新和发展注入了新的活力。这种技术的不断演进将继续推动光子学器件的性能提升，拓展其应用领域，为科学研究和工程实践提供更先进的工具和解决方案。

（三）光电子技术在无线光通信领域有着显著贡献

光电子技术在无线光通信领域发挥着显著的贡献，推动了无线通信系统的创新和发展，为实现高速、高容量的数据传输提供了可行的解决方案。通过采用光电子器件，如光发射器和光接收器，将无线信号转换为光信号并进行光传输，实现了光通信与无线通信的紧密结合。这种融合带来了多重优势，包括更大的带宽、更低的信号衰减以及更高的数据传输速率，为无线通信系统带来了显著的性能提升。通过采用先进的光调制和解调技术，光电子器件能够实现高速数据传输，从而提高了无线通信的速度。同时，光通信系统的高带宽特性使得在同一频段上能够传输更多的数据，提高了通信系统的容量。通过在不同波长上传输数据，光电子技术实现了多波长光信号的同时传输，提高了通信系统的容量。这种技术的应用使得不同频段的光信号能够在同一光纤上传输，从而提高了光通信系统的频谱效率。通过引入智能感知和控制技术，使得系统能够实时调整光信号的功率和频率，以适应不同的通信环境和需求。这种自适应性能够提高无线光通信系统的稳定性和灵活性。光电子技术在无线光通信领域的贡献推动了通信系统的创新和升级，为未来无线通信的发展提供了强大的技术支持。随着技术的不断进步，光电子技术将继续在无线光通信领域发挥关键作用，推动通信系统向更高速、更可靠的方向发展。

（四）光电子技术还在光子计算和量子通信领域发挥着关键的作用

光电子技术在光子计算和量子通信领域发挥着关键的作用，为推动量子信息科学的发展和实现量子通信的安全传输提供了先进的技术手段。在光子计算领域，光电子技术为光子计算机的构建提供了重要支持。光子计算机利用量子比特的超导态进行信息存储和处理，而光电子技术则用于生成、操作和检测光子量子比特。通过精密的光电子器件，如量子光源、光调制器、光探测器等，研究人员能够实现对光子的精确操控，从而实现量子比特的量子叠加和纠缠，为量子计算提供了强大的计算能力。在量子通信领域，光电子技术对于量子密钥分发（QKD）等关键技术的发展起到了至关重要的作用。QKD 利用量子力学的性质来保护通信的安全性，光电子技术通过提供高质量的光子源、高效的量子检测器以及用于光子信息传输的量子通道，实现了安全的密钥分发和通信。这对于构建安全、无法破解的通信系统具有重要意义，特别是在面对未来量子计算可能破解传统加密算法的威胁时。光电子技术在量子通信中还推动了量子中继器和量子网络的研发。通过使用光电子器件，研究人员能够实现对量子态的精确传输和中继，构建可靠的量子通信网络。这为建立覆盖更长距离和更复杂结构的量子通信系统提供了关键的技术支持。光电子技术还推动了量子传感器的发展，通过对光子的精密操控，实现了高灵敏度的量子测量，为测量科学提供了新的可能性。光电子技术在光子计算和量子通信领域的关键作用为推动量子信息科学的发展和应用提供了重要的技术基础。这为未来量子通信的实际应用和量子计算的商业化打下了坚实的基础，推动了量子技术的不断创新和进步。

光电子技术在通信领域的作用不仅体现在提高通信速度和容量上，还体现在改善通信系统的稳定性、灵活性和安全性等多个方面。随着科技的不断发展，光电子技术将继续为通信技术的创新和提升做出重要的贡献，推动着信息社会的不断进步。

二、光电子技术在信息处理领域推动了光存储、光计算等新技术的发展

光电子技术在信息处理领域的推动，不仅加速了传统信息处理技术的发展，还为光存储、光计算等新技术的崭新应用提供了丰富的可能性。其在利用光子特性进行信息处理的创新性研究，对信息科技的未来发展具有深远的影响。

（一）光电子技术在光存储领域展现出巨大潜力

光电子技术在光存储领域展现出巨大潜力，为数据存储提供了一种高密度、高速度、低耗能的解决方案。光存储技术通过利用光的特性实现信息的写入、读取和擦除，具有较大的存储容量和较快的访问速度，成为应对日益增长的数据需求的有力手段。通过引入光敏材料和纳米结构，研究人员能够实现在光存储介质中更小尺寸的位点，提高了存储介质的密度。这种高密度存储介质使得在有限的空间内存储更多的数据成为可能，从而满足了不断增长的数据存储需求。通过采用先进的激光技术和光电子器件，光存储系统能够实现更快速的数据写入和读取操作。这种高速性能对于应对大规模数据的实时处理和高速传输提供了关键支持。通过在光存储介质中实现多层次的数据存储，或者通过多维度的光记录，研究人员能够提高存储系统的效率和灵活性。这种技术创新为更复杂的数据管理和分析提供了可能性。通过改良光存储介质的材料和结构，以及提升光读取和激光写入技术，研究人员致力于降低数据丢失和介质退化的风险，从而延长光存储系统的寿命。这种技术的应用不仅可以满足日益增长的数据需求，还能够改进数据存储的性能和可靠性，推动信息存储技术向着更高效、更可持续的方向发展。

（二）光电子技术在光计算领域的推动为量子计算提供了新的可能性

光电子技术在光计算领域的推动为量子计算提供了新的可能性，成为实现量子比特的生成、操控和检测的关键技术之一。这一领域的发展不仅促进了量子计算的理论探讨，也为构建高性能、高稳定性的光子量子计算机提供了有力支持。通过先进的光源技术，如单光子发射器，研究人员能够实现可控的光子发射，将光子量子比特置于特定的量子态。这种能够产生单一光子的光源为构建量子计算机提供了可行的基础。通过引入光调制器、波导、光栅等精密光电子器件，研究人员能够实现对光子的高度操控，包括相干性调制、相移操作等，从而实现光子的量子叠加和纠缠操作。这种精确的光子操控为量子计算中的门操作和量子纠缠提供了基础。通过高效、灵敏的光探测器，研究人员能够实现对量子比特的高效读取和检测，实时获取光子的状态信息。这种技术对于量子计算的可靠性和稳定性至关重要。通过使用光学元件，如非线性晶体和光学干涉器件，研究人员能够实现光子之间的量子纠缠和相互作用，进而实现光量子门的操作。这对于构建大规模的量子计算机提供了关键技术支持。通过光子量子比特的生成、操控和检测，以及光子之间的相互作用，光电子技术为量子计算提供了更为可行和高效的实现途径，为实现量子计算的突破性进展提供了技术支持。

（三）光电子技术的应用也推动了全息存储技术的发展

光电子技术的应用推动了全息存储技术的发展，为数据存储领域带来全新的前景。全息存储利用光的波动性和干涉效应，将信息以体积的形式存储在介质中，具有高密度、高速度、并行读写等优势，因而在大容量、高效率的数据存储中显示出巨大潜力。通过精密的激光光源和光调制器，研究人员能够实现对光波的高度控制，从而形成具有极高分辨率的全息图像。这使得全息存储系统能够存储更为细致和清晰的信息，提高了存储介质的信息密度。光电子技术在全息存储中推动了多通道和多层次的数据存储技术的研究。通过在介质中形成多层次的全息图像，或者通过多波长的激光光源实现多通道的存储，研究人员能够提高全息存储系统的数据存储容量。这种多层次和多通道的存储技术使得全息存储更为灵活，适应了不同应用场景下的需求。通过先进的激光技术和高灵敏度的光探测器，全息存储系统能够实现更快速的数据写入和读取操作。这对于满足实时数据处理和高速数据传输的需求具有重要意义。通过引入光敏性和可调控性较强的新型材料，研究人员能够改进全息存储介质的性能，提高其稳定性和长期存储能力。随着技术的不断发展，全息存储有望成为未来大容量、高效率、高分辨率数据存储的重要技术手段，为信息存储领域带来更为先进和可靠的解决方案。

（四）光电子技术在光处理器件的设计与制造上的创新，为光学计算、光学逻辑等领域带来了新的可能性

光电子技术在光处理器件的设计与制造上的创新为光学计算、光学逻辑等领域带来了新的可能性，推动了光学信息处理的发展，为高速、高效的光学计算提供了新的方向。通过引入先进的光电子元件，如光调制器、光探测器和非线性光学元件等，研究人员能够实现对光信号的高度可控和精密调制。这种可调控性使得光学计算能够更灵活地执行各种计算任务，包括傅里叶变换、卷积等复杂运算，为光学计算的应用提供更多可能性。通过设计光学逻辑门、光学开关等元件，研究人员能够实现在光域中进行逻辑运算。这为构建光学计算机和光学信息处理系统提供了基础，使得信息处理能够更加高效、并行和能耗更低。通过在光学处理器件中引入非线性效应，如自相位调制和光学孤子等，研究人员能够实现更为复杂的光学计算和信息处理。这为在光学领域中开展更丰富、更复杂的信息处理任务提供了可能性。通过将多个光电子元件集成在同一芯片上，实现了光学信息处理系统的紧凑化和集成度提升。这种集成化的设计使得光学计算和信息处理系统更容易集成到现有的电子计算系统中，实现光电混合计算的无缝衔接。光电子技术在光处理器件的设计与制造上的创新为光学计算、光学逻辑等领域开辟了新的前景。这种创新将推动光学信息处理技术的不断发展，为高效、

高速的信息处理和计算提供更为先进的工具和解决方案。

光电子技术在信息处理领域的推动不仅在改善传统信息处理技术上取得了显著的进展，还在光存储、光计算等新技术的发展方向上探索出新的途径。这种创新性的研究不仅提高了信息处理的效率和容量，也为未来信息技术的发展开辟了崭新的天地。

三、光电子技术在光学传感和成像方面取得了显著进展

光电子技术在光学传感和成像领域的显著进展，为各种应用场景提供了更先进、更灵敏的光学传感器和成像系统，推动了这些领域的技术革新和性能提升。

（一）光电子技术在光学传感方面取得显著进展主要表现在传感器的灵敏度、分辨率和响应速度的提高上

光电子技术在光学传感方面的显著进展主要体现在传感器的灵敏度、分辨率和响应速度的不断提高，为光学传感应用提供了更为精准和高效的解决方案。通过使用高灵敏度的光敏元件，如光电二极管（photodiode）和光电探测器，传感器能够更有效地捕捉光信号。同时，引入先进的信号放大技术和低噪声电子学组件，进一步提高了传感器对微弱光信号的检测能力，使其在低光条件下依然能够高效运作。光电子技术在传感器分辨率方面的创新主要体现在光学系统的精密调控和图像处理技术的提升。通过采用高分辨率的光学透镜和光学滤波器，传感器能够更清晰地捕捉光学信号，提高了对细微变化和微小结构的分辨能力。与此同时，先进的图像处理算法和数字信号处理技术进一步优化了传感器输出的图像或数据，提供更准确的信息。光电二极管、光电探测阵列等快速响应的光敏元件能够迅速捕捉光信号的变化，并将其转化为电信号。这种高速响应使得光学传感器在需要实时或快速变化的应用场景中表现出色，如在高速运动物体的监测、医学成像等领域。光电子技术还推动了在传感器制备中采用微纳米技术，例如微型化和集成化的设计，进一步提高了传感器的灵活性和适应性。这种微纳米技术的应用使得光学传感器能够更好地适应复杂的环境和不同的应用需求。光电子技术的不断创新为光学传感器领域带来了显著进展，提高了传感器的灵敏度、分辨率和响应速度，拓展了光学传感应用的广泛领域，包括工业监测、生物医学、环境监测等，为实现更精准、高效的光学传感技术奠定了坚实基础。

（二）光电子技术的发展促进了高分辨率光学成像系统的建设

光电子技术的快速发展在很大程度上促进了高分辨率光学成像系统的建设，为科学、医学、工业等领域提供了更为精准和详细的图像信息。这种进步主要体现在光学

元件、光学探测器、图像处理技术等方面的创新。先进的光学设计和制造技术使得光学透镜能够更精密地聚焦光线，提高了成像系统的分辨率。使用高质量的光学元件，如非球面透镜和光学滤波器，使得系统能够减小像差，提高光学成像的清晰度和精确度。高灵敏度的光电探测器，如光电二极管（photodiode）和光电探测阵列，能够更有效地捕捉微弱光信号，提高了成像系统对低光条件下的成像能力。这种灵敏度的提高有助于拓展光学成像的适用范围，尤其在弱光环境或远距离成像的场景中表现出色。先进的数字信号处理技术、图像算法和深度学习方法使得在图像处理阶段能够更好地优化、增强图像。这些技术不仅提高了图像的对比度、饱和度，还有助于减少图像噪声和提高细节的呈现，进一步提高了光学成像系统的分辨率。光电子技术在高分辨率光学成像系统中推动了光学显微镜、望远镜、摄像机等设备的微型化和集成化。这种微型化和集成化的设计使得高分辨率光学成像系统更加便携、灵活，可适应不同的应用场景和工作环境，为用户提供更为便捷的使用体验。光电子技术的发展为高分辨率光学成像系统的建设注入了新的动力，提高了成像的清晰度、灵敏度和图像处理的效率，推动了光学成像技术在科研、医学、制造业等领域的广泛应用。

（三）光电子技术在光学传感和成像领域的进展推动了光学传感器的多功能化和集成化

光电子技术在光学传感和成像领域的不断进展极大地推动了光学传感器的多功能化和集成化，为各种应用提供了更为灵活、精准和高效的解决方案。通过引入先进的光学元件、光电子器件和信号处理技术，光学传感器不仅能够捕捉目标的光学特征，还可以实现多种功能，如颜色识别、距离测量、温度感知等。这种多功能化的设计使得光学传感器能够在不同领域中适应多样化的需求，提高了其实用性和适用性。通过在同一传感器系统中集成多个功能模块，如光源、光学透镜、光电探测器和信号处理单元等，使得整个传感器系统更为紧凑、简化和易于使用。这种集成化设计降低了系统的复杂性，减小了体积和重量，提高了传感器在各种环境中的部署灵活性。通过引入高灵敏度的光电探测器和先进的光学滤波器，光学传感器能够更好地适应不同光照条件和环境噪声。这种适应能力的提高使得光学传感器在户外、弱光环境或恶劣天气条件下仍能保持高效运行。光电子技术还推动了微纳米技术在光学传感器制造中的应用，实现了传感器的微型化和高度集成。微型化的传感器可以更容易地嵌入各种设备和系统中，实现对目标进行高精度监测和控制。光电子技术在光学传感和成像领域的进展不仅推动了光学传感器的多功能化和集成化设计，还提高了其性能和适应能力，使得光学传感器在自动化、机器视觉、安防监控等众多领域中得到广泛应用，为实现更智能化的感知和监测系统打下了坚实基础。

（四）光电子技术在红外成像和夜视技术方面的突破也是值得关注的

光电子技术在红外成像和夜视技术方面的不断突破成就了先进的红外传感器和夜视设备，为军事、安防、探险等领域提供了重要的增强视觉能力的解决方案。通过引入先进的红外探测器和传感器，红外成像系统能够感知目标发出的红外辐射，并将其转换为可见图像。这种技术对于在低光或无光环境中进行目标检测和识别具有关键意义，使得夜间或恶劣天气条件下的观察和监测任务变得更为可行。先进的夜视设备采用光电子放大管（Image Intensifier Tube）和红外光源等技术，使得弱光条件下的场景变得清晰可见。这种技术允许用户在夜间或低光环境下实现高分辨率的观察，提高了军事行动、安防监控等领域的作战和监测效能。通过将红外传感器与夜视装置结合，实现了多模式成像系统，可在不同光谱范围内获取图像信息。这种集成化设计使得设备在应对多样化任务和环境中更加灵活和全面。光电子技术在夜视领域还推动了数字夜视技术的发展。数字夜视通过将光学图像转换为数字信号，并进行数字处理和增强，进一步提高了图像的清晰度和对比度。数字夜视技术的引入使得夜视设备更加智能化，可以集成更多功能，如图像记录、无线传输等。光电子技术在红外成像和夜视技术方面的突破为提高夜间观测和监测的能力提供了强大的支持。这不仅在军事领域发挥重要作用，还在警务、救援、探险等民用领域中为用户提供了更安全、更高效的工具和设备。随着技术的不断进步，光电子技术将继续推动红外成像和夜视技术的创新，为视觉领域的发展带来了更多可能性。

通过不断创新，光电子技术为光学传感器和成像系统的性能提升、功能扩展以及应用拓展注入了新的活力，促进了相关领域的技术进步和应用拓展。

四、光电子技术还推动了太阳能光伏领域的发展

光电子技术在太阳能光伏领域的推动发挥了关键作用，为太阳能转换和利用提供了先进的技术手段，推动了光伏技术的不断创新和发展。

（一）光电子技术在太阳能光伏材料方面的研究取得了显著进展

光电子技术在太阳能光伏材料方面的研究取得了显著进展，推动了太阳能光伏技术的发展，提高了太阳能电池的效率、稳定性和成本效益。通过引入新型半导体材料、有机材料、钙钛矿材料等，研究人员不断拓展了可用于太阳能电池的材料种类。这种多元化的研究有助于寻找更适用于不同环境和应用场景的材料，提高了太阳能电池的适应性和性能。通过精密的光电子技术手段，研究人员能够调控太阳能电池材料的结

晶结构、表面形貌等关键特性，优化光吸收和电子传输过程，提高光伏材料的光电转换效率。光电子技术的应用推动了太阳能电池中光伏材料的表面涂层和包覆技术的改进。通过采用先进的涂覆技术，如纳米涂层和薄膜技术，改善了太阳能电池的抗腐蚀性能、耐候性能和稳定性，延长了电池的使用寿命。光电子技术的研究还推动了太阳能电池中的光子管理技术。通过设计微纳米结构或引入光子晶体等结构，研究人员能够调控太阳能电池中的光线传播，增强光吸收，提高电池的光电转换效率。光电子技术还在太阳能电池的制造过程中引入了先进的生产工艺和在线监测技术，提高了制造效率和产品质量。这种精密的制造技术有助于规模化生产，并降低了太阳能电池的生产成本。光电子技术在太阳能光伏材料方面的研究取得了显著进展，为太阳能光伏技术的不断创新提供了坚实的基础。这些创新不仅提高了太阳能电池的性能，还推动了太阳能光伏行业的可持续发展，为清洁能源的广泛应用奠定了重要的科技基础。

（二）光电子技术在太阳能电池器件设计方面发挥了关键作用

光电子技术的迅猛发展为太阳能电池器件的设计与优化提供了关键支持，推动着可再生能源领域的不断进步。太阳能电池作为转换太阳光能为电能的关键装置，其性能和效率的提升对推动清洁能源的发展至关重要。在这个背景下，光电子技术通过在材料、结构和工艺等方面的创新，不仅提高了太阳能电池的光电转换效率，还提供了其在不同应用场景中的可行性。通过对新型半导体材料的研究和应用，光电子技术推动了太阳能电池对光谱的更广泛吸收，提高了光电转换效率。例如，钙钛矿太阳能电池的崛起就得益于光电子技术在材料设计上的突破，使其在轻薄、柔性等方面具有更大的应用潜力。光电子技术为材料的优选和改良提供了有力的工具，使太阳能电池在不同环境和光照条件下都能表现出色。通过微纳米加工技术的引入，太阳能电池的器件结构得以精密调控，从而提高了电子和空穴的分离效率。光电子技术的先进工艺为太阳能电池提供了制备高效结构的手段，例如纳米线、异质结等新型结构的引入，使得电荷的传输更加迅速和高效。这些创新性的结构设计不仅提高了太阳能电池的性能，还为其在光伏领域中的广泛应用创造了更为有利的条件。通过精密的工艺控制和优化，光电子技术提高了太阳能电池的制备精度和一致性。在制备过程中，光电子技术引入了先进的制备设备和技术，如等离子体处理、溅射镀膜等，使得太阳能电池在大规模生产时能够更好地维持性能的稳定性。这对于太阳能电池在商业应用中的推广具有重要意义，使其更具可持续性和竞争力。光电子技术的发展也在太阳能电池的性能监测和优化方面发挥了积极作用。通过先进的光电子测试技术，研究人员能够深入了解太阳能电池在不同工作条件下的性能表现，并进行精准优化。这种精细的性能监测有助于提高太阳能电池的可靠性和稳定性，使其更好地适应不同环境和气候条件下的工作需求。

光电子技术在太阳能电池器件设计方面发挥了关键作用，为提高太阳能电池的光电转换效率、拓展其应用领域以及推动清洁能源的可持续发展作出了巨大贡献。随着光电子技术的不断创新和发展，相信太阳能电池将迎来更为广阔的发展空间，为人类实现可持续发展目标贡献更大的力量。

（三）光电子技术在太阳能光伏系统中的应用显著促进了系统效率的提高

光电子技术在太阳能光伏系统中的广泛应用对系统效率提升起到了显著的推动作用。太阳能光伏系统作为一种可再生能源转换技术，其整体性能和稳定性对清洁能源产业的发展至关重要。光电子技术的创新不仅在光伏材料方面取得了重要突破，还在光伏系统的设计、监测和控制等方面发挥了关键作用，进一步提高了太阳能光伏系统的能量转换效率，促使其更好地适应不同环境条件和日照变化。通过光电子技术的研究和创新，新型的光伏材料得以广泛应用，如多晶硅、非晶硅、钙钛矿等。这些先进的材料具有更高的光吸收能力和更好的电子传导性能，有效提高了光伏系统对太阳光的利用率，从而提升了整体的能量转换效率。光电子技术在材料领域的不断进步为光伏系统的性能提升奠定了坚实的基础。通过引入先进的光电子器件和结构设计，太阳能光伏系统的光电转换效率得以显著提高。例如，采用微透镜、光子晶体等技术，可以实现对光子的更有效捕捉和导引，提高光伏系统对不同角度和波长的太阳光的利用效率。光电子技术的结构创新使得光伏系统更加灵活、高效，适应性更强，能够更好地应对复杂多变的自然环境。通过先进的光电子传感器和监测设备，可以实时监测光伏系统的工作状态、温度、光照强度等关键参数，从而实现对系统性能的精准调控。光电子技术在智能控制系统中的应用使得光伏系统具备更好的自适应性和稳定性，可以及时应对不同的气候和光照条件，最大限度地提高系统的能量输出效率。光电子技术还在光伏系统的电池储能、能量管理以及电网接入等方面发挥了关键作用。通过先进的能量存储技术，光电子技术提高了光伏系统的自给自足能力，使其能够更好地应对天气变化和夜晚需求。在电网接入方面，光电子技术的应用实现了对电能的高效传输和分配，提高了光伏系统的整体经济性和可靠性。通过在材料、结构、监测和控制等方面的创新，光电子技术推动了太阳能光伏系统的不断优化，使其更好地适应复杂多变的自然环境，为清洁能源的发展打下了坚实的基础。随着光电子技术的不断进步，相信太阳能光伏系统将迎来更广泛的应用和更高效的性能，为可持续发展做出更大的贡献。

（四）光电子技术在太阳能光伏领域的创新推动了光伏技术的多样化应用

光电子技术的不断创新在太阳能光伏领域中催生了一系列引人注目的技术进步，推动了光伏技术的多样化应用，为清洁能源的发展开辟了广阔的前景。这些创新不仅提高了太阳能光伏系统的能量转换效率，还拓展了其在不同领域的应用范围，从屋顶发电到移动充电设备，再到大规模发电站，光伏技术正以更为多元化的方式融入人们的生活和工作中。通过对材料、器件和系统设计的改进，光电子技术实现了对太阳能光伏系统的高效优化，使其不仅能够在传统屋顶光伏中发挥作用，还能够应用于窗户、墙壁等建筑表面，最大限度地利用太阳光资源。这样的多层次应用方式不仅提高了能源的采集效率，也为建筑集成太阳能技术提供了更为灵活的解决方案。随着光电池技术的不断进步，光伏技术已经成功应用于手机、电动汽车、可穿戴设备等移动设备中，实现了绿色能源的高效利用。这种创新应用方式不仅使移动设备更为环保，还减轻了对传统电池的依赖，为可持续发展提供了可行的解决方案。光电子技术的推动也使得太阳能光伏系统在偏远地区和离网场景中得到了更广泛的应用。通过光伏技术，这些地区可以利用丰富的阳光资源来满足能源需求，不再依赖传统电网。太阳能光伏系统在离网场景中的应用不仅提供了可靠的能源来源，还有助于改善偏远地区的生活条件，推动社会可持续发展。光电子技术的创新还推动了太阳能光伏系统在大规模能源生产中的应用。光伏发电站通过将大面积的太阳能电池板组织成光伏阵列，实现了大规模清洁能源的生产。这种应用方式对于满足城市和工业区域的能源需求具有重要意义，也推动了光伏系统在能源市场中的竞争力提升。光电子技术在太阳能光伏领域的创新不仅推动了光伏技术的多样化应用，也为人类社会的可持续发展提供了强大动力。随着技术的不断进步，太阳能光伏系统将继续在各个领域展现出更为广泛和创新的应用前景，为清洁能源的普及和推广做出更大的贡献。

光电子技术在太阳能光伏领域的发展为提高太阳能转换效率、拓展应用领域和增强系统稳定性提供了关键的技术支持。通过不断创新，光电子技术推动着太阳能光伏技术的进步，为清洁能源的可持续发展贡献了重要力量。

五、在生物医学方面，光电子技术也发挥着越来越重要的作用

光电子技术在生物医学领域的发展取得了显著进展，为生物医学研究、诊断和治疗提供了先进的工具和技术手段。从生物成像到光学诊断，光电子技术在生物医学领域发挥着越来越重要的作用，推动了该领域的技术创新和应用拓展。

（一）光电子技术在生物成像方面有着重要贡献

光电子技术在生物成像领域的重要贡献不仅让我们对生命体内结构和功能有了新的认识，还为医学诊断、药物研发以及生命科学研究提供了先进的工具和方法。通过结合光学与电子学的优势，光电子技术在生物成像中的创新推动了各种先进成像技术的发展，包括荧光成像、多光子成像、光声成像等，为生命科学的深入研究和医学临床应用提供了强大支持。光电子技术在荧光成像领域的应用为细胞和组织的高分辨率成像提供了有力手段。通过利用荧光探针标记生物分子，光电子技术能够实现对细胞器官、蛋白质分布以及分子相互作用等生物过程的实时观测。这不仅使科研人员更好地理解生物学基本原理，也为药物研发和疾病治疗提供了重要信息。相比传统的单光子显微镜，多光子成像利用非线性光学效应，使得激光光束能够深入组织，实现更深层次的生物成像，而且无需对样品进行切片。这使得研究人员可以在活体动物模型中进行观察，提高了对复杂生物体内部结构和功能的认识水平。光电子技术在光声成像方面的进展也为生物成像技术带来了新的突破。光声成像结合了光学和超声的优势，通过激光脉冲诱导样品产生光声信号，然后利用超声探测器进行接收和成像。这种技术能够在不同深度实现高对比度的成像，对于血管结构、肿瘤等在临床诊断中具有重要意义的生物学结构提供了清晰的展示。光电子技术的应用还推动了生物光学磁共振成像等多模态成像技术的发展，使得不同成像技术能够相互补充，提高对生物体内复杂生理过程的全面理解。光电子技术在生物成像领域的贡献不仅提升了成像分辨率和深度，也为医学、生物学等领域的研究提供了更为强大的工具。随着技术的不断创新和进步，相信光电子技术将继续推动生物成像领域的发展，为深入了解生命的奥秘和应用于医学诊断治疗带来更多的可能性。

（二）光电子技术在生物医学光学诊断中的应用日益成熟

光电子技术在生物医学光学诊断中的应用不断成熟，为医学领域带来了创新的诊断手段和治疗方法。光电子技术通过整合光学、电子学和生物医学工程的先进理念，为医生提供了非侵入性、高灵敏度和高分辨率的成像工具，为疾病的早期检测和治疗提供了新的途径。光电子技术在生物医学光学成像方面的应用显著提高了诊断的精准性。例如，近红外光谱成像技术可以通过测量组织中的光吸收和散射来获取关于组织生理和病理状态的信息。这种非侵入性的光学成像技术在乳腺癌、脑血瘤、皮肤病变等疾病的早期诊断中表现出色，为医生提供了更全面、更深入的疾病信息。荧光光谱和拉曼光谱等技术通过检测组织中特定分子的光信号，可以提供有关生物分子的丰富信息，如蛋白质、核酸、脂质等。这些技术在癌症诊断、组织病理学研究等方面展现出了潜在的应用前景，为医学科研和临床实践提供了更全面的信息。光声成像通过脉冲激光激发生物组织产生声波信号，再通过超声接收器进行检测，能够实现深层次组织的高对比度成像。这项技术在肿瘤早期诊断、血管成像等方面取得了显著进展，成为生物医学光学领域的一项重要技术。光电子技术的创新也为光学相干层析成像（OCT）等技术的进步提供了动力。OCT 通过测量光波的干涉来生成高分辨率的组织断层图像，广泛用于眼科、心血管疾病等领域。光电子技术的不断创新使得 OCT 在图像质量和分辨率上取得了显著提升，为医生提供更详细的组织结构信息。光电子技术在生物医学光学诊断领域的应用日益成熟，为医学疾病的早期检测、治疗效果监测以及基础科研提供了先进工具。随着技术的不断演进，相信光电子技术将继续推动生物医学光学诊断领域的创新，为提高医疗水平和患者健康服务水平做出更大贡献。

（三）光电子技术在激光治疗和光热疗法方面的应用也备受关注

光电子技术在激光治疗和光热疗法方面的应用备受关注，为肿瘤治疗和其他医学应用提供了创新的手段。这些技术利用激光的高度定向性和光热效应，通过精准控制的光能传递，实现对病变组织的精确破坏或治疗，具有非侵入性、局部性强和高效的特点。光电子技术的发展使得激光系统在输出功率、波长和脉冲宽度等方面有了更高的控制精度，从而可以更精确地选择适当的治疗参数。在眼科、皮肤病、口腔疾病等领域，激光治疗已经成为一种常见的治疗方式，具有较低的并发症风险和更短的康复时间。在这种疗法中，激光被用于照射携带有吸光剂的目标组织，吸光剂吸收光能后转化为热能，导致局部组织温升，从而引发细胞破裂、凋亡或其他治疗效应。在肿瘤治疗中，光热疗法被广泛应用，通过针对性地破坏癌细胞来达到治疗的目的，而相对保护周围正常组织。光动力疗法结合了激光和光敏剂两个元素，通过在患处引入光敏剂，再用激光照射激发其发挥药理作用，从而实现对癌细胞或其他病变组织的精确治疗。这种治疗方式可以在体外或体内进行，对于局部治疗具有较好的定向性和疗效。在光热疗法和光动力疗法中，光电子技术的应用也促进了纳米材料的发展。纳米材料作为光敏剂或光热转换剂，可以在体内被引导至特定目标组织，通过对光的响应实现局部的治疗效果。这为治疗的靶向性和精确性提供了新的可能性。随着技术的不断进步和深入研究，相信光电子技术将继续推动这些治疗方法的发展，为疾病治疗提供更为有效和精准的选择。

（四）在药物传递和基因治疗方面，光电子技术提供了创新的解决方案

光电子技术在药物传递和基因治疗领域的应用为这些医学领域提供了创新的解决方案。药物传递和基因治疗是当前医学研究中的重要方向，而光电子技术的引入为这

些领域带来了新的可能性和改进。在药物传递方面，光电子技术可以用于精确控制药物释放的时间和地点。通过设计光敏感的纳米粒子或材料，可以在特定的光照条件下触发药物的释放。这种方法有助于提高药物的局部浓度，减少对全身的副作用，并实现更有效的治疗。光电子技术还可以用于制订智能化的药物输送系统，根据患者的生理状况和治疗需要进行个性化的药物传递。在基因治疗方面，光电子技术的应用同样很重要。通过利用光敏感的基因载体，研究人员可以实现对基因治疗的精准控制。例如，使用光电子技术可以在需要时激活基因传递系统，确保基因在特定细胞或组织中的准确表达。这种精准性对于避免不必要的副作用和提高基因治疗的安全性至关重要。通过设计光敏感的生物标志物或传感器，研究人员可以实时监测基因治疗的反应，并在需要时进行调整。这有助于更好地了解治疗的效果，并及时采取措施以优化治疗方案。光电子技术为药物传递和基因治疗领域带来了创新的解决方案，为实现更安全、有效的治疗手段提供了新的途径。这些技术的进一步发展和应用将有望推动医学领域的进步，为疾病治疗提供更多选择和可能性。通过高级的成像、诊断和治疗技术，光电子技术为理解生命过程、早期疾病诊断和治疗提供了丰富的手段，为推动生物医学领域的科学研究和临床实践注入了新的活力。

光电子技术的不断发展拓展了光学和电子学的交叉领域，为各个领域带来了新的应用和突破。其在通信、信息处理、能源转换、传感和医学等领域的广泛应用，使得光电子技术成为当代科技创新的关键驱动力之一。

第三章　电子信息技术的应用

电子信息技术的应用已经深刻地渗透到我们生活的方方面面，成为现代社会不可或缺的重要组成部分。在通信领域，电子信息技术极大地促进了信息的传递速度和效率。随着移动通信技术的飞速发展，人们可以随时随地通过手机、平板等设备进行语音通话、文字信息传递，实现了全球范围内的实时互联互通。在互联网的崛起和普及过程中，电子信息技术更是发挥了举足轻重的作用。通过计算机、服务器和网络设备的互联互通，人们可以在网络上获取海量的信息资源，实现远程办公、在线学习、电子商务等多种活动。这不仅提高了工作效率，也为人们提供了更加便捷、多样化的生活方式。在医疗领域，电子信息技术的应用为医学诊断、治疗和健康管理带来了革命性的变革。医疗信息化系统使得患者的病历、诊断结果能够以电子形式存储和传递，提高了医疗信息的流通效率。医疗设备的数字化和智能化，如医学影像诊断系统、远程医疗监测设备等，使得医生能够更加精准地进行诊断和治疗，提高了医疗水平。在制造业中，电子信息技术的广泛应用使得生产过程更加智能化、自动化。通过传感器、控制系统和机器学习算法的结合，生产线上的设备可以实现智能化监控和自动化调整，提高了生产效率，减少了人为因素的干扰。物联网技术的发展使得各种设备能够互相连接，形成一个智能化的生产网络，为企业提供了更加灵活和高效的生产方式。电子信息技术在交通运输领域也发挥了重要作用。智能交通系统通过传感器、摄像头等设备实时监测道路交通情况，提高了交通管理的效率，缓解了交通拥堵问题。导航系统和无人驾驶技术的应用使得驾驶更加安全、便捷，为交通运输带来了革命性的变革。电子信息技术的应用已经深刻地改变了我们的生活方式，推动了社会的发展和进步。随着技术的不断创新和发展，电子信息技术将继续在各个领域发挥更加重要的作用，为人类创造出更加美好的未来。

第一节　为生活添彩的电子信息

电子信息技术为我们的生活增添了丰富多彩的元素，为日常体验和社交互动提供了便捷、创新的解决方案。随着科技的飞速发展，各种电子设备和应用程序以惊人的速度涌现，为我们的生活注入了新的活力和乐趣。

一、电子信息技术丰富了我们的娱乐生活

电子信息技术的快速发展为我们的娱乐生活注入了丰富多彩的元素，推动了娱乐产业的创新与进步。从音乐、电影到游戏和虚拟现实，电子信息技术的应用为人们提供了更广泛、更便利、更沉浸式的娱乐体验。

（一）数字音乐和流媒体服务的兴起是电子信息技术在音乐领域的显著贡献

数字音乐和流媒体服务的兴起标志着电子信息技术在音乐领域的显著贡献。随着科技的不断发展，音乐行业经历了翻天覆地的变化，数字化和网络化成为音乐创作、分发和消费的新常态。过去，音乐主要通过物理介质如唱片、磁带和CD来传播，而数字音乐则将音频数据转化为数字格式，使得音乐可以文件的形式在电子设备中存储和传输。这种数字化的方式不仅大大提高了音乐的便携性，也为音乐创作者和发行商提供了更灵活的发行和管理手段。通过流媒体平台，用户可以随时随地通过互联网访问庞大的音乐库，以订阅或按需的方式享受音乐。这种模式消除了传统购买音乐的需求，使得用户更加注重音乐的访问权而非所有权。流媒体服务的推荐算法也使用户能够发现更多符合其喜好的音乐，进一步丰富了音乐消费体验。音乐订阅服务、广告收入以及与其他娱乐内容的整合成为音乐产业的新的盈利渠道。音乐创作者通过数字平台获得的收入也更具可持续性，因为数字环境下的音乐消费更容易追踪和计量，为创作者提供了更为公平和透明的收益分配机制。数字音频工作站和虚拟乐器使得音乐制作更加灵活和创新，创作者可以在数字环境中进行无限的音乐实验。同时，数字化的音频处理技术也使得音乐制作更加精细，音质更高。数字音乐和流媒体服务的兴起深刻改变了音乐产业的生态系统，不仅为音乐消费者提供了更便利、多样的体验，也为音乐创作者和产业链的各个环节带来了全新的机遇和挑战。随着技术的不断进步，音乐领域仍将迎来更多创新，为音乐产业的可持续发展开辟了更广阔的道路。

（二）电影和视频领域也受益于电子信息技术的进步

电子信息技术的不断进步为电影和视频领域带来了深刻的变革和显著的受益。这一领域的创新和发展主要体现在制作、后期制作、传播和观众体验等多个方面，为整个电影产业提供了全新的可能性和增强了创意表达的手段。数字摄像机、计算机生成

图像（CGI）和虚拟现实等技术的引入使得电影拍摄更容易操作，同时也降低了制作成本。制片人和导演能够更加方便地进行复杂场景的拍摄，创造出更为引人入胜的视觉效果。数字化还为电影创作者提供了更多的实验和创新空间，推动了影片的技术和美学的进步。通过计算机图形学和数字特效，电影制作者能够创造出惊人的视觉效果，使得虚构世界更为真实、生动。数字化还为电影的剪辑、音效处理和颜色校正提供了更为灵活的工具，让电影创作者能够更好地实现他们的创意愿景。互联网的普及和网络带宽的提升为视频流媒体服务的兴起创造了条件，观众可以通过在线平台随时随地观看影片。这种新型的传播方式不仅为电影制片商提供了更为广泛的观众基础，也改变了传统电影院观影的模式。数字化的发行方式使得影片能够更快速地在全球范围内上映，提高了电影产业的国际化水平。虚拟现实（VR）和增强现实（AR）等技术为观众提供了全新的交互式体验，使得观影不再是被动地接受，而是成为一种更为沉浸式和参与式的体验。音频技术的升级也提高了观众对声音的感知，为电影和视频的音效设计提供了更为丰富的空间。电子信息技术的进步为电影和视频领域带来了翻天覆地的变革，推动了整个产业向前发展。从制作到传播再到观众体验，数字技术的融入为电影艺术注入了新的活力，使得电影产业能够更好地适应当今数字时代的需求，为观众带来更为丰富、多样化的视听享受。

（三）游戏产业是电子信息技术最为显著的娱乐领域之一

游戏产业作为电子信息技术最为显著的娱乐领域之一，近年来经历了令人瞩目的发展。电子信息技术在游戏领域的广泛应用不仅丰富了游戏体验，也推动了游戏产业的蓬勃发展，影响着全球娱乐文化的格局。高清晰度的图像、逼真的光影效果以及流畅的动画让玩家沉浸在视觉盛宴中。这种视觉上的革新为游戏创作者提供了更广阔的创作空间，推动了游戏艺术的不断突破和提升。通过戴上 VR 头显或利用 AR 技术，玩家能够沉浸式地融入游戏世界，与虚拟环境互动。这种交互式的体验不仅提高了游戏的趣味性，还为创作者提供了全新的设计和表达手段，促使游戏开发者不断寻求创新。在线多人游戏和电子竞技的兴起拉近了玩家之间的距离，形成了全球性的游戏社群。玩家可以通过互联网与世界各地的其他玩家一同参与游戏，共同体验虚拟世界。电子竞技赛事的盛行使得游戏不仅是一种娱乐方式，更成为一项竞技运动，吸引了大批观众和投资，形成了庞大的游戏产业生态系统。人工智能技术的应用为游戏中的角色设计和游戏情节提供了更为智能化的解决方案。智能 NPC（非玩家角色）的出现使得游戏中的对话和互动更富有深度和个性化，增加了游戏的可玩性和趣味性。机器学习算法也被广泛用于游戏中的敌对角色设计和游戏难度调整，使游戏更具挑战性和适应性。玩家可以通过数字下载方式获取游戏，而不再依赖实体光盘。这种数字发行模式不仅提高了游戏的传播速度，也降低了发行成本，为小型独立游戏开发者提供了更为公平的市场竞争机会。游戏不再是简单的娱乐方式，而是一个融合了技术、艺术和社交的综合体验，为全球玩家提供了多元化、创新性的娱乐选择。随着技术的不断创新和推动，游戏产业有望在未来继续成为电子信息技术发展的重要引擎之一。

（四）电子信息技术推动了社交媒体的发展，为人们提供了在线社交、分享生活和参与全球话题的平台

电子信息技术的迅猛发展推动了社交媒体的蓬勃兴起，为人们提供了全新的在线社交、分享生活和参与全球话题的平台。这一领域的变革不仅改变了人们的沟通方式，也深刻影响了社会、文化和商业。通过社交媒体平台，用户可以轻松地与朋友、家人和同事保持联系，分享生活点滴，表达情感和观点。这种即时、全球性的社交方式超越了地域和时空的限制，为人际交往提供了更多元、便捷的选择。用户可以通过关注感兴趣的账号、参与讨论和浏览趋势话题，获取最新的新闻、观点和娱乐内容。这种信息流的实时性和多样性让社交媒体成为一个独特的新闻和信息平台，对传统媒体产生了深远的影响。企业和个人通过社交媒体平台可以建立更直接、实时的联系，与粉丝或客户进行互动，提高品牌曝光度和用户忠诚度。社交媒体的广告和推广机制也为商业活动提供了新的推广途径，成为企业和创业者进行市场宣传和品牌建设的重要平台。用户通过发布图片、视频、文字等形式的内容，将个人生活、创意作品或者见解分享给全球社交媒体平台上的用户。这促进了创意产业的繁荣，也推动了社交媒体平台的不断创新，以适应用户对更富创意和多样性的内容的需求。人们可以通过社交媒体了解不同国家和文化的生活方式、价值观念和社会动态，促进了跨文化交流和理解。社交媒体还成为公共舆论和社会运动的重要平台，使人们更容易组织和参与社会议题的讨论和行动。电子信息技术的进步推动了社交媒体的蓬勃发展，为人们提供了全新的社交和信息交流方式。社交媒体不仅改变了人们的生活方式，也在全球范围内塑造了新的文化和社会形态，成为信息社会中不可或缺的重要组成部分。随着技术的不断创新，社交媒体的影响力和功能有望继续扩大，为社会交流和发展注入更多活力。

无论是音乐、电影、游戏还是社交媒体，电子信息技术的创新为人们提供了更为便利、多元且个性化的娱乐选择，丰富了人们的日常生活。这一领域的不断发展也预示着未来娱乐体验将更加智能、沉浸和多样化。

二、电子信息技术为社交互动带来了翻天覆地的变化

电子信息技术的蓬勃发展彻底改变了社交互动的方式，带来了翻天覆地的变革。从传统的面对面交流到全球范围内的在线社交，电子信息技术为人们提供了更广泛、更便捷、更实时的社交渠道，深刻地塑造了人们的社交体验和互动方式。

（一）社交媒体的崛起是电子信息技术在社交互动领域的一大革新

社交媒体的崛起标志着电子信息技术在社交互动领域的一大革新。随着互联网和数字技术的飞速发展，社交媒体成为人们在线交流、分享和互动的主要平台，深刻改变了人们的社交方式、信息获取途径以及文化传播模式。通过不同的社交媒体平台，用户可以轻松地与朋友、家人、同事以及来自全球各地的其他用户建立联系。这种即时、便捷的社交互动超越了地域限制，使得人们能够在虚拟空间中拓展社交圈，促进了社会网络的形成和发展。传统的信息传递需要依赖主流媒体，而社交媒体让每个用户都成为信息的传播者。通过分享、点赞、评论等形式，用户可以迅速传播信息，推动热门话题的形成。这使得信息流更加灵活、实时，也提高了个体在信息传播中的参与度。个人通过发布生活瞬间、表达观点和分享兴趣爱好，构建自己的在线形象。品牌可以通过社交媒体与目标受众直接互动，塑造品牌形象，推动产品或服务的推广。这种直接、实时的互动形式为个人和品牌建设提供了更大的展示空间。用户通过发布图片、视频、文字等形式的内容，创造了丰富多样的娱乐和信息，为社交媒体平台注入了源源不断的创意和新鲜内容。UGC 的兴起不仅使用户更加参与社交媒体平台，也促进了创意产业的繁荣。人们通过社交媒体更容易获取不同文化、观点和价值观，促进了跨文化交流和理解。社交媒体还成为社会运动和公共议题讨论的重要平台，使人们能够更快速地组织和参与社会活动。这一新型社交方式为人们提供了更为便捷、全球化的社交体验，也对传统社会结构、传媒格局和文化传播产生了深远的影响。随着科技的不断发展，社交媒体在连接人们、推动社会变革方面的作用将继续扩大。

（二）实时通信工具的普及使得人们能够随时随地进行即时交流

实时通信工具的普及使得人们能够随时随地进行即时交流，彻底改变了沟通方式和社交模式。这一技术的飞速发展为个人、企业和社会带来了许多便利，极大地提高了信息传递的速度和效率。通过手机、平板电脑或电脑上的即时通信应用，用户可以随时随地与他人进行文字、语音、图像和视频的即时交流。这种灵活的沟通方式使得人们在工作、学习或日常生活中能够更加高效地进行沟通，无论身处何处都能保持联

系。无论是在国际业务合作中，还是在团队协作中，实时通信工具都为不同地区的成员提供了高效沟通的平台。这种即时交流的能力使得团队能够更加灵活地协同工作，提高工作效率，也减少了因时区和地理位置差异而导致的沟通障碍。通过即时通信应用，用户能够轻松地分享生活瞬间、交流心情，实时了解朋友、家人和同事的动态。这种实时性的社交互动拉近了人与人之间的距离，使得社交更加亲密和生动。企业可以通过即时通信与客户保持更为直接和及时的联系，解决问题、提供支持。这种沟通方式提升了客户体验，也为企业建立更紧密的客户关系提供了有力支持。实时通信工具的应用也为紧急情况下的救援和协作提供了重要工具。在灾难、紧急事件或卫生危机中，通过实时通信工具能够快速组织人员、调度资源，进行紧急救援和协作，提高了对突发事件的应对效率。实时通信工具的普及使得人们能够在任何时刻、任何地点进行即时交流，为个人生活、工作和社会互动带来了深刻变革。这种沟通方式的普及不仅提高了信息传递的速度和效率，也推动了社会的数字化进程，为全球社会的互联互通提供了更为便捷的渠道。

（三）在线社交平台为人们提供了参与和分享的机会，创造了丰富的社交体验

这一数字时代的社交模式极大地拓展了人际交往的边界，为用户提供了多样性、实时性和全球性的社交平台，使社交体验更为丰富、互动性更强。在线社交平台通过多种形式的内容分享，包括文字、图片、音频和视频，为用户提供了更为多样的社交内容。用户可以表达个人观点、分享生活瞬间、展示创意作品，从而在社交平台上建立个人品牌和形象。这种多样性的内容创作和分享机制使得社交体验更加生动和丰富。在线社交平台为用户提供了与世界各地朋友、家人和陌生人互动的机会。通过关注、点赞、评论等形式，用户能够参与到各种社交活动中，扩大社交圈子，结识更多有共同兴趣的人。这种全球性的社交互动方式拓展了人际关系的范围，使得社交体验更为开放和多元。用户可以迅速了解身边和全球发生的重要事件、趋势和热点话题，与其他用户进行实时互动。这种及时性的社交体验拉近了人们与时事的距离，使社交更具互动性和紧密感。用户可以通过社交媒体分享社会问题、表达观点，甚至组织线上活动，推动社会变革。这种社交平台的公共性使得个体在社会事务中具有更大的话语权，促进了社会参与和民主意识的培养。在线社交平台通过个性化推荐算法，为用户提供更符合其兴趣和需求的内容和社交圈子。这种个性化的社交体验使用户更容易找到志同道合的朋友、获取感兴趣的信息，提高了社交平台的使用价值和用户满意度。在线社交平台为人们提供了丰富的社交机会，通过多样性的内容、全球性的互动和实时性

的特点，深刻地改变了人们的社交方式。这种数字时代的社交体验不仅满足了用户对交流、分享和参与的需求，也推动了社会交往的进一步数字化和全球化。随着技术的不断创新，社交平台的发展仍将为用户带来更为精彩和便捷的社交体验。

无论是参与在线社群、分享照片、发表博客，还是参与虚拟现实中的社交活动，这些形式多样的互动方式使得社交变得更为多元和有趣。

（四）电子信息技术还为商业社交提供了强大的工具

电子信息技术为商业社交提供了强大的工具，深刻地改变了商业环境和企业间的互动方式。这些工具不仅促进了商业关系的建立和发展，也提高了企业的运营效率、市场开发能力以及创新潜力。通过专业的商业社交平台，企业能够在线上建立和拓展商业网络，与潜在客户、合作伙伴和供应商进行快速而高效的沟通。这种全球性的社交工具打破了地域限制，使得企业能够更容易地发现并接触到全球范围内的商业机会。企业通过社交媒体平台建立品牌形象、推广产品、进行市场宣传，与客户建立直接而亲密的互动。社交媒体不仅提高了企业的曝光度，还为企业获取实时的市场反馈提供了渠道，使得市场营销更为灵活和具有针对性。云计算、在线会议和团队协作平台等工具使得企业内部员工之间能够实现远程协作，无论身在何处都能快速分享信息、协同办公。这提高了企业的灵活性，降低了协作的时间和成本，为团队创新和项目推进提供了强有力的支持。通过大数据分析，企业能够更好地理解客户需求、市场趋势和竞争对手的动态。这种数据驱动的商业社交使得企业能够更精准地制订战略决策，提高市场竞争力。电子信息技术的发展为企业提供了更安全、可靠的在线支付和电子商务平台。企业可以通过电子商务建立线上销售渠道，实现全球范围内的销售和服务。电子支付和数字货币技术的应用使得商业交易更为便捷和安全，为企业拓展市场和提高销售效率提供了有力支持。电子信息技术为商业社交提供了多方面的工具和平台，使得企业间的互动更加高效、便捷、智能。这种数字化的商业社交不仅加速了商业活动的进行，也为企业创新和持续发展提供了更广阔的机遇。随着技术的不断进步，商业社交领域仍将迎来更多创新，为企业和行业的发展打开新的可能性。

专业社交平台如LinkedIn等使得职业人士能够更广泛地建立职业关系，寻找职业机会，分享行业知识和见解。这对于职业发展和商业合作起到了积极的促进作用。传统的社交方式被数字化、全球化的社交媒体和通信工具所替代，社交不再受时间和地域的限制，为人们提供了更加开放、多元和便捷的社交体验。这一趋势将继续塑造未来社交互动的新形态，推动社会在数字化时代的深刻变革。

三、在工作和学习方面，电子信息技术也大大提升了效率和便利性

电子信息技术在工作和学习方面的应用带来了革命性的变化，极大地提升了效率和便利性，为人们的职业发展和学术进步提供了强大的支持。从在线协作工具到远程学习平台，电子信息技术的创新为工作和学习提供了更灵活、高效的解决方案。

（一）在工作方面，电子信息技术推动了办公方式的数字化转型

电子信息技术推动了办公方式的数字化转型，深刻地改变了工作环境和员工的工作方式。这一数字化转型不仅提高了工作效率，还促进了协同办公、灵活办公以及创新能力的发挥。从电子邮件、即时通信应用，到云存储、在线协作平台，员工可以方便地通过电子设备进行文档编辑、文件分享、实时沟通和协同办公。这种数字工具的使用使得办公工作变得更为高效和便捷，打破了时间和空间的限制。云计算、视频会议和远程协作工具使得员工不再受制于固定的办公地点，可以在任何地方进行工作。这种灵活的办公方式提高了员工的工作满意度，也有助于企业吸引和保留人才，降低了企业的运营成本。电子信息技术为企业提供了先进的数据分析工具，帮助企业更好地理解和优化工作流程。通过大数据分析，企业能够实时监测和评估员工的绩效，发现潜在的优化空间，提高整体的运营效率。这种基于数据的决策模式使得企业更具竞争力，能够灵活地应对市场变化。从招聘、培训到绩效管理，企业可以通过人力资源管理系统更好地管理人才，并进行员工绩效的评估和激励。这种数字化的人力资源管理使得企业能够更精准地配置和利用人力资源，提高团队的整体效能。企业通过使用加密技术、多重认证和网络安全防护系统，确保了敏感数据的安全性。员工也能够更好地掌握和保护个人信息，确保数字化办公环境的安全性和可靠性。电子信息技术的数字化转型使得办公方式更为智能、高效和灵活。这种数字化办公不仅提高了员工的工作体验，也提升了企业的竞争力和创新能力。未来随着技术的不断演进，数字化办公将继续深化，为企业带来更多创新的工作方式和管理模式。

（二）远程办公的普及是电子信息技术在工作领域的重要贡献

远程办公的普及是电子信息技术在工作领域的显著贡献，标志着数字化时代对传统办公模式的深刻改变。通过电子信息技术的支持，员工得以在任何地点、任何时间实现高效工作，这对提升灵活性、降低成本、提高员工满意度等方面产生了积极影响。云存储、在线文档编辑和实时通信工具使得团队成员能够共享文件、协同编辑文档，并在不同时区或地点进行实时沟通。这种数字化的协同工作环境打破了地域限制，使

得团队能够更加灵活地合作，提高了工作效率。远程办公通过视频会议、远程协作工具等电子信息技术，实现了实时的虚拟沟通。员工无须亲自到达办公地点，通过远程会议系统可以方便地参与团队会议、项目讨论，促进了沟通效率，减少了因时间和地域差异导致的沟通阻碍。员工不再需要大规模的办公空间，而是可以在家中或其他远程地点完成工作任务。这不仅减轻了企业的租赁和设备购置负担，还提高了资源利用效率，有利于企业实现更为灵活的经营策略。通过加密通信、虚拟专用网络（VPN）等技术手段，保障了远程工作过程中敏感信息的安全传输。企业也能够通过访问控制和身份验证等措施，确保只有合法用户能够访问敏感数据和系统。远程办公通过电子信息技术为员工提供了更为灵活的工作安排。员工可以更好地平衡工作和生活，减少通勤时间，提高工作效率，增强了员工的工作满意度和生活质量。这一趋势不仅反映了科技对办公方式的深刻改变，也为企业和员工提供了更为灵活、高效和安全的工作模式。未来，随着技术的不断创新，远程办公模式有望继续演化，为工作方式带来更多可能性。

（三）电子信息技术在学习领域的应用带来了变革

电子信息技术在学习领域的广泛应用带来了深刻的变革，推动了教育模式的创新和学习方式的多样化。这一趋势涵盖了从学前教育到高等教育的各个层次，为学生、教育者和学府提供了更为丰富、个性化的学习体验。数字化教材、在线课程、教学视频等电子学习资源大大拓展了学生获取知识的途径。学生可以通过网络平台随时随地访问这些资源，提高了学习的灵活性和便捷性。这也为师生创造了更加多元的学习环境，能够更好地适应不同学科和学习风格的需求。通过在线学习平台，学生可以选择各种各样的课程，不受地域和时间的限制。这为远程地区的学生提供了更广泛的学习机会，也促进了全球范围内的学术交流和合作。在线教育模式的出现改变了传统的课堂教学方式，注重个性化、互动性和实践性，提高了学习效果。通过学习管理系统、智能教辅软件等工具，教育者能够更好地了解学生的学习需求和进展，为每个学生提供量身定制的教学方案。智能化辅助教育系统还能够根据学生的学习习惯和表现调整教学内容，提高学习的效率和质量。电子化的考试和评估工具使得教育者能够更全面、客观地评估学生的知识水平和能力。在线测验、电子作业提交等方式提高了评估的效率，也为学生提供了及时的反馈，促使他们更有针对性地调整学习策略。学者们可以通过网络平台获取最新的研究成果、参与国际学术交流，并利用科技工具进行数据分析、模拟实验等研究工作。这种数字化的学术环境推动了科学研究的全球化，加速了知识的传播和创新的推动。电子信息技术在学习领域的应用带来了全面变革，促进了教育的国际化、个性化和数字化发展。这种变革不仅提高了学习的灵活性和效率，也为教育体系的不断创新和优化提供了有力支持。未来随着技术的不断发展，学习领域的数字化转型将进一步推动教育的质量提升和全球范围内的知识共享。

（四）在线学习为职业人士提供了继续教育的机会，促进了职业发展

在线学习为职业人士提供了继续教育的机会，成为促进职业发展的重要途径，推动了职场学习的灵活性和普及度。这一趋势通过电子信息技术的支持，为职业人士提供了更便捷、个性化的学习方式，对于适应快速变化的职场环境和提升职业竞争力起到了积极作用。职场人士通常面临繁忙的工作日程，难以参与传统课堂教育。而通过在线学习，他们可以随时随地通过电脑、平板或手机参与课程学习，无需受制于固定的学习时间和地点。这种灵活性使得职业人士更容易融入学习，更好地平衡工作和学业。职业人士可以根据自己的职业需求和兴趣选择各种专业、技能培训课程，涵盖了从管理技能、行业知识到新兴技术等多个领域。这种个性化的学习选择使得职业人士能够更有针对性地提升自身的专业素养，更好地适应职场的需求。许多在线课程设计注重实际案例分析、项目实践和模拟场景，使得职业人士能够在学习中直接应用所学知识到工作实践中。这种实践导向的学习方式有助于提高职业人士的实际工作能力，使得学到的知识更具实用性。职业人士可以通过在线平台参与讨论、团队项目，与来自不同行业和地区的同学分享经验，拓展职业人际关系。这种社交学习模式为职业人士提供了更广泛的交流平台，促使他们建立更为丰富的职业社交网络。越来越多的在线学习平台与知名高校、企业合作，提供专业认证和证书。这使得职业人士通过在线学习取得的成果在职场上更具竞争力，有助于提升职业发展的机会。这一趋势不仅使得学习更加灵活、个性化，也为职业人士提供了更为便捷和高效的提升职业素养的途径。在未来，随着在线学习技术和平台的不断升级，其在职业发展领域的作用将进一步得到强化。无论是实现远程协作，还是拓展学习渠道，电子信息技术的进步都在不断推动着工作和学习方式的创新，为个人和组织创造了更多的机会和可能性。

四、电子商务的兴起为消费者提供了更加便捷的购物体验

电子商务的兴起彻底改变了传统购物方式，为消费者提供了更加便捷、灵活的购物体验。通过互联网技术，电子商务使得商品交易可以在线完成，为消费者提供更多选择、更高效的购物途径。

（一）电子商务打破了时间和空间的限制，实现了 24/7 全天候的购物服务

电子商务的崛起彻底打破了时间和空间的限制，为消费者提供了全天候、全球范围内的便捷购物服务。这一数字化商业模式的兴起不仅改变了传统零售业态，也深刻影响了消费者的购物方式和体验。在线商城 24/7 全年不打烊，消费者可以根据个人时间表的灵活性，随时随地进行购物。这种便捷性使得消费者不再受制于传统零售业的营业时间，特别适应于繁忙的现代生活方式。无论是来自不同城市、国家还是时区，消费者都能轻松访问和购买来自世界各地的商品。这种全球性的购物选择为消费者提供了更为广泛、多元化的商品和品牌，丰富了购物体验。通过个人账户、购物历史等数据，电商平台能够为消费者提供个性化的推荐和定制服务。这种个性化购物体验使得消费者能够更准确地找到符合自己需求和偏好的商品，提高了购物的效率和满意度。消费者可以通过各种电子支付方式完成购物，避免了传统购物中的现金支付和排队等烦琐步骤。这种便捷的支付方式不仅提高了购物的效率，也为购物过程提供了更为安全的支付环境。各大电商平台通常建立了高效的物流网络，实现了快速、可追溯的商品配送。消费者可以在短时间内收到他们购买的商品，提高了购物的即时性和满意度。电子商务的 24/7 全天候购物服务改变了传统零售模式，为消费者带来了前所未有的购物便利。这种数字化的购物方式不仅提高了购物效率，也丰富了购物体验，推动了零售业的数字化转型。随着技术的不断发展，电子商务将继续引领零售行业的创新和升级。

（二）电子商务为消费者提供了更广泛的商品选择

电子商务的发展为消费者带来了更广泛、多元的商品选择，彻底改变了传统零售模式的局限性。通过数字化平台，消费者能够访问来自全球各地的商品和品牌，享受更为丰富、个性化的购物体验。电子商务打破了地理限制，使得消费者可以轻松获取来自世界各地的商品。传统零售受到地理位置的限制，而电子商务平台能够将商品推向全球市场。消费者可以通过在线购物平台浏览并购买来自国内外不同产地的商品，无论是特色商品、异国风情的产品还是独特设计的物品，都能够在电子平台上找到。电子商务通过丰富的商品类别和品牌覆盖，为消费者提供了更多元的购物选择。电商平台通常包含数以千计的商品分类，涵盖了服装、电子产品、家居用品、美妆护肤等各个领域。不仅如此，消费者还可以选择来自不同品牌的商品，享受到更多风格和品质的选择。通过了解消费者的购物历史、浏览行为和偏好，电商平台能够推荐更符合用户兴趣和需求的商品。这种个性化的购物体验使得消费者更容易发现他们可能感兴

趣的新产品，提高了购物的精准性和满意度。在电子平台上，小型商家和创业者可以通过在线店铺展示和销售他们的产品，打破了传统零售渠道的门槛。这种机会使得更多独特、小众的商品能够被发现和购买，为市场带来更大的多样性。电子商务通过用户评价和社交分享功能，提供了消费者对商品质量和服务的即时反馈。消费者可以在购物前查看其他用户的评价，了解商品的真实情况，提高了购物的透明度和信任度。社交分享功能也使得消费者能够分享购物体验，推荐优质商品给朋友，形成了更加开放、互动的购物社区。电子商务为消费者提供了更广泛、多元的商品选择，推动了零售业的全球化和数字化转型。这种数字购物的发展趋势不仅提高了消费者的购物体验，也促进了全球商业的发展，为消费者创造了更多的购物机会和便利。

（三）电子商务通过推荐系统和个性化推送，能够根据消费者的购物历史和偏好，为其提供个性化的商品推荐，提高了购物的精准性和效率

电子商务通过强大的推荐系统和个性化推送技术，为消费者提供了更加个性化、符合其兴趣和需求的商品推荐服务，从而极大地提高了购物的精准性和效率。推荐系统利用消费者的购物历史和行为数据，通过复杂的算法分析，能够深入了解每位消费者的个性化偏好。通过对用户点击、浏览、购买等行为的挖掘，推荐系统能够建立起对用户兴趣的深度了解，为后续的个性化推荐奠定基础。个性化推送技术通过将这些深度了解的用户偏好映射到实时的商品推送中，使得消费者在浏览电商平台时能够迅速找到感兴趣的商品。这不仅提高了购物的便捷性，还使得用户更容易发现他们可能未曾考虑过的商品，从而丰富了他们的购物体验。基于用户的购物历史和偏好，系统能够在用户访问平台时主动推送相关的促销活动和折扣信息，为用户提供更加实惠和吸引人的购物机会。这种实时的个性化促销不仅提高了用户的购物满意度，也刺激了他们的购买欲望。在浏览商品时，系统会智能地生成相关商品、相似款式或配套商品的推荐，使得用户的购物过程更为连贯和流畅。这种智能导航不仅提高了用户在平台上停留的时间，也使得用户更容易找到符合其需求的商品。推荐系统还能够通过多渠道的个性化推送，包括电子邮件、短信、App 通知等方式，及时将相关信息传递给用户。这种全方位的推送方式使得用户能够在不同场景下接收到个性化的购物建议，增加了购物信息的曝光度，提高了用户对平台的黏性。电子商务通过推荐系统和个性化推送，成功地将大数据和人工智能技术融入到购物体验中，为消费者提供了更智能、更个性化的购物服务。这种个性化推荐不仅提高了购物的效率，也提升了用户的购物满意度，成为电商平台吸引和保留用户的重要手段之一。

（四）电子商务还提供了便捷的支付和配送服务

电子商务的发展不仅为消费者提供了广泛的商品选择和个性化推荐服务，也引领了便捷的支付和配送服务，进一步提升了购物的便利性和用户体验。消费者可以通过各种电子支付手段，如信用卡、支付宝、微信支付等，完成交易支付。这种多元化的支付方式不仅方便了不同用户的支付需求，也提高了支付的安全性，为消费者提供了更加灵活和安心的购物体验。消费者在下单后可以立即完成支付，无需等待烦琐的结账过程。这种即时的支付确认不仅提高了购物的效率，也减少了用户的等待时间，为消费者创造了更加流畅的购物体验。电子商务平台通过建立高效的物流和配送网络，实现了快速、可追溯的商品配送。消费者可以选择不同的配送方式，如快递、自提、智能快递柜等，根据个人需求和时间安排选择最合适的送货方式。这种高效的配送服务大大缩短了商品从下单到到手的时间，提高了购物的即时性和满意度。电子商务平台通常提供实时的订单跟踪服务，让消费者能够随时了解商品的运送状态。通过订单追踪，消费者可以准确知道商品何时发货、何时到达，提高了购物的可控性和透明度。这种实时的信息反馈使得消费者对订单的处理过程更为放心，减少了购物时的不确定感。消费者在购物后，若对商品不满意，可以便捷地发起退换货请求。电商平台提供的退款和退货服务使得消费者更加放心地进行购物，减少了购物的风险感，增强了用户对平台的信任度。电子商务通过提供便捷的支付和配送服务，极大地方便了消费者的购物体验。这种便捷性不仅提高了购物的效率，也提升了用户的购物满意度，成为电商平台吸引用户和保持用户忠诚度的关键因素之一。随着技术的不断进步，电商的支付和配送服务也将继续创新，为用户提供更为便捷和智能化的购物体验。

电子商务的兴起为消费者创造了更加便捷、多元的购物体验。通过打破传统的购物模式，提供全天候的服务、更广泛的选择、个性化的推荐和高效的支付配送服务，电子商务为消费者带来了更先进、更灵活的购物方式，推动了零售业的数字化转型。随着科技的不断发展，电子商务还将继续为消费者提供更多创新和便利，助力购物体验的不断升级。电子信息技术以其广泛的应用领域，为我们的生活增色添彩。从娱乐到社交、工作到购物，电子信息技术不仅提高了生活的便捷性和效率，更为人们创造了多姿多彩的生活体验。

第二节　为经济赋能的电子信息

电子信息技术作为经济的重要赋能力量，深刻改变着产业结构、推动着创新发展，成为现代经济中不可或缺的关键因素。其广泛应用不仅提升了生产效率，还为商业运作、市场拓展等方面注入了强大的活力，推动着经济的不断进步。

一、电子信息技术的广泛应用使得生产过程更加智能化和自动化

电子信息技术的广泛应用在生产领域带来了革命性的变革，推动了生产过程的智能化和自动化。从传感器、物联网到人工智能，这些技术的融合为制造业注入了新的活力，提高了生产效率、降低了成本，同时也为企业创新和可持续发展提供了强大支持。

（一）传感器技术在生产环境中的广泛应用是实现智能化生产的重要一环

传感器技术在生产环境中的广泛应用是实现智能化生产的重要一环，为制造业带来了全新的发展方向和巨大的提升潜力。传感器的引入不仅提高了生产过程的自动化程度，也为生产管理和优化提供了丰富的数据支持，推动着工业领域向数字化、智能化迈进。通过在关键节点安装各类传感器，生产系统可以实时采集和传输有关温度、湿度、压力、速度等多种数据，确保生产过程的稳定性和质量。这种实时监测使得生产管理者能够及时了解生产状态，随时调整参数以提高生产效率和产品质量。通过互联的传感器网络，不同设备和生产线之间能够实现信息的实时共享和互动。这种物联网的应用不仅促进了生产线的协同工作，还为企业提供了更加全面的数据分析基础，为决策提供更为准确和及时的依据。通过监测设备的运行状态和性能指标，传感器能够检测到潜在的故障迹象，提前预测设备可能发生的问题。这种预测性维护不仅降低了设备损坏的风险，也减少了生产线的停机时间，提高了生产效益和设备利用率。传感器技术支持的智能制造系统能够实现生产任务的灵活调度和快速切换。生产线可以根据不同产品的要求进行自动调整，实现小批量、多品种的生产，满足市场对个性化产品的需求。通过采用先进的数据分析算法，传感器能够实现对大量数据的深度挖掘，从而为生产优化、质量控制和成本降低等方面提供更为精准的指导。这种智能化的应用有助于企业更好地应对市场变化，提高竞争力。这种技术的引入不仅提高了生产效率和产品质量，还为企业在市场竞争中赢得先机，促使制造业朝着更加数字化、智能化的未来发展。

（二）物联网的应用使得各种设备和系统能够互联互通，形成智能化的生产网络

物联网的广泛应用使得各种设备和系统得以互联互通，形成了高度智能化的生产网络，为工业生产带来了前所未有的变革和机遇。物联网的集成应用不仅使得生产环境更加智能、高效，也为企业提供了全新的生产管理方式和商业模式。通过各类传感器、RFID技术、智能设备等，生产线上的各种设备能够实时采集、传输和共享数据。这种实时的信息交流极大提高了生产环境的协同性，使得不同环节的设备和系统能够更加智能、高效地协同工作。通过连接设备、监测生产过程，物联网系统能够获取大量的实时数据。这些数据不仅包括生产效率、设备运行状态，还包括产品质量、能源消耗等方面的信息。企业可以通过先进的数据分析技术，深入挖掘这些数据，为生产决策提供更准确、科学的依据。通过嵌入式传感器和智能控制系统，各种设备能够实现自动调节、自动识别，甚至实现部分或全部的自主决策。这种自动化不仅提高了生产效率，还减少了人工干预，降低了生产过程中的错误率，提高了产品的一致性和可靠性。通过监测设备的运行状况，物联网系统能够实时检测设备的健康状态，预测潜在的故障风险。这种预测性维护不仅能够避免设备故障对生产造成的损失，还可以减少停机时间，提高设备的可用性。通过对整个生产过程的实时监控和调整，企业能够更及时地应对市场需求的变化，实现生产任务的灵活调度。物联网也为供应链的各个环节提供了实时数据，使得企业能够更好地与供应商、合作伙伴协同工作，实现供应链的高效运作。物联网的应用使得各种设备和系统在生产环境中能够实现更紧密、智能的连接，为工业生产带来了全新的智能化体验。这种数字化、智能化的趋势将不断推动工业制造业向更加高效、可持续、智能的方向发展。

（三）人工智能的引入为生产过程提供了更高级的智能化和自动化

人工智能的引入为生产过程注入了更高级的智能化和自动化，为制造业带来了深刻的变革。通过利用先进的算法、机器学习和大数据分析，人工智能不仅提高了生产效率，还为企业提供了更智能、可预测的生产管理方案。通过在生产设备中嵌入智能控制系统，企业能够实现设备的自主决策和自适应调整。这种智能控制系统能够基于实时数据分析和学习算法，自动优化生产参数，提高生产效率，减少资源浪费。在制造业的各个环节，人工智能系统可以通过视觉识别、语音识别、自动规划等技术实现自动化控制。例如，机器视觉系统可以用于产品质检，自动识别和排除有缺陷的产品，提高产品质量和生产效率。通过整合生产数据、市场需求、供应链信息等多方面数据，人工智能系统能够实现对整个生产过程的智能监控和管理。这种智能化制造使得企业

能够更灵活地调整生产计划，更及时地应对市场变化，提高了生产的适应性和灵活性。通过分析大量的设备运行数据，人工智能系统能够预测设备可能出现的故障，提前进行维护和修复。这种预测性维护不仅降低了生产过程中因设备故障带来的停机时间，也减少了维修成本，提高了设备的可靠性和稳定性。通过利用机器学习算法分析市场趋势、消费者反馈，人工智能能够为企业提供更准确的市场预测和产品定位建议。这种智能化的产品设计过程有助于企业更好地满足市场需求，提高产品的竞争力。人工智能的引入为制造业带来了更高级的智能化和自动化，推动了整个产业向着更加智慧、高效、灵活的方向发展。这种技术的应用将继续引领制造业的数字化转型，为企业创造更多的竞争优势和商业机会。

（四）自动化技术的应用是实现生产过程高度自动化的关键

自动化技术的广泛应用是实现生产过程高度自动化的关键，为制造业带来了效率的飞跃提升和质量的持续提高。通过引入自动化设备、控制系统和先进的机器人技术，企业能够实现生产过程的智能化和高度自动化，提高生产效率，降低成本，增强竞争力。通过自动化设备和控制系统，生产线上的各个环节能够实现自动调节、自动运行，大大减少了对人工干预的依赖。例如，在装配线上，自动化机器人可以完成部件的拼装、焊接、涂装等工序，提高了生产线的运行效率和一致性。自动化的物流系统能够实现原材料的自动化搬运、仓储的智能化管理，确保原材料和零部件在生产过程中的及时供应。自动化仓储系统能够提高库存的管理效率，减少了人为的错误和滞留。通过先进的控制系统，企业可以轻松调整生产线的参数和工艺，实现快速切换生产任务。这种灵活性使得企业能够更好地适应市场变化，迅速响应不同产品需求，提高了生产线的适应性和响应速度。通过传感器、视觉检测系统等自动化设备，生产过程中的每个环节都可以进行实时监测和检测。这种自动化的质量控制系统能够及时发现生产中的异常，避免次品的生产，提高产品质量和一致性。通过自动化控制系统，企业能够更精准地控制设备的运行参数，避免不必要的能源浪费。自动化技术的应用还可以优化生产排程，减少物料的浪费，实现资源的更加有效利用，降低了生产对环境的影响。自动化技术的应用是实现生产过程高度自动化的关键，为企业实现生产效率和质量的提升提供了可靠的手段。随着技术的不断创新和发展，自动化技术将继续为制造业带来更多的机遇，推动生产方式向着更加智能、灵活和可持续的方向发展。

这不仅提高了生产效率和产品质量，还推动了制造业的数字化转型，为企业在竞争激烈的市场中保持竞争力提供了有力支持。随着科技的不断发展，生产过程的智能化和自动化将迎来更多创新和突破，推动着工业的不断进步。

二、电子信息技术在商业运作中发挥了巨大作用

电子信息技术在商业运作中发挥着巨大而不可或缺的作用，对商业模式、流程和效率产生了深远影响。从企业管理、市场营销到客户服务，电子信息技术的应用贯穿了商业运营的方方面面，为企业创造了更加智能化、高效和创新的商业环境。

（一）企业管理方面，电子信息技术改变了传统的企业内部管理方式

电子信息技术的广泛应用改变了传统的企业内部管理方式，为企业提供了更高效、更灵活、更透明的管理手段。从组织沟通到信息流动，从数据管理到决策支持，电子信息技术在企业管理中扮演着不可或缺的角色。传统的企业内部沟通往往受限于时间和空间，而电子信息技术通过电子邮件、即时通信工具、社交平台等工具实现了实时、全球范围内的沟通。这种沟通方式不仅提高了信息传递的速度，也降低了沟通的成本，促使组织内部更加紧密和协同。通过电子文档管理系统、企业资源规划（ERP）系统等工具，企业可以更加高效地管理和存储大量的信息和数据。这不仅提高了信息的可访问性，还降低了信息管理的复杂度，使得企业更容易进行知识共享和合作。决策者可以通过数据分析工具、业务智能系统等获得更为全面、实时的数据支持。这种决策支持系统有助于提高决策的准确性和效率，使得管理者更加具有洞察力，能够更迅速地做出适应市场变化的决策。通过引入企业资源规划、供应链管理系统等，企业能够优化生产、销售、供应链等各个环节的业务流程，提高运营效率，降低成本。这种业务流程的优化使得企业更具竞争力，能够更好地适应市场需求和变化。人力资源信息系统、在线培训平台等工具使得企业更好地管理人才，优化招聘、培训、绩效评估等流程。电子信息技术也提供了灵活的远程办公工具，促进了工作制度和远程协作机制的建立。电子信息技术的应用改变了传统的企业内部管理方式，使得企业更具适应性、创新性和高效性。随着技术的不断发展，电子信息技术将继续在企业管理中发挥关键作用，推动企业向着数字化、智能化的未来发展。

（二）电子商务的兴起为企业提供了全新的销售渠道

电子商务的兴起为企业提供了全新的销售渠道，深刻改变了传统的商业模式，为企业拓展市场、提高销售效率和提供更个性化的服务提供了很多机会。通过在线平台，企业能够轻松地将产品和服务推向国际市场，突破地域限制，实现全球范围内的销售。这使得中小型企业也能参与到国际贸易中，增加了企业的商业机会和竞争力。消费者可以通过电子商务平台随时随地进行在线购物，无需受到时间和地点的限制。这种便

捷的购物体验不仅提高了用户的满意度，也促使消费者更频繁地进行购物，推动了销售量的增长。通过在线商店、社交媒体等渠道，企业可以与客户进行更为直接和及时的沟通。这种互动性使得企业能够更好地了解客户需求，进行个性化的服务和推荐，提高了客户忠诚度。企业可以通过分析用户行为、购物偏好等数据，深入了解市场趋势，优化产品和服务，制订更精准的营销策略。这种基于数据的决策能够提高企业对市场变化的敏感性和应变能力。相对于传统的实体店面，线上销售减少了租金、人工等方面的开支，提高了企业的盈利空间。这使得企业更灵活地调整营销策略、优化资源配置，降低了市场进入门槛，促使了更多创业者的参与。电子商务的兴起为企业提供了全新的销售渠道，不仅推动了商业的数字化和智能化发展，也为企业创造了更多的商机和竞争优势。在数字经济时代，电子商务将继续在全球范围内发挥着重要作用，成为企业拓展市场、提升竞争力的不可或缺的工具。

（三）电子信息技术在市场营销领域的应用也带来了革新

电子信息技术在市场营销领域的广泛应用带来了革新，深刻改变了传统的营销方式，为企业提供了更智能、更精准的营销工具和策略。通过互联网、社交媒体、搜索引擎等数字渠道，企业可以直接与消费者进行互动，推广产品和服务。数字化营销的优势在于实时性、互动性和广泛性，使得企业能够更精准地定位目标受众，提高广告投放的效果。电子信息技术的应用产生了大量数据，包括用户行为数据、购物历史、社交互动等。通过大数据分析工具，企业可以深入挖掘这些数据，了解消费者的喜好和需求，制订更具针对性的营销策略，提高广告的精准度。借助电子信息技术，企业能够根据用户的个人信息、购买记录等数据，量身定制个性化的广告、促销活动和推荐产品。这种个性化的营销策略更能够引起消费者的兴趣，提高购买转化率，并增强用户体验。企业通过社交媒体平台可以与用户直接互动，建立品牌形象，推广产品。社交媒体还为企业提供了用户口碑、评论的即时反馈，有助于企业更灵活地调整营销策略，增强品牌信任度。通过电子商务平台，企业能够实现直接销售，结合各种促销手段、营销活动，提高产品的曝光度和销售额。电子商务还为企业提供了在线支付、物流配送等便捷服务，提升了用户购物体验。企业通过这些技术手段更好地了解消费者，更精准地传递信息，提高了市场营销的效率和效果。随着技术的不断发展，市场营销将继续在数字化时代迎来更多创新和变革。

（四）客户服务方面，电子信息技术为企业提供了便捷、高效的服务方式

客户服务方面，电子信息技术为企业提供了更便捷、高效的服务方式，深刻改变了传统的客户服务模式，提升了企业与客户之间的互动体验。通过在线聊天、社交媒

体平台、电子邮件等渠道，企业能够与客户进行实时沟通。这种即时性的互动使得客户能够更迅速地获得解决方案，提高了客户满意度。多样化的沟通方式使得企业能够全面地了解客户需求，为其提供更个性化的服务。通过自助服务平台、知识库、在线帮助中心等工具，客户可以自行解决问题、查询信息，无需等待客服人员的介入。这不仅减轻了客服人员的工作压力，也提高了客户服务的效率，使得客户能够更独立地获取所需的支持。通过人工智能、机器学习技术，企业能够实现智能客服、自动回复、虚拟助手等服务。这种智能化的客户服务不仅能够实时响应客户的需求，还可以通过学习客户的历史数据提供更个性化、预测性的服务。无论是通过网站、移动应用、社交媒体还是其他数字化平台，企业都能够提供一致的客户服务体验。这种多渠道的服务方式使得客户能够更方便地选择适合自己的交流方式，提高了服务的便捷性。通过在线调查、社交媒体反馈等手段，企业能够及时获取客户对产品和服务的评价，从而迅速调整和改进服务质量。这种实时反馈机制有助于企业更敏锐地捕捉市场变化，提高产品和服务的竞争力。随着技术的不断发展，客户服务将继续朝着更加个性化、智能化的方向发展，为企业与客户之间建立更紧密、更积极的关系提供更多可能性。电子信息技术在商业运作中发挥着关键作用，推动着商业模式的创新和商业运营的升级。随着技术的不断发展，电子信息技术将继续为企业提供更多创新的解决方案，助力企业在竞争激烈的商业环境中保持竞争力。

三、在金融领域，电子信息技术为金融服务注入了创新的动力

在金融领域，电子信息技术的迅猛发展为金融服务注入了创新的动力，推动了金融行业的数字化转型和智能化发展。从金融交易、支付到风险管理，电子信息技术的广泛应用提高了金融服务的效率、便捷性和安全性。

（一）电子信息技术在金融交易方面的应用为用户提供了灵活和便捷的交易渠道

电子信息技术在金融交易方面的应用为用户提供了更为灵活和便捷的交易渠道，深刻改变了传统的金融业务模式，提高了交易效率。通过互联网银行和电子支付平台，用户可以随时随地进行各类金融交易，包括查询账户余额、转账、支付账单等。这种便捷的服务模式极大地减少了用户前往实体银行的需求，提高了金融服务的可访问性。线上证券交易平台使得投资者可以通过电子设备直接参与证券市场，实时了解股市动态，进行证券交易和投资组合管理。这种数字化的证券交易模式不仅提高了投资者的交易效率，还拓宽了他们的投资渠道。通过手机应用，用户可以随时随地完成付款、

转账、理财等金融操作。移动支付的普及提高了支付的便捷性，而手机银行应用则使得用户能够方便地进行各类银行服务，如申请信用卡、贷款等。用户通过互联网能够更容易地获取金融市场的实时信息、经济指标、公司财报等数据。这有助于投资者做出更为明智的决策，提高了金融市场的透明度和公平性。金融科技公司通过创新技术，如区块链、人工智能、大数据分析等，提供了更多金融产品和服务。这些新兴科技不仅为用户带来了创新的金融体验，还为金融机构提供了更高效的业务运营手段。电子信息技术在金融交易方面的应用为用户提供了灵活和便捷的交易渠道，使得金融服务更加普惠和高效。随着技术的不断发展，金融科技将继续推动金融行业向着数字化、智能化的方向发展，为用户提供更全面、个性化的金融体验。

（二）电子信息技术的发展推动了金融产品的创新

电子信息技术的迅猛发展对金融行业产生了深远影响，推动着金融产品的不断创新。随着科技的日新月异，金融领域正经历着一场数字化和智能化的革命，这不仅改变了金融服务的方式，也极大地丰富了金融产品的形态与功能。传统的金融交易往往需要大量的纸质文件和人工处理，费时费力且容易出现错误。随着电子信息技术的崛起，金融交易得以实现电子化，使得交易流程更加迅捷和安全。通过在线支付、电子签名等技术手段，用户可以在短时间内完成复杂的金融交易，大大提高了交易的效率。电子信息技术为金融产品注入了更多的创新元素，推动了金融服务的个性化和差异化发展。互联网、大数据、人工智能等先进技术的融合，使得金融机构能够更好地了解客户需求，根据个性化的需求提供量身定制的金融产品。比如，通过大数据分析客户的消费习惯和风险偏好，金融机构能够推出更符合客户需求的信贷产品，提高贷款的审批通过率。传统金融服务可能受限于地域和时间，导致一些地区和群体难以享受到优质金融服务。随着电子支付、移动银行等技术的普及，金融服务已经越来越趋向于无纸化、线上化。这使得金融产品更容易触达广大用户，包括那些远离城市中心的地区和传统金融服务体系难以覆盖的人群。通过智能手机和互联网，用户可以随时随地进行金融交易，享受更为便捷的金融服务。金融行业面临着各种风险，包括市场风险、信用风险等。通过引入先进的风险管理系统和模型，金融机构能够更加准确地评估和监控风险，及时做出相应的调整和决策，降低了金融交易的不确定性，提高金融体系的稳定性。互联网技术的兴起使得金融机构更容易与科技公司、创新型企业进行合作，共同推动金融产品的创新。通过开放式的 API（应用程序接口）和数据共享，不同的金融机构和科技公司可以更加便捷地合作，共同推出更具创新性和前瞻性的金融产品，以满足不断变化的市场需求。电子信息技术的发展不仅使得金融服务更加高效、个性化，也拓展了金融产品的边界，提升了金融体系的稳定性和普惠性。在数字化时代，金融产品将继续在科技的推动下不断演进，为用户提供更加便捷、安全、创新的金融体验。

（三）电子信息技术在风险管理领域的应用为金融机构提供了更为精准的风险评估和控制手段

电子信息技术在风险管理领域的广泛应用为金融机构提供了更为高效、精准的风险评估和控制手段，进一步提升了金融系统的整体稳定性。通过大数据分析，金融机构能够更全面地了解市场、客户和业务运营等多方面信息，从而实现更准确的风险评估。大数据技术的引入使得金融机构能够处理和分析庞大的数据集，识别潜在的风险因素，并更好地预测市场波动。这样的数据驱动方法使得风险管理不再仅仅依赖过去的经验，而更加基于客观的、实时的数据分析。机器学习算法能够通过分析历史数据，识别出潜在的风险模式，并在风险事件发生前做出预警。这种预测性的分析有助于金融机构在风险暴露之前采取相应的措施，消除潜在的负面影响。人工智能的实时监测和自动化决策使得风险管理更为迅速、准确，并能够更好地适应不断变化的市场环境。区块链的去中心化和不可篡改的特性使得交易和数据记录更加透明和可信。金融机构可以利用区块链技术建立更加安全的交易和结算系统，降低操纵和欺诈的可能性，从而提高整体的风险抵御能力。电子信息技术的实时监测和响应能力也为金融机构提供了更加灵活的风险控制手段。通过实时监控市场情况、交易活动和资产价格等因素，金融机构可以迅速做出反应，及时调整投资组合，降低风险暴露。这种实时性的监控和反馈机制有助于金融机构更好地把握市场动态，做出迅速而明智的决策。电子信息技术在风险管理领域的不断创新与应用，为金融机构提供了更为精准、智能、安全的风险评估和控制手段。这不仅有助于金融机构更好地保护自身免受潜在风险的侵害，也提高了整个金融系统的韧性和可持续发展能力。

（四）电子信息技术的应用也促进了金融市场的国际化和全球化

电子信息技术的广泛应用在金融领域不仅提升了金融机构的效率和创新能力，同时也成为推动金融市场国际化和全球化的关键驱动力。这一趋势在数字时代愈发显著，为金融市场的跨境合作和全球经济一体化带来了新的机遇和挑战。通过互联网和电子交易平台，投资者可以随时随地参与全球金融市场，实现跨境投资。无论是股票、债券还是外汇，都可以在互联网上迅速完成交易，极大地提高了金融市场的流动性。这种便捷的国际化交易环境吸引了更多投资者的参与，促使金融市场更加全球化。金融机构借助电子支付、区块链等技术，创造了更具灵活性和便捷性的跨境融资工具，如国际支付系统、跨境电子商务平台等。这些工具降低了跨境交易的成本和风险，为企业提供了更多融资渠道，推动了国际贸易和投资的便利性。通过互联网和电子通信工具，投资者可以实时获取全球各种金融信息，包括市场动态、宏观经济数据、政治事件等。这种即时信息的获取有助于投资者更迅速地做出决策，提高了市场的透明度和效率，促进了国际资本的流动。金融科技公司和创新型金融机构通过互联网平台，能够便捷地与全球范围内的金融机构合作，共同推动金融产品和服务的创新。这种全球性的合作有助于引入更多先进的金融技术和理念，推动金融市场向更高水平发展。这一趋势为全球经济的互联互通提供了新的动力，也需要相关监管和合作机制的进一步完善，以确保金融市场的健康和可持续发展。

电子信息技术的应用为金融服务带来了创新的动力，推动了金融行业的数字化、智能化和全球化发展。随着技术不断演进，电子信息技术将继续在金融领域发挥关键作用，为金融行业带来更多创新和改革。

四、电子信息技术提供了更精准的市场营销手段

电子信息技术的广泛应用为企业提供了更为精准和高效的市场营销手段，推动了市场营销的数字化和个性化转型。从数据分析、社交媒体到个性化广告，企业利用电子信息技术的工具更好地了解目标受众、实施有针对性的营销策略，提高了市场推广的效果。

（一）大数据分析成为精准市场营销的关键

大数据分析在当今已经成为精准市场营销的关键。随着数字化时代的到来，企业面临着庞大且不断增长的数据流，这些数据蕴含着宝贵的市场洞察和商机。越来越多的企业开始重视并采用大数据分析技术，以更好地理解消费者行为、优化营销策略，并在激烈的市场竞争中脱颖而出。大数据分析的关键在于通过对海量数据的收集、整合和分析，揭示出隐藏在其中的规律和趋势。通过这种方式，企业能够深入了解目标市场，准确把握消费者需求，从而更有针对性地制订营销策略。精准市场营销强调的是个性化和定制化，而大数据分析为企业提供了实现这一目标的有效工具。通过监测和分析消费者在网络平台、社交媒体以及其他数字渠道上的活动，企业可以获取大量关于消费者喜好、购买习惯和兴趣爱好的信息。这些信息不仅有助于企业更好地理解目标受众，还能够预测潜在的市场趋势，使企业能够提前做出调整和反应。通过对市场数据的深入分析，企业可以识别出最有效的营销渠道和推广方式。这种精细化的分析有助于企业更科学地配置营销资源，避免资源浪费，提高广告投放的精准度。例如，

通过分析广告点击率、转化率等数据，企业可以及时调整广告内容和形式，使其更符合目标受众的兴趣和需求。通过深入挖掘大数据，企业可以将广大的消费群体进行细致划分，形成不同的客户细分群体。这种细分能够帮助企业更好地了解每个细分群体的特点和需求，从而针对性地提供个性化的产品和服务。通过精准的客户细分，企业可以更好地满足不同群体的需求，提高客户满意度，促进品牌忠诚度的建立。与传统的市场营销方法相比，精准市场营销基于大数据分析具有更强的实时性和针对性。在传统方法中，企业往往需要花费大量的时间和资源进行市场调研，而且信息获取的方式相对较为有限。通过大数据分析，企业可以更迅速地获取最新的市场信息，及时调整和优化营销策略，更好地适应市场的变化。通过深入挖掘和分析海量数据，企业能够更全面地了解市场和消费者，优化营销策略，实现个性化和定制化的服务。随着技术的不断发展和数据的不断增长，大数据分析在精准市场营销中的作用将变得更加重要和不可替代。企业应当加强对大数据分析技术的应用，将其纳入日常经营的重要组成部分，以保持在激烈的市场竞争中的竞争优势。

（二）社交媒体的广泛应用为企业提供了直接与目标受众互动的平台

社交媒体的广泛应用为企业提供了直接与目标受众互动的全新平台。随着数字化时代的蓬勃发展，社交媒体已经成为企业与消费者之间交流、建立联系和推广品牌的重要渠道。这个全球性的网络社区不仅连接了遍布世界各地的用户，还为企业创造了一个更为开放和直接的沟通环境。通过在平台上建立品牌形象、发布有趣而引人入胜的内容，企业能够迅速吸引并与潜在客户建立联系。社交媒体上的互动并非一成不变，用户可以通过评论、分享和点赞等方式表达对品牌或产品的喜爱，也能提出反馈和建议。这使得企业能够更加贴近消费者，深入了解他们的需求，从而更有针对性地调整和优化产品或服务。在这个信息更新飞速的时代，社交媒体的即时性使得企业能够快速传达新闻、促销活动、产品更新等信息，迅速抓住市场机会。通过在社交媒体上发布相关内容，企业能够在第一时间与目标受众分享最新的动态，建立品牌的前瞻性形象。这种实时传播的特性使得企业能够更加灵活地应对市场变化，提高品牌的曝光度和知名度。通过分析用户在社交媒体上的行为和兴趣，企业可以更精确地确定目标受众的特征和喜好。这种定位能力使得企业能够更有针对性地制订营销策略，推送符合用户兴趣的内容，提高用户参与度和忠诚度。社交媒体上的广告投放机制也使得企业能够更加精准地将广告呈现给潜在客户，提高广告的点击率和转化率。通过建立在这一平台上的品牌形象、及时传播信息以及精准定位目标受众，企业能够更加灵活地应对市场挑战，与消费者建立更加深入的联系。随着社交媒体的不断发展和创新，企业有望通过这个强大的工具实现品牌的更大影响力和市场份额的提升。积极利用社交媒体平台已经成为企业在数字时代成功营销和品牌建设中不可或缺的一部分。

（三）个性化广告是电子信息技术在市场营销中的又一重要应用

随着科技的不断发展和社会信息化的加速推进，个性化广告作为一种新型的广告营销手段，已经在商业领域展现出了巨大的潜力和优势。本书将深入探讨个性化广告的定义、特点、优势以及在市场营销中的应用，以及可能涉及的一些问题与挑战。个性化广告是指根据用户的个体特征、行为习惯、兴趣爱好等信息，通过电子信息技术实现广告内容的个性化定制，从而精准地满足用户的需求和期望。与传统的大众广告相比，个性化广告更加注重用户的个体差异，力求在广告传播过程中实现精准定位，提高广告的触达效果。

个性化广告具有明显的特点：它注重个体差异性，通过收集和分析用户的个人信息，从而更好地理解用户的需求和偏好。个性化广告具有即时性，能够根据用户的实时行为和反馈调整广告内容，使广告更具时效性和针对性。个性化广告还具有互动性，通过与用户互动，实现更深层次的用户参与和品牌互动，从而提升广告的传播效果。

个性化广告在市场营销中具有诸多优势：通过个性化的广告内容，可以更好地满足用户的个性化需求，提高广告的点击率和转化率，从而提升广告的投放效果。个性化广告能够有效提高品牌与用户之间的互动性，加强用户对品牌的认知和好感度。个性化广告还有助于降低广告的投放成本，因为广告更加精准地面向目标用户，避免了对广告资源的浪费。

在实际应用中，个性化广告已经成为许多企业市场营销策略中的重要组成部分，电商平台通过分析用户的购物记录和浏览行为，向用户推荐个性化的商品，提高用户的购物体验和购买欲望。社交媒体平台通过分析用户的社交互动和喜好，定向推送相关广告内容，增加广告的曝光和用户参与度。数字媒体通过用户画像的建立，精准投放广告，实现广告资源的最优利用。

个性化广告也面临一些问题与挑战：隐私问题是个性化广告面临的重要挑战之一。在收集和利用用户个人信息的过程中，很容易引发用户对隐私的担忧和抵触，需要企业在数据采集和处理方面加强合规性和透明度。个性化广告可能导致信息茧房的形成，使用户只接触到与其兴趣相关的信息，降低了用户对多样化信息的获取机会。个性化广告算法的不断优化也带来了算法不可解释性的问题，用户往往难以理解为何看到某个广告，降低了广告的可信度。

个性化广告作为电子信息技术在市场营销中的重要应用，具有显著的优势和潜力，在推动个性化广告发展的同时，企业和社会也需要更加关注用户隐私保护、信息多样性以及算法透明度等问题，以确保个性化广告的可持续发展并取得更好的社会效益。

（四）电子信息技术支持企业建立和维护客户关系管理系统（CRM），实现对客户信息的全面管理和分析

电子信息技术在企业中的应用日益深化，其中支持客户关系管理系统（CRM）的建立和维护是一项重要的应用之一。随着企业规模的扩大和市场竞争的加剧，CRM 系统通过电子信息技术的有力支持，帮助企业实现对客户信息的全面管理和深度分析，为企业建立强有力的客户关系奠定了坚实基础。通过先进的数据库管理和云计算技术，企业能够集中存储和管理大量客户信息，包括客户的基本资料、交易记录、服务请求等。这使得企业能够更加全面、系统地了解每个客户的需求和偏好，为个性化的服务和定制化的营销提供了可靠的基础。电子信息技术为企业提供了强大的数据分析工具，使得企业能够更深入挖掘客户信息的价值。通过数据分析，企业可以发现客户的消费行为模式、喜好趋势等关键信息，为企业制订精准的市场营销策略提供有力支持。数据驱动的决策使企业能够更灵活地调整业务战略，迅速响应市场变化，提高市场竞争力。电子信息技术也促使了 CRM 系统的创新，如人工智能（AI）和机器学习（ML）的应用。这些先进技术使得 CRM 系统能够更智能地分析客户行为，预测客户需求，并提供更个性化、即时的服务。通过自动化的流程，企业能够高效地与客户互动，提高客户满意度，促使客户更加忠诚于品牌。在实际运用中，企业通过电子信息技术支持的 CRM 系统，不仅能够在销售和营销方面取得显著成果，还能够加强客户服务和支持，提升客户体验。企业可以通过 CRM 系统更精准地洞察市场需求，为产品和服务的创新提供有力支持，从而更好地满足客户的期望。随着电子信息技术的发展，企业在建立和维护 CRM 系统时也面临一些挑战。其中之一是信息安全和隐私保护的问题，因为 CRM 系统中存储了大量敏感客户信息。企业需要采取有效的安全措施，确保客户信息不受到未经授权的访问和泄露。此外，员工培训和系统集成也是关键问题，企业需要确保员工能够充分利用 CRM 系统的功能，使其在企业运营中发挥最大效益。电子信息技术在支持企业建立和维护 CRM 系统方面发挥了重要作用，为企业与客户之间建立密切、持久的关系提供了有力工具。通过电子信息技术的不断创新和应用，企业能够更加智能地理解和满足客户的需求，实现可持续发展和竞争优势。

从大数据分析到社交媒体互动，再到个性化广告和客户关系管理，这些技术的应用使得企业能够更深入地了解目标市场，更有效地与消费者进行互动，提高了市场营销的效率和成效。随着技术的不断进步，电子信息技术在市场营销领域的创新和应用

将不断演进，为企业带来更多发展机遇。电子信息技术作为经济的赋能引擎，通过提高生产效率、拓展市场、创新商业模式等方面的应用，深刻改变了传统产业格局，推动了经济的快速发展。在数字化时代，电子信息技术的不断创新将继续为经济的繁荣和可持续发展注入源源不断的活力。

第三节　新一代电子信息技术

新一代电子信息技术的崛起标志着科技领域的不断演进和创新。这一浪潮涵盖了多个领域，从计算机科学到通信技术，再到人工智能和物联网等多个方向，为未来社会的发展奠定了更为坚实的基础。

一、新一代电子信息技术在计算机科学领域迎来突破

新一代电子信息技术的涌现带来了计算机科学领域前所未有的突破，推动了计算能力、数据处理和人工智能等方面的快速发展。这一浪潮的兴起为计算机科学带来了新的可能性，使得现有的技术得以进一步创新和拓展。

（一）量子计算的发展是新一代电子信息技术的重要代表

量子计算的蓬勃发展标志着新一代电子信息技术的重要里程碑。随着科技的不断推陈出新，量子计算作为一项颠覆性的技术，为电子信息领域注入了全新的活力。本书将深入探讨量子计算的定义、原理、优势，以及其在新一代电子信息技术中的关键作用。与传统计算机使用比特的二进制方式不同，量子计算机采用量子比特或量子位，充分利用量子叠加和纠缠的特性，使其在处理某些特定问题时具有指数级的计算速度优势。这种革命性的计算方式开启了新一代电子信息技术的大门。量子比特能够同时处于多个状态，而非仅限于传统比特的 0 或 1 状态，这使得量子计算机在处理复杂问题时能够以更高效的方式进行并行计算。纠缠现象使得两个或多个量子比特之间存在紧密关联，一个比特状态的改变会立即影响到与之纠缠的其他比特，从而实现了信息的高度关联性。量子计算在新一代电子信息技术中具有诸多优势，量子计算机在解决某些特定问题上的计算速度远远超过经典计算机，例如在因子分解、优化问题和模拟量子系统等领域。这为科学研究、医药领域和金融行业等提供了更加高效的解决方案。量子计算的应用有望推动人工智能、机器学习等领域的发展，通过更快速、更精准的计算能力为复杂问题提供创新性的解决方案。在实际应用中，量子计算已经在一些科

研领域取得了显著成果。例如，通过量子计算机模拟分子结构，可以更深入地理解化学反应过程，加速新材料的发现和药物研发的速度。量子计算还被广泛应用于密码学领域，挑战传统加密算法的安全性，推动密码学的创新和发展。量子计算的发展也面临一些挑战和困难，量子比特的保持时间短、量子纠缠的难以维持、错误校正等问题仍然是亟待解决的难题。量子计算机的建造和维护成本庞大，需要高度先进的技术和设备，这对于广泛商业化应用仍然存在一定的限制。尽管面临一些挑战，但其在科学、工程、医药、金融等领域的应用前景巨大，为推动社会进步和技术创新提供了无限可能。随着科技的不断发展，量子计算必将成为未来电子信息技术中的一项核心推动力。

（二）边缘计算技术的崛起是新一代电子信息技术的亮点之一

边缘计算技术的崛起标志着新一代电子信息技术领域的显著亮点。随着数字化时代的迅速发展，边缘计算作为一项创新性的技术，以其能够在接近数据源的地方进行实时处理和决策的特性，引领着电子信息技术的发展潮流。本书将深入探讨边缘计算技术的定义、特点、优势，以及其在新一代电子信息技术中的重要地位。相对于传统的集中式云计算，边缘计算将计算能力和存储功能放置在距离数据源更近的地方，以减少数据传输的时延，实现更快速、实时的数据处理和分析。这种分布式计算的方式有效缓解了网络拥塞和数据中心负担，提高了整体系统的响应速度。通过在网络边缘部署边缘计算节点，数据可以在离用户更近的地方得到处理，降低了数据传输的时延，提高了系统的实时性。这对于对延迟要求较高的应用场景，如智能物联网设备、自动驾驶汽车等，具有重要的意义。边缘计算技术在新一代电子信息技术中具有显著的优势，边缘计算有效降低了对网络带宽的依赖，减少了数据传输过程中的延迟，提高了实时性。边缘计算技术在处理大规模数据时，减轻了云计算中心的负担，降低了整体系统的能耗，使能源利用更加高效。边缘计算也提供了更好的隐私保护，因为一部分敏感数据可以在本地进行处理，无需上传到云端。在实际应用中，边缘计算技术得到了广泛应用。在智能城市中，通过在城市各处部署边缘计算节点，实现对城市数据的实时处理，提升城市管理的智能化水平。在工业领域，边缘计算技术可以应用于工厂自动化，实现生产数据的实时监控和优化。在医疗健康领域，边缘计算技术能够支持医疗设备的实时监测和诊断，提高医疗服务的效率和质量。边缘计算技术的发展也面临一些挑战。例如，边缘计算的安全性和隐私保护问题需要得到更加重视，特别是在处理敏感数据时。边缘计算的标准化和互操作性问题也需要进一步研究，以确保不同厂商的设备和系统可以无缝协同工作。边缘计算技术的崛起不仅为电子信息技术注入了新的活力，也为满足实时性、高效性、隐私性等多方面的需求提供了创新的解决方案。

随着这一技术的不断演进，边缘计算有望在新一代电子信息技术中发挥越来越重要的作用，推动数字化社会的更快发展。

（三）人工智能的快速发展离不开新一代电子信息技术的支持

人工智能的迅猛发展不可忽视地依赖新一代电子信息技术的全面支持。随着科技的飞速进步，人工智能作为引领技术创新的先锋，得益于电子信息技术的不断升级和演进，不仅实现了前所未有的智能化水平，而且为社会、经济、科学等领域带来了深刻的变革。本书将深入探讨人工智能的定义、发展趋势、与新一代电子信息技术的紧密关系，以及它对未来社会的巨大影响。它涵盖了机器学习、深度学习、自然语言处理、计算机视觉等多个领域，通过模拟人类的认知和决策过程，使计算机系统具备学习、推理、感知等智能特性。要实现这一壮丽愿景，人工智能需要依赖新一代电子信息技术的支持。高性能计算、云计算、大数据处理和存储技术等是人工智能快速发展的关键因素。新一代处理器的出现，如图形处理单元（GPU）和专用的人工智能处理器（AI芯片），显著提升了计算速度和效率，使得深度学习等复杂模型的训练变得更加可行。通过云服务，企业和研究机构可以方便地获取强大的计算能力，部署和运行复杂的人工智能应用，而无需在硬件设备上投入巨大成本。这种灵活的计算资源分配方式为人工智能的广泛应用提供了便利。新一代电子信息技术中的大数据处理和存储技术也为人工智能提供了充足的数据支持。人工智能的训练和学习过程依赖于大规模的数据集，而新一代技术使得数据的采集、存储和处理变得更加高效和可行。这为训练更准确、效果更好的人工智能模型提供了重要条件。在新一代电子信息技术的支持下，人工智能在医疗、金融、制造、交通等领域取得了显著的应用成果。医疗影像诊断、智能交通管理、金融风险预测等场景中，人工智能展现出了卓越的能力，为社会带来了更高效、智能化的服务和解决方案。人工智能的发展也伴随着一些挑战，如数据隐私问题、算法公正性和透明性等。在利用新一代电子信息技术的同时，需要加强对人工智能技术的监管和规范，确保其在社会中的良性应用。两者相互促进，共同推动科技前进，为社会带来更智能、更高效的未来。随着技术的不断演进，新一代电子信息技术将继续为人工智能的创新提供更广阔的空间，为我们的生活和工作带来更多可能性。

（四）新一代电子信息技术包括了更快速、更稳定的存储技术、更高效的通信技术等方面的创新

新一代电子信息技术的不断创新涵盖了诸多领域，其中包括更快速、更稳定的存储技术以及更高效的通信技术等方面。这一领域的进步不仅推动了科技的快速发展，也深刻地改变了人们的生活方式和社会结构。在存储技术方面，新一代电子信息技术

致力于提供更快速、更可靠的存储解决方案。随着数据量的爆炸性增长，传统的存储方式已经难以满足人们对数据处理速度和容量的需求。研究人员不断探索新的存储技术，以应对这一挑战。例如，非挥发性存储器的发展使得数据在断电情况下也能够长时间保存，提高了系统的稳定性和可靠性。存储介质的创新也在不断进行，例如相变存储技术和量子存储技术的研究，为存储领域带来了更为先进的解决方案。在通信技术方面，新一代电子信息技术的创新推动了通信方式的革命性变化。5G 技术的广泛应用使得移动通信速度更快、延迟更低，为物联网、智能交通等应用场景提供了更强大的支持。与此同时，光通信技术的发展使得信息传输速度更为高效，克服了传统铜缆通信的一些瓶颈。新一代通信技术的应用不仅提升了个人通信体验，也推动了工业、医疗等领域的数字化转型，为社会发展注入了新的动力。除了存储和通信技术，新一代电子信息技术还在人工智能、量子计算等领域不断取得重大突破。人工智能的快速发展使得机器学习、深度学习等算法在各行各业得以广泛应用，为数据分析、图像识别、自然语言处理等提供了强大的支持。量子计算技术的突破性进展有望在未来解决当前计算机面临的一些难题，加速科学研究和工程设计的进程。在电子信息技术的创新中，人们还注重提高能源效率、降低对环境的影响。绿色电子技术的发展成为一个重要趋势，通过优化硬件设计、提高能源利用率，以及推动可再生能源在电子信息领域的应用，努力实现技术创新与环境可持续性之间的平衡。新一代电子信息技术的创新不仅在硬件层面带来了更快、更稳定的存储和通信能力，也在软件和算法方面取得了显著的进展。这些创新不仅影响着个人的生活，也深刻地改变着社会的运行方式和产业结构。随着科技的不断发展，我们有理由期待新一代电子信息技术将为人类社会带来更多的机遇和挑战。量子计算、边缘计算、人工智能等领域的发展推动了计算机科学的不断演进，为解决更为复杂的问题提供了新的工具和思路。这一发展势头将继续推动计算机科学领域的创新，为人类社会带来更多的科技成果和改变。

二、通信技术的创新推动了信息传输速度和可靠性的提升

通信技术方面的创新不断推动着信息传输速度和可靠性的提升，为全球信息社会的发展提供了坚实的基础。从无线通信到光纤网络，新一代通信技术的应用使得人们能够更快速、更稳定地进行数据传输，促进了信息的全球流动和数字化进程。

（一）光纤通信技术的进步是信息传输速度提升的关键

在当今信息时代，迅猛增长的数据需求和广泛应用的网络服务促使人们寻求更为高效、快速的通信解决方案。光纤通信技术的发展不仅在提升数据传输速度方面取得

了显著成就，而且对通信网络的可靠性、带宽、延迟等方面也产生了深远的影响。相比传统的电缆通信，光纤通信能够通过光的反射和折射来传递信号，极大地减小了信息传输的信号衰减。这意味着信号可以在光纤中传输更远的距离而不损失太多信号强度，提高了通信的可靠性和覆盖范围。光纤通信技术的采用有效解决了传统铜缆通信中存在的信号衰减和噪声问题，为远距离、高速的信息传输提供了可行性。光纤具有极高的传输带宽，能够同时传输多个频道的光信号，实现了多路复用技术。这意味着在同一根光纤中可以传输大量的数据，大大提高了信息传输的效率。随着光纤通信技术的不断创新和优化，现代光纤网络已经实现了千兆甚至万兆级别的传输速度，满足了日益增长的网络流量需求。这对于高清视频、云计算、大数据传输等大规模数据处理应用提供了有力的支持，推动了数字化社会的发展。相比传统的电缆通信，光的传播速度更快，减小了信号传输的时间。这对于实时性要求较高的应用场景，如在线游戏、视频会议等，具有重要的意义。通过降低通信延迟，光纤通信技术不仅提升了用户体验，也使得更多的应用场景成为可能，例如远程医疗、智能交通等领域能够更加稳定和高效地运行。光纤通信技术的进步不仅提高了网络性能，也对信息社会的发展产生了深远的影响。在全球范围内，大规模的光纤网络建设正在加速推进，成为推动国家和地区经济发展的战略基础设施。光纤通信技术的普及不仅连接了城市之间的信息高速公路，也为农村地区提供了更便捷的信息获取途径，缩小了城乡信息差距，促进了社会的全面发展。其在可靠性、传输速度和通信延迟等方面的优势使其成为当今通信领域的主导技术之一。随着科技的不断进步和创新，相信光纤通信技术将继续发挥着重要的作用，为人类社会的发展注入新的动力。

（二）5G 技术的推广将无线通信带入了一个新的时代

5G 技术的广泛推广标志着无线通信正迈入一个全新的时代，为人们的生活、工作和社交等方方面面带来了深刻变革。5G 的引入不仅提升了通信速度，更是推动了智能化、物联网和数字化社会的快速发展。5G 技术以其卓越的通信速度和低延迟的特性，显著提升了移动通信的性能。相较于之前的通信标准，5G 极大地增加了数据传输速率，使用户能够更迅速地下载和上传大量数据，实现更加高效的通信体验。这对于高清视频、云计算、虚拟现实等大规模数据传输和处理的应用提供了更为可靠的支持，为用户提供了更加丰富、便捷的数字化服务。5G 网络的高带宽和低延迟特性使得大量设备可以实现快速而稳定的互联，从而构建更为智能、高效的物联网生态系统。智能家居、智能交通、智能工厂等场景中，各类设备能够实时而高效地进行数据交换，实现更为智能、自动化的运行。这使得人们的生活更加便捷，为产业升级和创新打开了新的可能性。增强现实（AR）和虚拟现实（VR）等技术在5G网络下得以迅速发展，为娱乐、教育、医疗等领域提供了更为丰富、沉浸式的体验。更为广泛的覆盖和更高的连接密度，使得无人机、自动驾驶等新兴技术得以更为安全、高效地运行，推动了产业升级和创新的浪潮。政府、企业和个人都在逐渐适应5G时代带来的变革。政府加大了对5G网络建设的支持力度，各类企业纷纷投入研发和应用，推动了数字经济的快速发展。人们的生产、学习、娱乐方式也得以升级，社会的信息化程度大幅提升。随着5G技术的广泛应用，也带来了一系列新的挑战和问题，包括网络安全、隐私保护、基础设施建设等方面的考验。5G时代，不仅需要加强技术研发和创新，还需要制订相应的法规和标准，以确保技术的健康有序发展。5G技术的广泛推广将无线通信带入了一个新的时代，对社会、经济和文化产生了深刻的影响。人们正站在数字化浪潮的巅峰，迎来了更加智能、高效和紧密连接的未来。随着技术的不断进步，我们有理由期待5G技术将在更多领域带来创新，为人类社会的发展注入新的活力。

（三）网络虚拟化和软件定义网络（SDN）的兴起为信息传输的灵活性和可靠性做出了贡献

网络虚拟化和软件定义网络（SDN）的兴起标志着网络架构正经历着一场革命性的变革，为信息传输的灵活性和可靠性作出了巨大贡献。这两项技术的应用不仅提升了网络管理和配置的效率，也为网络服务的创新和定制提供了全新的可能性。网络虚拟化是一种将网络资源进行抽象、隔离和分配的技术，使得多个虚拟网络可以共享同一物理网络基础设施。通过网络虚拟化，企业和服务提供商可以更灵活地配置和管理网络资源，实现按需分配，从而降低了网络运维的成本。这种灵活性不仅使网络能够更好地适应不断变化的业务需求，也为创新的网络服务和应用提供了更大的空间。软件定义网络（SDN）通过将网络控制平面和数据平面进行解耦，实现了对网络流量的更为灵活和智能的控制。传统网络中，设备之间的通信控制通常由硬件设备内部的静态路由决定，而SDN则允许网络管理员通过中央控制器来动态地调整网络流量的路由和策略。这种灵活性使得网络管理变得更为集中和可编程，也提高了网络的适应性和可靠性，能够更好地适应复杂多变的通信环境。网络虚拟化和SDN技术的结合，进一步加强了网络的可扩展性。通过虚拟化技术，可以将物理网络资源划分为多个虚拟网络，每个虚拟网络可以独立配置和管理。而SDN技术则使得这些虚拟网络的控制更加智能和可编程。这种组合为网络的规模化提供了强大的支持，使得大型网络能更高效地运行，并更好地适应用户和应用的需求。由于网络资源的灵活分配和集中控制，新的网络服务和功能可以更容易地被引入和部署。例如，基于SDN的流量工程可以实现更智能的负载均衡，提高网络的性能和可用性。网络虚拟化也为网络安全提供了更多的手段，通过隔离虚拟网络，有效防范横向攻击。网络虚拟化和 SDN 的广泛应用也带来了一些挑战，包括网络管理的复杂性、安全性的考虑等。在不断推进技术发展的同时，行业和研究机构也在积极寻找解决方案，以确保这些技术能够更好地服务于不断增长和演变的网络需求。它们不仅改变了传统网络的架构和管理方式，也为未来网络的发展奠定了更为灵活、智能的基础。随着这些技术的不断演进，我们可以期待网络将继续发挥关键作用，推动数字化时代的蓬勃发展。

（四）物联网技术的发展推动了信息传输速度和可靠性的提升

物联网技术的迅猛发展不仅连接了各种智能设备，也在推动信息传输速度和可靠性方面作出了显著贡献。物联网将传感器、设备和互联网融合在一起，创造了一个无缝连接的数字生态系统，为实时数据交换和智能决策提供了丰富的资源。物联网技术通过连接数十亿台智能设备，实现了设备之间的实时通信和协同工作。这些设备可以是各种传感器、嵌入式系统、无线模块等，能够收集和传输环境数据、用户行为等信息。这种实时的数据传输不仅为用户提供了更加智能、个性化的服务，也促进了各种行业的数字化转型，从智能城市到智能工厂，都得益于物联网技术的推动。物联网技术的发展推动了边缘计算的兴起，实现了在设备附近进行数据处理和分析的能力。这种分布式计算模式不仅减少了对中心云服务器的依赖，降低了通信延迟，也提高了系统的可靠性。边缘计算使得物联网设备能够更快速地响应用户需求，提供更加实时和高效的服务，从而显著提升了信息传输的速度和可靠性。通过采用先进的通信协议和技术，物联网设备可以更灵活地选择合适的网络连接，根据实际需求调整传输速率，从而实现更为高效和可靠的信息传输。这种自适应性使得物联网系统能够更好地适应不同的网络环境，保证了信息传输的稳定性。物联网技术的应用促进了大规模数据的采集、存储和分析。这些数据不仅用于改善设备性能和用户体验，也为人工智能和机器学习等技术提供了丰富的训练和优化数据。通过对大规模数据的分析，物联网系统能够更准确地预测和响应各种事件，进一步提高了信息传输的智能性和可靠性。随着物联网设备的急剧增加，相关的隐私和安全问题也变得尤为重要。在物联网系统的设计和实施中，必须加强对数据隐私的保护，采取有效的安全措施，以确保用户和系统的安全。随着物联网技术的不断创新和应用，我们可以期待更加智能、高效、可靠的数字化未来。物联网的发展将继续深刻地改变人们的生活方式、产业结构，推动数字经济的快速发展。

光纤通信、5G 技术、网络虚拟化等的应用使得全球信息传输更为高效、更具容量，推动了数字化社会的快速发展。未来随着技术的不断进步，通信技术将继续为信息社会的发展提供更多可能性和机遇。

三、新一代电子信息技术注入了更多的智能元素

在人工智能领域，新一代电子信息技术注入了更多的智能元素，推动了人工智能技术的快速发展和广泛应用。这一新的浪潮包括了更强大的计算能力、更智能的算法、更丰富的数据资源等方面的创新，为人工智能的进步开辟了新的前景。

（一）新一代电子信息技术为人工智能提供了更强大的计算能力

新一代电子信息技术的蓬勃发展为人工智能（AI）提供了前所未有的强大计算能力，从而引领了AI领域的快速进步。这一新一代技术的推动，不仅包括硬件层面的创新，还涉及更为高效的算法设计，共同为人工智能的发展创造了有利条件。传统的中央处理器（CPU）在处理复杂的人工智能任务时可能面临计算速度不足的问题，因为这些任务通常需要大规模地并行计算。新一代图形处理器（GPU）和专用的AI芯片（如TPU）的出现填补了这一空白，这些硬件在处理深度学习等任务时表现更为出色，极大地提高了计算效率和速度。新一代电子信息技术的创新包括对存储技术的优化，为处理大规模数据集提供了更高效的支持。在人工智能领域，大量的数据对于训练深度学习模型至关重要。新一代存储技术，如快速、大容量的固态硬盘（SSD）以及非易失性存储器（NVM），能够更迅速地读写数据，提高了大规模数据处理的效率，为AI模型的训练和推理提供了更为稳定和快速的数据支持。新一代电子信息技术的网络通信能力的提升对人工智能的发展产生了深远的影响。高速、低延迟的网络连接使得分布式人工智能系统能够更加高效地进行协同工作。云计算平台的兴起为大规模的AI任务提供了强大的计算资源，边缘计算的发展也使得AI模型能够更接近数据源，降低了通信时延，提高了响应速度。深度学习等新兴算法的发展使得计算机能够更好地模拟和处理复杂的智能任务，例如图像识别、语音处理和自然语言理解等。这些算法的高效实现离不开硬件加速和先进的计算架构，新一代电子信息技术的进步直接促进了人工智能算法的发展。硬件的升级、存储技术的优化、网络通信能力的提升以及算法的创新共同推动了人工智能的快速发展，使得人工智能在诸多领域取得了卓越的成就。随着技术的不断进步，我们有望见证人工智能在未来继续为社会、经济和科技创新带来深刻的影响。

（二）新一代电子信息技术在人工智能算法的创新方面发挥了关键作用

新一代电子信息技术在人工智能算法的创新方面发挥着关键作用，为推动人工智能的发展和应用提供了强大的支持。这一新一代技术的涌现不仅为算法研究者提供了更为高效的计算工具，也为人工智能系统的训练、优化和部署提供了更灵活、可扩展的平台。新一代电子信息技术在处理大规模数据方面取得了巨大的突破，为深度学习等复杂算法提供了更强大的计算能力。深度学习模型通常需要处理数以百万计甚至数十亿的数据样本，以获得准确的模型。新一代图形处理器（GPU）和专用的 AI 芯片（如 TPU）等硬件的出现，显著提高了在训练大型神经网络时的计算速度和效率。这为算法研究者提供了更大规模的实验和更深层次的模型设计的可能性，推动了人工智能算法的创新。新一代电子信息技术为分布式计算和并行计算提供了更为高效的服务，使得算法能够更好地利用多核处理器和分布式系统，加速模型训练和推理的过程。分布式计算不仅能够将大规模的计算任务划分成多个小任务并行处理，还能够实现模型的分布式训练，使得算法能够更迅速地收敛并取得更好的性能。这为处理复杂任务、优化大型模型提供了更为高效的手段。新一代电子信息技术的存储技术不断创新，如非易失性存储器（NVM）和高速固态硬盘（SSD），提高了大规模数据的读写速度，为算法访问和处理海量数据提供了更为迅速和高效的解决方案。这对于人工智能算法中对大规模训练数据的需求提出了更高的要求，因为这些算法需要大量数据进行模型训练，以更好地理解和学习任务背后的复杂模式。云计算平台的兴起使得分布式的模型训练和推理能够更好地实现，边缘计算的发展也使得模型能够更接近数据源，降低通信时延，进一步提高了人工智能系统的整体效率。硬件的升级、存储技术的优化、分布式计算和网络通信能力的提升，共同推动了人工智能算法的不断进步。这种技术发展与算法的创新相互促进，共同推动了人工智能在各领域的广泛应用和深化发展。随着这一趋势的持续推动，我们可以期待看到更为强大、智能的人工智能算法的涌现，为解决复杂问题和推动科技创新做出更为显著的贡献。

（三）新一代电子信息技术推动了人工智能与大数据的深度融合

新一代电子信息技术的迅速发展为人工智能（AI）和大数据两个领域的深度融合提供了强大的动力，促使它们共同推动着科技和产业的创新。这一趋势不仅体现在硬件设备和计算能力的提升上，还表现在算法创新、数据处理和分析技术的不断演进上。高性能的图形处理器（GPU）、专用的 AI 芯片（如 TPU）以及云计算平台等技术的应用，显著提高了大规模数据处理和复杂人工智能模型的计算效率。这使得大数据的快速分析和深度学习模型的训练变得更为高效，为数据驱动的人工智能应用提供了更有效的支持。新一代电子信息技术在存储领域的创新为大数据应用提供了更快速、更大容量的存储解决方案。非易失性存储器（NVM）、高速固态硬盘（SSD）等存储技术的进步，使得大规模数据的读写速度显著提升，同时降低了数据存储的成本。这为大规模数据集的存储和管理提供了更好的条件，助力大数据分析和人工智能模型的优化。高速、低延迟的网络连接使得分布式大数据处理和分布式人工智能系统能够更加高效地进行协同工作。这有助于实现大规模数据的快速传输和实时分析，也为分布式机器学习等人工智能算法的应用提供了更好的网络基础。在算法层面，新一代电子信息技术推动了更为高效和智能的人工智能算法的研究和应用。深度学习等新兴算法在大数据背景下取得了显著的成功，通过对大规模数据进行学习和训练，这些算法能够更准确地提取特征、预测趋势，并为决策提供更多见解。新一代电子信息技术的发展推动了边缘计算技术的兴起，使得大数据处理和人工智能决策更加贴近数据源。这对于实时数据处理、降低通信时延、提高系统的响应速度等方面都有积极的影响，尤其对于需要快速决策的场景如智能交通、工业自动化等领域具有重要意义。新一代电子信息技术的推动使得人工智能和大数据两大领域得以深度融合，相互促进共同发展。这种深度融合为科技创新、产业升级和社会发展提供了全新的机遇和可能性。未来，随着技术的不断进步，我们有望见证更多基于新一代电子信息技术的人工智能和大数据创新应用的涌现。

（四）新一代电子信息技术还推动了边缘计算和人工智能的结合

新一代电子信息技术的飞速发展不仅推动了人工智能（AI）的进步，同时也催生了边缘计算和人工智能的深度结合，形成了一种强有力的技术趋势。这种结合不仅提高了人工智能系统的效率和响应速度，还为实现智能、实时的应用场景带来了新的可能性。边缘计算将计算任务从传统的云计算中心移至接近数据源的边缘设备，如传感器、摄像头等。这种分布式计算模式有效降低了数据传输的时延，使得人工智能算法能够更迅速地对实时数据进行处理和响应。特别是在需要低延迟决策的场景，如智能交通、工业自动化等，边缘计算为人工智能应用提供了更为实用的解决方案。边缘设备的计算能力和存储容量不断提升，新一代图形处理器（GPU）和专用的 AI 芯片的应用使得在边缘设备上进行复杂的人工智能计算变得更加可行。这种硬件升级不仅提高了边缘计算设备的性能，也为在边缘进行人工智能推理任务创造了更好的条件。通过将边缘设备与云计算平台相连接，实现了分布式的人工智能系统。边缘设备可以通过云端获得更强大的计算能力和存储资源，云端可以从边缘设备收集更多实时数据用于模型的训练和更新。这种协作模式既能够满足对实时性要求较高的任务，也能够利用云端的强大计算资源进行更复杂、大规模的人工智能计算。高速、低延迟的网络连接使得边缘设备能够更快速、可靠地与云端进行通信，实现数据的实时传输和模型的即时更新。这种高效的网络通信为实现分布式人工智能系统的协同工作提供了有力支持。这种结合在提高计算效率、降低时延、满足实时性要求等方面发挥着关键作用，为实现更加智能、高效的应用场景提供了全新的可能性。未来，随着技术的不断进步，我们可以期待边缘计算与人工智能的融合将在各个领域带来更多创新和变革。新一代电子信息技术的发展为人工智能注入了更多的智能元素，推动了人工智能技术的飞速发展。在计算能力、算法创新和数据资源的支持下，人工智能在语音识别、图像处理、自动驾驶、医疗诊断等领域取得了显著成就。未来，随着技术的不断进步，人工智能将继续在各个领域发挥重要作用，为社会带来更多的智能化和创新。

四、物联网技术是新一代电子信息技术的重要方向之一

物联网技术的进步是新一代电子信息技术的重要方向之一，它将各种设备、传感器和物体连接在一起，实现了设备之间的信息交流和数据共享。这种创新性的技术不仅改变了人们的生活方式，也为工业、农业、医疗等领域带来了无限可能性。

（一）新一代电子信息技术推动了物联网设备的互联互通

新一代电子信息技术的快速发展为物联网（物联网）设备的互联互通提供了强大的推动力，推动了物理世界与数字世界的深度融合。这一趋势涵盖了多个方面，包括硬件创新、网络通信技术的进步以及物联网设备的智能化，共同推动了物联网设备在各行各业的广泛应用。新一代电子信息技术的硬件创新包括更小型化、更节能、更高性能的传感器、嵌入式芯片和通信模块等。这使得物联网设备能够更轻便、更节能地部署在各种环境中，实现更广泛的覆盖。高速、低功耗的通信技术，如 5G 网络，为物联网设备提供了更大的带宽和更快的响应速度。这使得设备能够更迅速、实时地传输数据，促进了物联网设备之间的协同工作，同时也为更多复杂应用的实现提供了支持。物联网设备的智能化是新一代电子信息技术推动互联互通的另一方面。通过集成更强大的处理能力和先进的算法，物联网设备能够更智能地感知环境、分析数据，并做出自主决策。这种智能化不仅提高了设备的自主性，还使得设备之间能够更加智能地协同工作，实现更高效的物联网应用。新一代电子信息技术推动了物联网设备的互操作性，使得来自不同厂商、不同领域的设备能够更加无缝连接和交互。标准化的通信协议、开放的接口标准等措施促使了设备制造商共同遵循一致的标准，从而降低了设备之间的集成难度，促进了设备的互联互通。硬件创新、网络通信能力的提升、设

备智能化以及互操作性的加强，共同推动了物联网在各个领域的广泛应用，从智能家居到工业自动化，再到智慧城市，物联网正在不断改变我们的生活和工作方式。未来，随着技术的不断演进，我们有望看到更加智能、高效的物联网生态系统的形成。

（二）新一代电子信息技术加速了物联网设备的智能化

新一代电子信息技术的迅猛发展为物联网（物联网）设备的智能化注入了强大的动力，推动了智能设备在各个领域的广泛应用。这一趋势不仅涉及硬件创新，还包括先进的传感技术、强大的处理能力、智能算法等多方面的创新，共同促使物联网设备实现更为智能和自主的功能。新一代电子信息技术带来了更小型、更强大的芯片和处理器，使得物联网设备能够集成更多的计算和存储资源。这种硬件升级不仅提高了设备的整体性能，还使得设备能够快速、高效地处理感知到的数据，实现更为智能的响应和决策。新一代传感器的发展不仅提高了感知数据的准确性和灵敏度，还扩大了设备对周围环境的感知范围。这使得物联网设备能够更全面、细致地感知周围环境的变化，为智能决策提供更为丰富的信息基础。智能算法的不断创新也是推动物联网设备智能化的重要因素。新一代电子信息技术推动了机器学习、深度学习等算法的发展，使得设备能够更好地理解和学习从感知数据中提取的模式。这为物联网设备赋予了更高级的智能，使得它们能够适应不同的环境，做出更为智能的决策，甚至进行自主学习和优化。新一代电子信息技术的网络通信能力的提升也对物联网设备的智能化发挥了积极作用。高速、低延迟的通信技术，如5G网络，使得设备能够更快速地共享感知数据，实现实时协同工作。这对于需要即时决策的应用场景，如智慧交通、智能制造等，提供了更有效的支持。云计算平台提供了强大的计算和存储资源，使得设备能够将大量感知数据发送到云端进行处理和分析。边缘计算则使得部分智能决策能够在设备端本地完成，减少对云端的依赖，提高响应速度。硬件创新、先进传感技术、智能算法、高速通信技术以及云计算与边缘计算的结合，共同推动了物联网设备的智能化进程。这种智能化的物联网设备将为未来智慧城市、智能交通、工业自动化等领域带来更多创新和便利。

（三）新一代电子信息技术推动了物联网数据的处理和管理

新一代电子信息技术的迅猛发展为物联网（物联网）数据的处理和管理提供了显著的推动力，加速了从传感器和设备中产生的大量数据的采集、存储、分析和应用。这一趋势在多个方面体现，包括高效的数据处理算法、先进的存储技术、云计算和边缘计算的兴起，共同促使物联网数据处理和管理的水平不断提升。机器学习、深度学习等先进的数据处理算法使得从物联网设备中采集的海量数据能够更准确地分析和挖掘信息。这种智能算法能够从复杂、多维的数据中提取模式、趋势，为用户提供更为准确和有价值的洞察。新一代电子信息技术的存储技术不断创新，为物联网数据提供了更大容量、更高速度的存储解决方案。高速固态硬盘（SSD）、非易失性存储器（NVM）等技术的应用，使得大规模物联网数据的存储更为高效，提高了数据的读写速度，降低了存储成本。这为物联网系统处理大量实时数据提供了更为可行和经济的手段。云计算和边缘计算技术的兴起也为物联网数据的处理和管理提供了灵活的解决方案。云计算平台能够为物联网系统提供强大的计算和存储资源，使得数据处理能力得到进一步提升。边缘计算则将部分数据处理任务从云端移到设备附近，降低了数据传输的时延，提高了实时性。这两者的结合使得物联网系统能够更好地平衡计算资源和通信成本，提高整体的数据处理效率。区块链技术的应用可以确保物联网数据的安全性和不可篡改性，增强了数据的可信度。隐私保护的先进方法也在不断发展，确保用户的个人信息得到充分保护，促进了物联网系统的可持续发展。智能算法、先进存储技术、云计算和边缘计算的整合，以及数据管理和隐私保护的创新，共同构建了一个更为高效、智能、安全的物联网数据生态系统。这为未来智慧城市、智能交通、工业自动化等领域的发展提供了坚实基础。

（四）物联网技术的进步也催生了智能城市、智能交通、智能农业等众多创新应用

物联网技术的进步催生了一系列创新应用，涵盖了智能城市、智能交通、智能农业等多个领域，为社会带来了更智能、高效、可持续的解决方案。这一趋势不仅提升了城市管理和基础设施的水平，还推动了农业、交通等领域的现代化发展。通过将各类城市设施、设备与物联网连接，城市可以实时收集、监测和分析各种数据，从而更有效地管理资源、提高服务水平。智能城市的建设涉及智能交通、智能照明、环境监测等多个方面，通过实时数据分析和智能决策，提升了城市的运行效率、能源利用效率和环境质量。交通管理系统的智能化，包括智能交通信号灯、智能停车系统、车辆追踪与调度等，通过实时监测和优化交通流，提高了交通运输的效率和安全性。智能交通不仅能够减缓交通拥堵，还有助于降低交通事故发生率，为城市居民提供更便捷的出行体验。在智能农业领域，物联网技术为农业生产提供了新的手段和工具。通过在农田中部署传感器和监控设备，农民可以实时监测土壤湿度、气象条件、作物生长状态等信息。这使得农业生产更加精准、高效，可以根据实际需求调整灌溉、施肥等措施，提高农作物的产量和质量。智能农业还能够降低资源消耗，减少对环境的影响。物联网技术的进步也推动了工业领域的智能化转型，即工业互联网的发展。通过将各

类设备、机器与物联网连接，实现设备之间的信息共享和协同工作，工业互联网提高了生产效率、降低了成本，并提供了更灵活的生产方式。智能制造、智能供应链等概念逐渐成为现实，为制造业带来了新的增长点和竞争优势。物联网技术的进步在多个领域催生了智能城市、智能交通、智能农业等众多创新应用。这些应用不仅提升了生活品质和城市管理水平，还为产业升级和可持续发展提供了新的机遇。随着技术的不断创新，我们可以期待更多基于物联网技术的智能化解决方案将继续涌现，为社会带来更多的便利和效益。

新一代电子信息技术推动了物联网技术的不断进步，为实现设备互联、智能化和数据处理提供了更为强大的工具。这种技术的应用将深刻影响我们的生活和工作，为建设更加智能、高效的社会奠定了坚实的基础。未来，随着技术的不断发展，物联网技术将继续推动社会的数字化转型，为各行各业带来更多的创新和便利。这些技术的融合和应用将为社会带来更多领域的变革和提升，为人们的生活、工作和社会交往带来更为丰富和便捷的体验。

第四章　电子信息与信息安全

电子信息技术的快速发展为信息社会带来了便利和高效，与之伴随而来的信息安全问题也日益凸显。信息安全成为电子信息技术发展过程中的一项极为重要的议题，关乎国家安全、企业利益以及个人隐私。随着互联网的普及，信息传递变得更加频繁和快速，但这也伴随着更多的网络威胁。网络攻击、恶意软件、网络钓鱼等形式层出不穷，对信息系统的安全构成了严峻挑战。信息泄露可能导致个人隐私泄露、企业机密曝光，甚至影响国家的国家安全，信息安全的保障显得尤为迫切。交易数据、个人身份信息等的传输和存储，如不得当地处理，可能会遭受黑客攻击、网络入侵等风险，从而导致财产损失和信任危机。确保电子商务和金融系统的信息安全至关重要，需要采取严密的防御措施。尽管大数据的应用给社会带来了许多便利，但也引发了对隐私保护的关切。信息安全需要在技术和法律层面共同发力，确保大数据的使用不侵犯个人隐私，维护公众利益。为了解决这些问题，信息安全技术不断创新升级。加密技术、网络安全协议、入侵检测系统等被广泛应用，以保障信息的机密性、完整性和可用性。法规制度也在不断完善，以规范信息的收集、传输和存储行为，维护公众和企业的合法权益。电子信息技术与信息安全密不可分，对信息安全的关注和投入已经成为当今社会各界的共识。只有通过技术手段和法规制度的综合施策，才能更好地应对信息安全的挑战，确保电子信息技术的发展更为可持续、安全和可靠。

第一节　信息和信息技术

信息和信息技术是当代社会中不可分割的两个重要概念，它们共同构建了现代化的数字化社会，深刻影响着人们的生活、工作和社会交往。

一、信息的内涵

信息是对事物或现象的描述和表达的抽象概念，它通过各种形式如数据、文字、图像等，被传递、交流和共享。信息的本质在于它携带着某种意义和内容，使得接收者能够理解、获取或处理特定的知识或概念。信息在人类社会中扮演着重要的角色，是沟通、决策、学习等各种活动的基础和媒介。

（一）信息可以以数据的形式存在，数据是未经处理的原始事实或观测结果，它们可能包括数字、符号、记录等

信息可以数据的形式存在，数据是未经处理的原始事实或观测结果，它们可能包括数字、符号、记录等形式化的表示。这种数字、符号或其他形式的数据通常是从各种源头中获取的，可以是实验观测、传感器测量、文档记录或其他数据采集方法。数据的本质在于它是未经加工或解释的，是对现实世界的直接记录。数字数据可以是离散的数值，如传感器测得的温度、湿度、速度等。这些数据以数字形式存在，可以通过数值进行量化和比较，为进一步的分析和处理提供了基础。符号数据则可能包括文本、符号、标志或其他非数字形式的信息，例如书写的文字、符号系统中的标记等。记录数据可能包含有关特定事件、观测或过程的详细描述，以提供上下文和解释。数据的收集是信息获取的第一步，而未经处理的数据通常是杂乱无章、难以理解的。这就需要进一步地处理、分析和解释，将原始数据转化为有意义的信息。数据的处理可以涉及清洗、转换、聚合等步骤，以便得到结构化、可用于决策和洞察的信息。数据作为信息的基本形式，是对现实世界的记录和反映。通过对数据的处理和分析，我们能够从中提取出有用的信息，为科学研究、业务决策、问题解决等提供支持。数据在信息时代的重要性愈发凸显，其质量和处理方法直接影响到我们对世界的认知和应对挑战的能力。

（二）文字是一种常见的信息表达方式

文字是一种广泛使用的信息表达方式，通过符号和符号的组合来传达思想、概念、观点或其他形式的信息。这种表达形式涵盖了书写、印刷、电子文档等多种载体，是人类沟通、记录和分享知识的重要工具。在书写领域，文字可以采用各种语言中的字母、符号、汉字等形式，以表达语言的单词、短语和句子。不同的文化和社会采用不同的文字系统，但它们都是将抽象的思想和语言符号具象化的手段，使得信息能够在时间和空间上被传递和保存。印刷技术的发展使得文字能够大规模传播，书籍、报纸、杂志等成为信息传递和知识沉淀的载体。这种文字表达方式不仅促进了知识的传承，也为文学、科学、历史等领域的发展提供了基础。随着数字技术的崛起，电子文档成为另一种重要的文字表达方式。文字信息被数字化，以电子书、网页、博客等形式广泛传播。这种形式的文字表达具有即时性、互动性和全球性的特点，极大地拓展了信息

传递的范围和速度。文字作为一种信息表达方式，有其独特的优势，能够准确、持久地传递信息。它是文明发展的重要标志，推动了人类文化繁荣。在信息社会，文字的作用愈发凸显，不仅在传统领域发挥着重要作用，在数字化、网络化的环境中，文字持续演变和创新，成为多媒体信息时代不可或缺的一部分。

（三）图像是另一种重要的信息表达形式

图像是另一种重要的信息表达形式，通过视觉元素的组合来传达信息、观念和情感。图像以视觉感知为基础，通过图形、颜色、纹理等视觉元素的排列和变化，呈现出对现实世界的抽象或直接的表达。图像的形式包括照片、绘画、图表、图标等，具有直观、生动、高效传达信息的特点。照片是最直接的图像形式之一，通过捕捉现实场景的光影和色彩，以图像的方式准确地记录和传递信息。照片在新闻报道、广告、艺术创作等领域中广泛应用，为观众提供直观、真实的感知体验。绘画是一种艺术性的图像表达方式，通过艺术家的手笔和创意，将思想、情感、景象等以图像的形式表达出来。绘画作品可以是风景画、肖像画、抽象画等，通过色彩、线条、形状等元素传达独特的视觉体验和情感表达。图表和图标则是一种更为抽象的图像形式，通过图形的方式呈现数据、统计信息或概念关系。条形图、饼图、线图等图表可以直观地展示复杂的数据关系，而图标则通过简洁的图形符号代表特定的概念，提高信息的可读性和易理解性。随着数字技术的发展，计算机图形学和数字图像处理技术使得图像在数字化环境中得以广泛应用。数字图像可以通过数码相机、扫描仪等设备获取，通过计算机软件进行编辑、处理和分析。数字图像在电子游戏、电影制作、虚拟现实等领域发挥着越来越重要的作用。图像作为一种信息表达形式，在传达信息、传递情感和呈现视觉体验方面发挥着独特的作用。与文字相比，图像更直观、生动，能够以更富有感染力的方式传递信息，使得它在广告、设计、艺术、科学等多个领域中都具有广泛的应用前景。

（四）信息的传递和共享是社会和科技发展的基础

信息的传递和共享是社会和科技发展的基础，它在推动各个领域的创新、发展和合作中发挥着至关重要的作用。随着科技的不断进步，信息的快速传递和广泛共享成为全球社会的核心动力，对经济、文化、科学、教育等多个领域产生深远影响。科学家、研究人员和创新者通过国际性的学术期刊、研讨会、科技平台等途径，分享各自的研究成果、经验和发现。这种信息的自由流动和共享，促使科学家们能够更快速地获取最新的研究成果，加速科学知识的积累，推动科学前沿的不断拓展。在线学习、数字化教育资源的广泛应用使得知识可以迅速传递到全球各地，无论是在校园内还是远程学习环境中。教育机构和教育者通过互联网平台分享教材、课程内容和教学方法，提高了教育资源的可及性和质量，促进了全球范围内的学习交流。在经济领域，信息的传递和共享极大地促进了全球化和国际合作。企业、金融机构、政府通过信息技术平台进行交流合作，实现了跨国企业的管理、国际金融的运作，推动了全球产业链的形成。信息的自由流通促使市场更加高效，也为新兴产业和新创企业提供了更为广阔的发展机会。社会组织和公共服务机构通过信息的传递和共享提高了服务效率和社会治理水平。政府可以通过数字化的手段更及时、精准地向公众传递信息，实现对公共资源的更好分配和管理。社交媒体、在线社区等平台为公众提供了分享观点、获取信息、参与讨论的渠道，促进了社会各界之间的互动与交流。信息的传递和共享是社会和科技发展的基础，推动着全球范围内的合作与交流。随着技术的不断进步，信息传递的速度和效率不断提升，将继续为人类社会带来更多机遇和挑战，推动着创新、发展和文明的进程。

信息是多种形式的内容和意义的表达，通过数据、文字、图像等形式传递。在人类社会中，信息是知识传递、沟通和决策制订的基础，对社会的发展和个体的学习起着不可或缺的作用。随着科技的不断进步，信息的传递方式和效率将继续得到提升，为人类创造更加便捷和丰富的信息社会。

二、信息技术是处理、存储和传递信息的技术手段的总称

信息技术是一组处理、存储和传递信息的技术手段的总称，涵盖了多个领域，包括硬件、软件、网络和通信等。信息技术的发展对社会、经济、文化等多个领域产生了深远的影响，成为现代社会不可或缺的基础设施之一。

（一）硬件是信息技术的关键组成部分之一

硬件是信息技术的关键组成部分之一，它构成了计算机系统、网络设备和各种电子设备的实体基础，是实现信息处理、存储和传输的物理载体。硬件包括各种类型的电子元件、电路板、处理器、存储设备、网络设备等，通过协同工作，使得信息技术能够在物理世界中得以实现。中央处理器（CPU）、内存、硬盘等组成了计算机的主要硬件组件，它们协同工作以执行各种计算任务、运行软件应用程序。图形处理器（GPU）、输入输出设备如键盘、鼠标、显示器等也是计算机系统中的重要硬件，它们共同构成了计算机的基本工作平台。路由器、交换机、网卡等网络硬件设备构建了计算机网络，实现了信息在不同设备之间的传输。互联网的发展离不开各类硬件设备的支持，它们构建了一个全球性的信息交流平台，促进了全球范围内的信息共享与合作。存储设备也是信息技术中至关重要的硬件组成部分。硬盘驱动器、固态硬盘、光盘等

存储设备用于保存和检索大量的数据和程序。快速、可靠的存储硬件对于实现高效的信息处理和数据管理至关重要，直接影响着计算机系统的性能和稳定性。在物联网时代，各种嵌入式系统和传感器设备也构成了信息技术硬件的重要组成部分。这些设备通过各种传感器感知现实世界的信息，通过嵌入式系统进行实时处理和分析，实现了物理世界与数字世界的深度融合。硬件的发展不仅涉及硬件本身的创新，还与制造工艺、材料科学等领域的进步密切相关。微处理器的不断升级、存储器容量的增大、网络传输速度的提升等都使硬件领域取得了显著成就，推动了信息技术的迅猛发展。硬件作为信息技术的基础构建，为信息的处理、存储、传输提供了物理支持。硬件的创新推动了计算能力的提升、网络速度的加快以及设备的小型化和智能化，为信息技术的不断发展奠定了坚实的基础。

（二）软件是信息技术的另一重要组成部分

软件是信息技术的另一重要组成部分，它是指计算机程序、操作系统、应用程序等通过编程语言编写的一系列指令和数据的集合。软件通过在硬件上运行，使计算机系统能够实现各种功能，从而实现信息处理、管理和传输的目标。软件的发展和创新在信息技术领域起着至关重要的推动作用。操作系统负责管理计算机硬件资源，协调各种应用程序的执行，提供用户与硬件交互的界面。Windows、Linux、macOS 等都是常见的操作系统，它们为计算机提供了基础的功能和服务，使得硬件资源得以有效利用。办公软件如 Microsoft Office、Adobe Creative Cloud 等提供了文档编辑、图像处理等功能；浏览器软件如 Google Chrome、Mozilla Firefox 等用于互联网浏览；各种应用程序如社交媒体、游戏、生产工具等都是用户在计算机上进行各种操作和任务的工具。编程语言如 Python、Java、C++ 等允许程序员编写各种应用程序。开发工具如集成开发环境（IDE）、版本控制系统等则为软件开发提供了便捷的工作平台，提高了开发效率。数据库管理系统（DBMS）是用于管理和组织数据的软件。它允许用户存储、检索、更新和管理大量数据，支持应用程序对数据进行高效操作。关系型数据库如 MySQL、Oracle、SQL Server 等是常见的数据库管理系统。在云计算和大数据时代，云服务和大数据处理软件也成为信息技术的关键组成部分。云服务提供了可扩展的计算和存储资源，大数据处理软件如 Hadoop、Spark 等则用于处理和分析海量的数据，从而支持各种应用场景，包括人工智能、机器学习、业务智能等。软件在信息技术中的地位不可忽视，它为硬件提供了操作和控制的能力，使得计算机系统能够完成各种任务。软件的创新和发展推动了计算能力的不断提升，为应用程序提供了更强大的功能，促进了信息技术的全面发展。软硬件之间的密切配合构成了现代计算机系统的基石。

（三）网络技术是信息技术中连接各种设备、实现信息传递的重要方面

网络技术是信息技术中连接各种设备、实现信息传递的重要方面。它构建了一个复杂而密切相连的数字生态系统，使得设备、系统和用户能够在全球范围内快速、高效地进行通信、共享信息和合作。互联网作为网络技术的杰出代表，是全球性信息交流和资源共享的平台。互联网连接了数以亿计的设备，包括计算机、智能手机、物联网设备等，形成了一个庞大的网络。通过互联网，用户可以访问全球范围内的信息资源，进行在线交流、学习、购物、娱乐等活动，实现了信息的全球化传递。局域网通过高速连接设备，使得组织内部的设备能够快速、方便地共享资源和信息。广域网则通过连接远距离的地理位置，促进了分布式团队的协作，加速了全球商务和合作。无线局域网（WLAN）和移动网络（例如 4G、5G）使得用户能够在移动状态下保持对网络的连接，实现了移动办公、智能城市、物联网等应用。云计算技术是建立在网络基础上的重要服务之一，它通过网络提供了计算资源、存储服务和应用程序等，为用户提供了可扩展的、灵活的计算环境。用户可以通过云平台在全球范围内使用计算资源，不再受限于物理位置和硬件设备。防火墙、加密技术、虚拟专用网络（VPN）等安全措施用于保护信息在网络中的传输和存储，确保用户的隐私和数据的安全。网络技术在信息技术中扮演着关键角色，它连接了设备、用户和系统，实现了信息的传递和共享。随着技术的不断进步，网络技术将继续演变，推动信息技术的发展，为全球社会带来更多创新和便利。

（四）通信技术是信息技术的重要组成部分，包括有线通信和无线通信等多种形式

通信技术是信息技术的重要组成部分，涵盖了有线通信和无线通信等多种形式。这些技术不仅连接了设备和系统，还实现了实时的、远距离的信息传递，推动了信息社会的形成和发展。有线通信技术是传统的通信手段之一，通过电缆、光纤等物理介质传输信号。电话网络、电缆电视、局域网等都是有线通信的应用领域。光纤通信技术在有线通信中起到了关键作用，以其高带宽、低损耗的特点，成为大容量、高速数据传输的主要选择。无线通信技术在移动通信、卫星通信、无线局域网等方面发挥着关键作用。移动通信技术如 4G 和 5G 网络，使得移动设备能够在任何地点保持高速、稳定的连接，实现了语音通话、视频通话、互联网访问等功能。卫星通信通过卫星中继实现了远距离、全球范围内的通信，对偏远地区和海上通信起到了重要作用。无线局域网技术如 Wi-Fi 则为设备提供了无需物理连接即可实现局域网连接的便利。移动通信技术的进步推动了智能手机和其他移动设备的普及，使得人们能够随时随地进行

通信、社交和信息获取。无线技术的应用也拓展了各种物联网设备，实现了设备之间的互联互通，为智能家居、智能城市等领域提供了技术支持。高速、高带宽的通信网络为大规模数据的传输提供了支持，使得用户能够迅速获取和分享海量的信息。云计算借助通信网络，提供了灵活的计算和存储资源，使得用户能够按需获取和使用计算资源，实现了资源的共享和利用效率的提高。通信技术作为信息技术的核心组成部分，不断创新和发展，推动着全球范围内的信息传递和共享。在数字化、网络化的时代，通信技术的进步将继续为社会、经济和科技的发展带来新的机遇和挑战。

（五）信息技术的应用领域非常广泛，包括但不限于商业、医疗、教育、娱乐等

信息技术的应用领域非常广泛，涵盖了商业、医疗、教育、娱乐等多个领域，其影响深刻而广泛，为各行各业带来了巨大的变革和创新。企业通过信息技术实现了数字化的管理和运营，包括企业资源计划（ERP）系统、客户关系管理（CRM）系统等，提高了运营效率、降低了成本。电子商务的兴起使得商业交易从传统的线下模式转向了线上，企业能够通过互联网平台进行全球范围内的市场拓展和销售。大数据分析和人工智能技术在商业决策中的应用，使得企业能够更好地理解市场趋势、预测需求、优化供应链等，为商业战略提供了强大的支持。电子病历、医疗信息系统、远程医疗等技术的引入，使得医疗服务更加数字化、智能化。患者可以通过在线平台预约挂号、获取医疗咨询，医生能够更便捷地查看患者的历史病历和实验室检查结果。医学图像处理和分析技术为诊断提供了更好的工具，大数据分析和生物信息学的应用促进了医学研究的进展。远程教育、在线学习平台、虚拟教室等通过互联网技术使得学习更加灵活、全球化。教育管理系统、学生信息系统等帮助学校和教育机构更高效地进行管理和运营。人工智能和个性化学习系统的应用，为学生提供了更加个性化的学习路径和资源，提高了学习效果。数字媒体、在线游戏、虚拟现实技术等为用户提供了多样化的娱乐体验。流媒体服务、社交媒体平台使得用户能够分享和获取各种形式的娱乐内容。大数据分析技术在娱乐产业中的应用，使得内容制作更加精准地满足用户需求，提高了娱乐体验的个性化和多样性。信息技术的广泛应用已经深刻地改变了商业、医疗、教育、娱乐等各个领域的运作方式和服务模式。随着技术的不断进步，信息技术将继续在各个领域中发挥关键作用，推动社会的创新和进步。信息技术作为处理、存储和传递信息的技术手段，已经深刻地改变了人类社会的方方面面。它的不断创新和发展将继续推动社会的数字化转型，为人们提供更多便利、高效、创新的服务和体验。

三、信息技术的发展催生了一系列的应用

信息技术的迅速发展不仅提升了信息的处理效率，也催生了一系列创新性的应用，深刻改变了人们的生活方式和社会运作。这些应用涵盖了各个领域，其中包括电子商务、社交媒体、智能家居等，对社会、经济和文化带来了深远的影响。

（一）电子商务是信息技术发展的一项杰出成果

电子商务（e-commerce）作为信息技术发展的一项杰出成果，是利用电子手段进行商务活动的广义概念。它涵盖了在线购物、电子支付、数字营销、供应链管理以及与客户和业务伙伴的电子交流等多个方面。电子商务的崛起彰显了信息技术对商业模式和交易方式的深刻影响，推动了商业活动的数字化和全球化发展。通过电子商务平台，消费者可以方便地在互联网上浏览商品、比较价格、查看评价，并完成购物流程。这为消费者提供了更为便捷和多样化的购物体验，不再受制于时间和地点的限制。电商平台也为商家提供了全球范围内的销售渠道，拓展了市场覆盖面，促进了商品的流通和交易。通过信用卡、电子钱包、支付宝、微信支付等多种支付手段，消费者可以在网上完成支付过程，实现了安全、快速的交易。电子支付的推广为电商提供了高效的交易环境，降低了交易成本，提高了支付的灵活性。数字营销是电子商务中重要的一环，利用搜索引擎优化（SEO）、社交媒体营销、电子邮件营销等手段，将商品信息传递给潜在客户，提高品牌知名度，促进销售。通过精准的用户定位和个性化推荐，数字营销实现了广告投入和效果的更为有效匹配。通过信息技术，企业可以更好地管理供应链中的物流、库存、订单等环节，提高了供应链的效益和透明度。物流信息系统的建设使得商品能够更快、更准确地送达消费者手中，提高了物流效率。在线客服、社交媒体互动等方式为企业提供了更直接、实时地与用户沟通的途径。这种互动不仅增加了用户体验，也为企业获取用户反馈、改进产品和服务提供了宝贵的信息。电子商务作为信息技术发展的杰出成果，深刻改变了传统商业模式，促进了商业活动的数字化和全球化。随着技术的不断创新，电子商务将继续在商业领域中发挥着重要作用，推动着商业形态的不断演进。

（二）社交媒体是信息技术发展的另一个引人注目的领域

社交媒体作为信息技术发展的另一个引人注目的领域，是一种基于互联网的应用服务，使用户能够创建、分享和交流各种形式的内容，建立社交网络并参与虚拟社区。社交媒体的兴起深刻改变了人们的社交方式和信息传播模式，成为当今数字时代中不

可或缺的重要组成部分。通过社交媒体，用户可以创建个人资料，分享自己的生活、兴趣爱好、观点等内容，与朋友、家人和其他用户建立联系。这种互动性使得社交媒体成为人们展示个性、表达观点、分享生活点滴的强大工具。用户可以通过关注感兴趣的内容创作者、加入社交群组、参与讨论等方式，获取各种实时信息。用户也可以通过发布自己的内容，将信息分享给更广泛的受众，促进信息的传播和互动。社交媒体不仅仅是个人之间的社交工具，也成为了企业、品牌进行营销和宣传的重要平台。通过社交媒体，企业能够建立品牌形象、与消费者直接互动，了解用户需求，推广产品和服务。广告主通过在社交媒体平台上投放广告，能够更精准地定位目标受众，提高广告效果。用户通过上传图片、视频、文字等各种形式的内容，共享自己的生活经验和见解，为社交媒体平台提供了丰富的多样性内容。UGC 的兴起改变了传统媒体的传播模式，使用户参与到信息的创造和传播中，增强了信息的真实性和多样性。社交媒体的发展也伴随着一些问题，包括信息隐私、信息泛滥、虚假信息传播等，这些问题成为社交媒体发展过程中需要解决的挑战。社交媒体的兴起不仅改变了人们的社交方式，还对信息传播、商业营销、社会互动等多个领域产生深远影响。随着技术的不断创新，社交媒体将继续演变，成为数字时代中不可或缺的重要组成部分。

（三）智能家居是信息技术在家庭生活领域的创新应用

智能家居作为信息技术在家庭生活领域的创新应用，是指通过互联网、传感器、智能设备等技术手段，实现家庭设备和系统的智能化、自动化控制，提高家庭生活的便捷性、舒适性和安全性。用户可以通过智能手机、平板电脑等终端设备，随时随地远程监控和控制家中的各类设备，如智能门锁、智能摄像头、智能温控系统等。这种远程控制使得用户在外出时能够实时了解家庭情况，同时提高了对家庭安全的感知和管理。各类传感器如温度传感器、湿度传感器、光照传感器等被广泛应用，用于感知家庭环境的各种参数。通过这些传感器，智能家居系统可以实时监测环境变化，从而自动调整家庭设备的工作状态，提高能源利用效率，实现更舒适的居住体验。智能家居还借助人工智能技术，实现了对用户行为和偏好的学习和预测。通过分析用户的习惯，智能家居系统可以自动调整家庭设备的工作模式，提供个性化的服务。例如，智能家居系统可以学习用户的作息规律，智能调整灯光、温度等，提供更为贴合用户需求的生活环境。智能音箱、智能电视、智能家庭影院等设备可以通过互联网实现联动，用户可以通过语音控制或手机应用，方便地管理家庭娱乐系统，享受高品质的音视频体验。智能家庭安防系统通过摄像头、门窗传感器、烟雾报警器等设备，实现了对家庭安全的全方位监测。用户可以随时监视家中的情况，并在发生异常情况时及时收到警报通知，提高了家庭的安全性。智能家居的发展充分利用了信息技术的创新，使家庭设备和系统变得更加智能、便捷、安全。随着技术不断进步，智能家居将继续为家庭生活带来更多创新和便利。

（四）移动应用技术的兴起是信息技术发展的一个显著特点

移动应用技术的兴起是信息技术发展的一个显著特点，它标志着移动设备和应用程序的普及，为用户提供了更为便捷、灵活的信息获取和服务体验。移动应用技术主要包括在智能手机和平板电脑等移动设备上运行的各类应用程序，涵盖了各个领域，如社交、娱乐、教育、健康等。通过各种移动应用，用户可以随时随地访问互联网，获取新闻、社交动态、实时数据等各种信息。移动应用成为用户分享生活、表达观点、交流信息的主要平台，推动了信息社会的形成。各类娱乐应用如视频播放、音乐播放、游戏等通过移动设备广泛传播，为用户提供了便捷的娱乐方式。移动游戏行业的崛起，尤其是增强现实（AR）和虚拟现实（VR）技术的整合，使得娱乐体验更加沉浸和创新。移动学习应用、在线教育平台等使得学习变得更加灵活，用户可以随时随地通过移动设备学习新知识。交互性和个性化学习的应用，使得移动应用成为教育领域的重要工具。通过移动支付应用，用户可以使用手机完成购物、转账、缴费等各类支付活动，提高了支付的便捷性和效率。移动支付的普及也推动了无现金社会的发展，为用户提供更多支付选择。用户通过社交媒体应用可以轻松地与朋友、家人保持联系，分享生活动态、交流观点。社交媒体的普及改变了社交方式，成为人们日常生活中不可或缺的一部分。移动应用技术的兴起改变了人们的生活方式、信息获取方式和社交方式，为用户提供了更为便捷、丰富的移动体验。随着技术的不断发展，移动应用技术将继续推动信息技术领域的创新和变革。

信息技术的快速发展催生了一系列创新应用，重塑了人们的生活方式和社会结构。电子商务、社交媒体、智能家居等应用的普及推动了数字化社会的形成，为未来社会的进步和发展提供了更多可能性。随着技术的不断演进，这些应用领域将继续发展和深化，为人类社会带来更多的便捷和创新。

四、信息技术的发展涉及众多前沿领域

信息技术的发展涉及一系列前沿领域，其中包括信息安全、大数据和人工智能等，这些领域的不断创新推动着信息技术的进步，为社会、经济和科技带来了深远影响。

（一）信息安全是信息技术领域的一项至关重要的方向

信息安全是信息技术领域的一项至关重要的方向，它涉及保护计算机系统、网络和数据免受未经授权的访问、损坏、篡改或泄露。随着信息技术的普及和发展，信息安全问题日益突出，成为保障个人隐私、商业机密和国家安全的关键环节。在信息社会中，大量敏感数据被存储和传输，包括个人身份信息、财务数据、医疗记录等。信息泄露可能导致严重的后果，如身份盗窃、财产损失等。保障数据的机密性、完整性和可用性成为信息安全工作的首要任务。加密技术、访问控制、数据备份等手段被广泛应用于确保数据的安全。随着互联网的不断发展，网络攻击的形式和手段也不断演变。网络安全涉及防范各种网络攻击，包括计算机病毒、恶意软件、网络钓鱼、拒绝服务攻击等。防火墙、入侵检测系统、虚拟专用网络（VPN）等技术和工具被广泛采用，以提高网络的安全性。确保只有授权用户能够访问特定的系统或数据，是信息安全的基本原则。多因素身份验证、单点登录、访问审计等技术被用于加强身份认证和访问控制，减少未经授权的访问和数据泄露的风险。信息安全还涉及应对新兴威胁，如人工智能和物联网安全。随着人工智能技术的发展，黑客和攻击者也开始利用人工智能来进行更精密的攻击。物联网的普及使得大量设备连接到网络，增加了攻击面。因此，研发和应用相应的安全措施，确保人工智能系统和物联网设备的安全性成为当前信息安全的迫切任务。各国纷纷出台信息安全法规，规范组织和企业在信息处理和存储中的行为，强调个人隐私的保护，对于信息安全的合规性进行监管。信息安全是信息技术领域的一项至关重要的方向，它涵盖了数据安全、网络安全、身份认证、新兴威胁等多个方面。在数字化时代，信息安全的保障不仅关系到个体和企业的切身利益，也直接关系到社会的稳定和发展。

（二）大数据技术是信息技术领域的另一大创新方向

大数据技术是信息技术领域的一项重要创新方向，随着科技的不断进步和社会的快速发展，大数据技术正逐渐成为推动各行业发展的关键引擎。大数据技术不仅仅是一种技术手段，更是一种全新的数据处理和分析范式，对于数据的采集、存储、处理和应用提出了全新的挑战和机遇。传统的数据采集方式往往依赖有限的数据样本和统计方法，难以真实、全面地反映复杂的社会现象和商业运营情况。而大数据技术通过强大的数据采集工具和技术手段，能够实时、高效地获取大规模、多样化的数据，包括结构化数据和非结构化数据，从而为深入分析和全面理解提供了更为丰富的信息基础。传统的数据存储往往受限于硬件设备的容量和性能，导致数据的存储和管理变得相对烦琐和有限。而大数据技术借助分布式存储、云计算等先进技术，能够轻松处理海量数据的存储和管理，实现数据的高可靠性、高可扩展性和高性能，为用户提供了更为灵活和强大的数据存储解决方案。传统的数据处理方式难以满足面对大规模数据时的需求，而大数据技术通过并行计算、分布式计算等手段，能够快速高效地处理大规模的数据集，为用户提供实时、准确的数据分析和决策支持。在数据应用方面，大数据技术也为各行各业带来了全新机遇。通过深度学习、机器学习等技术手段，大数据技术能够挖掘数据中的潜在规律和价值信息，为企业提供更为精准的营销策略、产品推荐等服务。在医疗、交通、环保等领域，大数据技术发挥着重要的作用，帮助解决实际问题，提高社会运行效率。大数据技术作为信息技术领域的一项创新方向，正深刻影响着社会的方方面面。它不仅提升了数据的采集、存储、处理和应用能力，也为各行业创造了更多的商业机会和社会价值。未来，随着技术的不断发展和应用的不断深入，大数据技术将继续发挥着重要的作用，推动社会的信息化进程，为人们的生活和工作带来更多的便利和创新。

（三）人工智能技术在信息技术领域崭露头角

人工智能技术在信息技术领域正逐渐崭露头角，成为推动科技创新和社会发展的引擎。随着科学技术的迅猛发展，人工智能技术的应用正深刻改变着我们的生活、工作和社会结构。这一技术的崛起不仅是信息技术领域的一次巨大飞跃，更是推动数字化时代的关键力量。传统的数据处理方法往往受限于规则和算法，难以处理复杂、多变的数据情境。而人工智能技术通过模拟人类智能思维，可以更灵活地处理大规模、多样性的数据，从而提高数据处理的速度和精度。机器学习、深度学习等技术的应用使得人工智能系统能够不断优化自身，逐渐适应不断变化的环境和需求。自动驾驶汽车、智能语音助手、智能家居等应用的兴起，都离不开人工智能技术的支持。通过模拟人类的感知、认知和决策过程，人工智能系统能够实现自主学习和适应，使得设备和系统能够更加智能地执行任务，提高效率，降低人为干预的需求。通过人工智能技术，研究人员能够更快速地进行大规模数据的分析和模拟，加速科学研究的进程。在药物研发、材料科学等领域，人工智能技术的应用为科学家提供了更强大的工具，促使科技创新取得突破性的进展。在商业应用方面，人工智能技术也为企业提供了全新的商机和竞争优势。通过智能客服、预测分析、风险管理等应用，企业能够更好地理解市场和客户需求，提高决策的准确性。人工智能技术的广泛应用使得企业在面对复杂多变的市场环境时更具灵活性和竞争力。人工智能技术正在信息技术领域崭露头角，为社会带来了前所未有的机遇和挑战。其在数据处理、自动化、创新等方面的应用正不断推动着科技的发展，为数字时代的到来打开了崭新的大门。未来，随着人工智能技术的不断进步和深化应用，相信将为我们的社会带来更多的变革和进步。

（四）边缘计算和物联网技术是信息技术领域的前沿方向

边缘计算和物联网技术作为信息技术领域的前沿方向，正在迅猛发展，为数字化时代的到来铺平了道路。这两项技术的结合不仅改变了传统的数据处理和通信方式，也为各行各业带来了更加智能、高效的解决方案。边缘计算和物联网技术的兴起，标志着信息技术正朝着更加分布式、智能化的方向演进。传统的中心化云计算模式存在着数据传输时延和网络带宽的瓶颈，而边缘计算则将计算资源推向数据产生的源头，使得数据可以在离用户更近的边缘设备上进行实时处理。这种模式不仅减少了数据传输时间，提高了实时性，也减轻了云端的负担，使得整个系统更加灵活和高效。通过嵌入传感器、通信模块和智能控制单元，物联网连接了汽车、家居、工业设备等各类物体，形成一个庞大的网络。这使得各种设备能够实时共享信息，实现智能化的监测、控制和协同工作。物联网技术的广泛应用使得城市管理、工业生产、农业等领域都能够实现更加智能化和高效的运作。在智能城市中，边缘计算和物联网技术能够实现智能交通、智能安防、智能能源等应用，提升城市的生活质量和运行效率。在工业领域，通过物联网技术的应用，企业能够实现设备的远程监控和维护，提高生产效率和降低成本。这些应用不仅推动了信息技术的发展，也为社会创新带来了新的动力。它们的发展不仅改变了数据处理和通信的方式，也为各行各业带来了更多的机遇和挑战。未来，随着这两项技术的不断创新和应用拓展，相信将为我们的数字社会开启更为广阔的发展前景。信息技术的发展不仅包括了电子商务、社交媒体、智能家居等广泛应用领域，还深入涉及信息安全、大数据、人工智能等前沿领域。这些领域的不断创新推动了信息技术的升级和演进，为未来社会的数字化转型和智能化发展提供了坚实的基础。

信息技术为信息的创造、传递和应用提供了强大的支持，而信息的丰富和多样性又为信息技术的发展提供了广阔的空间。在数字化时代，信息和信息技术将继续深化融合，为构建更加智能、便捷的社会奠定基础。

第二节　信息安全的特征和重要性分析

信息安全是指对信息系统中的信息进行保护、防范和管理，以确保信息的机密性、完整性和可用性。信息安全的特征和重要性体现在多个方面，对于个人、企业和整个社会都具有深远的影响。

一、信息安全的特征包括机密性、完整性和可用性

信息安全具有三个核心特征，即机密性、完整性和可用性，这三个特征构成了信息安全的基本框架，旨在保障信息的安全性和可信性。

（一）机密性是信息安全的基本特征之一

机密性作为信息安全的基本特征之一，在信息保护和管理中扮演着至关重要的角色。这一概念强调了确保敏感信息只被授权人员访问的重要性，以防止未经授权的泄露、修改或访问。机密性不仅仅是一项技术层面的需求，更是整个信息安全体系的基石，其目标是保护信息的完整性、可用性以及确保其只在必要的情况下被适当的人员访问。通过实施合适的身份验证、访问控制和加密等技术手段，系统可以确保只有经过授权的用户或系统可以获取和处理敏感信息。这有助于防范内部威胁和外部攻击，确保信息不受到未经授权的访问或篡改。制订明确的安全政策，对信息进行分类，明确不同级别信息的保护要求，并在组织内部推行相关的信息安全培训和宣导，以提高员工对机密信息保护的意识和重视程度。建立审计和监控机制，对信息访问进行记录和分析，及时发现和应对潜在的威胁。在技术层面，采用先进的加密算法、访问控制技术和安全存储等手段是确保信息机密性的基础。而在人员方面，培养员工的信息安全意识和责任感，以及进行定期的安全培训，有助于构建一个具有高度机密性的工作环境。通过规范的信息处理流程和标准化的安全操作规程，有助于保障信息在存储、传输和处理过程中的机密性。机密性是一个动态的概念，需要不断适应新的威胁和挑战。随着技术的不断发展，新的安全漏洞和威胁也不断涌现，及时更新和升级安全措施，采用最新的安全技术，是确保信息机密性的长期任务。机密性作为信息安全的基本特征，要求通过综合的技术、管理和人员措施来确保信息的保密性，以应对日益严峻的信息安全挑战。只有在这个基础上，组织才能更好地维护敏感信息，保护用户隐私，确保业务的正常运行。

（二）完整性是信息安全的另一重要特征

完整性作为信息安全的另一重要特征，强调了确保数据在传输、存储和处理过程中不被未经授权地修改、破坏或损坏的重要性。保持信息的完整性有助于确保数据的准确性和可信度，是信息安全体系中不可或缺的关键组成部分。通过采用技术手段、有效的管理策略以及综合的安全措施，可以有效保障信息在各个环节的完整性。采用数据加密技术、数字签名等手段，可以防止在数据传输过程中被中间人攻击，确保数

据在传输过程中的完整性。在数据存储方面，通过访问控制、备份和恢复机制等技术，可以防止数据因系统故障、恶意攻击或其他因素而受到破坏。只有授权用户才能进行数据的修改或删除操作，而非授权的访问应当受到限制。通过建立严格的身份验证和访问控制策略，可以有效地防止非法用户对数据的篡改，确保数据的完整性。在软件方面，及时修补漏洞、采用安全编程实践、进行代码审查等措施可以降低系统受到攻击的风险。在硬件方面，通过使用可信的硬件设备、防篡改的存储介质等手段，可以提高系统的整体安全性，保护数据的完整性。通过对系统进行实时监控和分析，可以及时发现异常行为和潜在威胁，减小数据被篡改的风险。审计日志和监控报警系统的建立，有助于及时发现并应对可能对数据完整性构成威胁的行为。信息完整性作为信息安全的重要特征，要求系统在设计、实施和运维阶段都要考虑如何有效保障数据在整个生命周期中的不被篡改和破坏。只有通过科学合理的技术手段和综合的管理措施，才能确保信息的完整性，保障数据的可靠性和可信度。

（三）可用性是信息安全的第三个基本特征

可用性是信息安全的第三个基本特征，强调了确保系统、服务和数据在需要时可正常使用的重要性。保持可用性意味着防止各种因素导致的服务中断、系统崩溃或其他形式的不可用状态，从而保障信息系统的连续性和稳定性。通过技术手段、有效的管理措施和综合的安全策略，可用性的保障有助于满足用户需求，提高系统的可信度和用户满意度。通过在关键设备和系统上部署冗余组件、采用负载均衡技术以及设立备份数据中心等手段，可以有效降低因硬件故障、自然灾害或人为攻击等因素导致的系统服务中断的风险。定期的备份和紧急恢复计划有助于迅速恢复系统正常运行。通过优化系统架构、提高网络带宽、优化数据库和加强服务器性能等手段，可以确保系统在高负载情况下仍能正常运行。及时修补漏洞、更新软件和硬件设备也是维护系统可用性的必要步骤，以提高系统对潜在威胁的抵抗能力。提高用户和管理人员对系统安全的认识，教育用户正确使用系统和应对常见问题，有助于降低因人为操作不当导致的系统不可用风险。培训应急响应团队，提高其处理紧急情况和灾难恢复的能力，也是确保系统在面临各种威胁时能够迅速有效应对的关键。通过实时监测系统性能、网络流量、服务器负载等关键指标，可以及时发现潜在问题并采取措施，以防止系统服务的中断。定期的系统健康检查和性能评估有助于提前发现并解决可能影响系统可用性的问题。可用性是信息安全体系中不可或缺的重要特征，涉及系统的稳定性、连续性和用户体验。通过采用综合的技术手段和管理措施，可以有效地保障信息系统在各种情况下都能够保持正常运行，提高整个信息系统的安全性和稳定性。

这三个特征构成了信息安全的基石，被称为CIA三要素（Confidentiality、Integrity、Availability）。在实际应用中，这三个特征通常需要综合考虑和平衡，因为过分追求其中一个特征可能会影响其他特征。例如，提高机密性可能需要更严格的访问控制，但这可能会对可用性产生负面影响。机密性、完整性和可用性是信息安全的三个关键特征，它们共同构建了一个全面、均衡的信息安全体系，旨在保护信息免受未经授权的访问、篡改和破坏，确保信息的保密性、完整性和可用性。

二、信息安全的重要性体现在多个层面

信息安全的重要性在当今社会体现在多个层面，它不仅仅关乎个人隐私和企业机密，更关系到国家安全和全球稳定。信息安全的保障已经成为各个领域不可忽视的问题，以下从个人、企业、国家和全球层面分别阐述其重要性。

（一）从个人层面来看，信息安全直接关系到个人隐私和财产安全

从个人层面来看，信息安全直接关系到个人隐私和财产安全，对于每个人而言都至关重要。在当今数字化时代，个人信息以及财产的安全性不仅受到日益复杂的网络的威胁，也牵涉到在线交易、社交媒体使用等方方面面。采取合适的信息安全措施对于维护个人权益和安全至关重要。在网络上，个人信息包括但不限于姓名、地址、电话号码、社交媒体账号等可能被不法分子滥用的敏感信息。通过采用强密码、定期更改密码、谨慎处理个人信息的共享等措施，个人可以减少被盗取或滥用的风险，确保个人隐私不受侵犯。个人财产安全直接关系到金融交易、电子商务等方面。采用安全的支付方式，避免使用公共网络进行敏感信息的传输，以及定期检查个人账户的交易记录，都是防范财产安全风险的有效手段。此外，对于金融账户、密码的管理，如使用双重认证等额外安全层级，也是保护财产安全的重要措施。在社交媒体上，个人的生活、兴趣爱好等信息可能成为攻击者进行社会工程学攻击的目标。通过设置隐私设置、审慎添加朋友、不轻易点击未知链接等方式，可以减少社交媒体安全风险，维护个人信息的安全性。采用最新的操作系统和应用程序、定期进行安全更新，安装可信赖的杀毒软件和防火墙，以及避免使用不安全的公共 Wi-Fi 网络，都有助于防范个人设备被病毒、恶意软件感染的风险，维护个人信息的安全性。个人信息安全和财产安全密切相关，需要个人采取主动的措施来加强防范。通过提高信息安全意识、建立健全的安全习惯，每个人都能更好地保护自己的隐私和财产安全，确保在数字化时代能够更加安心、便捷地使用网络服务。

（二）对于企业而言，信息安全直接关系到企业的竞争力和商业机密的保护

对于企业而言，信息安全不仅直接关系到企业的竞争力，更涉及商业机密的保护，是维系企业稳健经营和可持续发展的关键因素。在信息时代，企业面临着日益复杂和普遍的网络威胁，采取有效的信息安全措施成为确保企业可靠运行和经济利益的必要条件。企业的竞争力不仅体现在产品和服务的创新能力，更取决于其对客户数据、业务流程和战略计划等敏感信息的合理管理和保护。通过建立健全的信息安全管理体系，企业可以确保其信息资产的机密性、完整性和可用性，从而提升客户信任度，树立品牌形象，促进业务的可持续发展。企业往往拥有独特的商业模式、市场策略、产品设计等核心信息，这些信息的泄漏可能对企业造成严重的竞争劣势。采用访问控制、数据加密、安全传输协议等技术手段，可以有效防止商业机密被非法获取，确保企业在市场上的竞争地位。随着数据隐私法规的不断加强，企业需要遵守各种法规和行业标准，包括但不限于《通用数据保护条例》（GDPR）、《个人信息保护法》等。通过建立合规性框架、进行风险评估、加强员工培训，企业能够降低法律责任和经济损失，保持合法经营，增强在市场上的可信度。通过确保信息的安全传输、建立供应链信息安全标准和安全审查机制，企业可以降低因供应链问题引起的风险，确保商业合作的稳定和可靠性。对于企业而言，信息安全是维系竞争力和保护商业机密的核心。通过建立全面的信息安全策略，包括技术、管理和法规层面的措施，企业能够更好地防范潜在威胁，确保商业运作的安全和可持续发展。在信息时代，信息安全已经成为企业战略的一部分，对企业的长远成功起着关键性的作用。

（三）在国家层面，信息安全更是关系到国家的政治稳定、社会发展和国防安全

在国家层面，信息安全不仅仅关系到国家的政治稳定，更涉及社会发展和国防安全，是国家整体安全的重要保障。随着科技的飞速发展，信息安全的重要性在国家层面愈发凸显，对于确保国家长治久安、经济持续繁荣和国防安全具有战略性的意义。政府机关、军队、金融系统等国家关键领域的信息安全受到威胁可能导致政治体系的动荡和社会不稳定。通过建立强大的信息安全体系，保护政府敏感信息、维护政权合法性，有助于确保国家政治稳定和社会秩序。在数字经济时代，信息技术已经贯穿于各个行业，对国家经济发展起到了关键的推动作用。信息泄露、网络攻击等威胁可能对国家的经济活动和商业运作造成严重影响。通过建立健全的信息基础设施、推动信息技术的创新应用，国家能够更好地利用信息化手段，推动社会进步和经济繁荣。在

现代战争中，信息系统攻防已经成为一场新的战争，决定着国家的战略优势。通过保障国防系统、保密通信等关键信息基础设施的安全，国家能够提高对外防御的能力，确保国家安全。在数字化时代，文化信息、国家形象在网络空间传播至关重要。信息泄露、网络攻击可能损害国家形象和文化软实力，通过加强网络舆情监测、规范网络传播，有助于维护国家的文化自信和国际声誉。国家需要通过制订健全的法规、建设强大的信息基础设施、培育专业人才等手段，全面提升国家的信息安全水平，以确保国家在数字时代能够健康、安全、持续地发展。信息安全已经成为维护国家整体安全和全球治理的必备条件，对于构建和谐稳定的社会有着深远的影响。

（四）信息安全也涉及全球层面，因为信息网络已经超越国界，成为全球化的互联互通体系

信息安全的重要性不仅局限于国家层面，更涉及全球层面，因为信息网络已经超越国界，形成了一个全球化的互联互通体系。在这个高度互联的世界中，各国都面临着共同的信息安全挑战，而合作与协调成为确保全球信息安全的关键。网络攻击者可以通过跨境方式实施攻击，盗取各国机密信息、进行勒索活动、发起网络战争等，对全球信息基础设施构成威胁。在这一背景下，各国需要加强国际合作，共同打击跨国网络犯罪，通过信息分享、联合行动等方式提高全球网络安全水平。全球化的商业活动导致信息和数据在跨国企业之间流动，企业的商业机密、研发成果等信息面临泄露的风险。建立国际标准和规范，推动企业加强信息保护措施，维护全球供应链的信息安全，是防范全球范围内信息泄露和经济损失的必要手段。网络攻击、网络间谍活动可能导致国际紧张局势，对国际关系产生重大影响。国际社会需要加强对网络空间的治理和规范，推动国际法律框架的建立，以维护各国的信息主权和政治安全。在信息网络的传播中，病毒、虚假信息等问题可能跨越国界，对全球公共卫生和社会稳定造成威胁。国际合作可以促使信息网络更好地服务于全球卫生安全、环境保护等全球性议题。国际社会需要通过加强合作、制订共同的规范和标准、推动信息共享，以建立全球化的信息安全治理机制，共同维护全球信息环境的稳定和安全。只有通过全球协作，各国才能更好地应对不断演变的信息安全威胁，确保全球信息网络的持续发展和安全稳定。加强信息安全意识，采取有效的技术手段和管理措施，已经成为当今社会各个领域共同面对的重要任务。只有通过共同努力，才能够构建一个更加安全、稳定的数字化社会。

三、信息安全是业务持续运营的基石

对于企业而言，信息安全不仅仅是一项技术措施，更是业务持续运营的基石。在当今数字化、网络化的商业环境中，企业面临着日益复杂和多样化的信息安全威胁，这些威胁可能来自内部员工的疏忽，也可能源自外部的恶意攻击。建立健全的信息安全体系，既是对企业财产和声誉的保护，也是确保业务稳健运行的必要条件。

（一）信息安全对企业的经济利益至关重要

信息安全对企业的经济利益至关重要，它直接关系到企业的经营稳定、客户信任和市场竞争力。在当今数字化时代，企业的信息资产包括客户数据、商业机密、财务信息等，这些信息的泄露或损坏可能导致严重的经济损失和商誉受损，确保信息安全成为企业维护经济利益的战略性任务。信息安全保护了客户信任，有助于维护企业的品牌形象。客户对于其个人信息的保护越来越关注，一旦企业因信息泄露或数据被攻击而导致客户信息泄露，将可能损害客户对企业的信任。通过建立健全的信息安全体系，采取有效的数据加密、访问控制、安全传输等技术手段，企业可以向客户展示其对信息安全的高度关注，从而增强客户信任度，促进长期客户关系的建立和维护。企业的核心竞争力常常依赖独特的商业模式、研发成果和市场策略，这些都属于敏感的商业信息。通过建立完善的访问控制和权限管理系统，企业可以防止未经授权的人员获取这些商业机密，确保企业的独特竞争优势，从而保障经济利益的可持续增长。网络攻击、数据泄露等安全事件可能导致企业服务中断、业务数据损失，对企业正常经营产生重大影响。通过制订完善的灾备计划、加强网络安全监控和实施安全培训，企业可以提高抵御网络攻击的能力，降低信息安全事件对企业经济利益的冲击。随着信息保护法规的不断加强，企业需要确保符合相关法规，避免因信息泄露、隐私侵犯等问题而受到法律制裁，保障企业的经济利益和声誉。信息安全不仅仅是一项技术性的任务，更是企业维护经济利益、保护客户信任和提升竞争力的关键战略之一。通过投入适当的资源和制订全面的信息安全策略，企业可以降低风险，提升业务的可持续性和可信度，确保经济利益的稳健增长。

（二）信息安全直接关系到企业的声誉和信任度

信息安全直接关系到企业的声誉和信任度，是企业长期可持续发展的重要保障。在当今数字化时代，企业的声誉和信任度往往建立在其对客户数据和业务机密的保护上。因此，加强信息安全措施成为企业维护声誉、赢得客户信任的关键战略。客户越来越注重其个人信息的保护，一旦企业未能妥善保管客户数据，造成数据泄露或滥用，将直接影响客户对企业的信任。通过采用严格的数据加密、访问控制和隐私保护措施，企业可以向客户展示对其隐私的高度尊重，提升客户信任度，从而增强企业的声誉。企业在市场上的成功通常建立在其独特的商业模式、创新能力和市场策略上，这些都属于敏感的商业信息。一旦这些信息泄露给竞争对手，将可能导致企业失去竞争优势。通过强化访问控制、加密技术和员工培训，企业能够更好地保护商业机密，巩固市场地位，提升声誉。在信息泛滥的时代，企业的声誉很容易受到消费者的传播和影响。一旦发生信息安全事件，比如数据泄露或网络攻击，不仅会影响现有客户的信任，还可能引起负面口碑，影响潜在客户的选择。通过建立有效的应急响应机制、加强品牌维护和沟通，企业能够更好地应对潜在的声誉风险，维护品牌形象。企业通过良好的信息安全实践，不仅是对客户和合作伙伴的负责，也是对整个社会的负责。积极参与社会安全倡议、分享安全最佳实践，有助于树立企业的社会责任形象，提升公众对企业的信任。信息安全不仅仅是技术层面的问题，更是企业声誉和信任度的重要构成部分。通过制订科学的信息安全策略、加强内部培训、不断提升安全意识，企业可以更好地保护客户数据、商业机密，提升声誉和信任度，为企业可持续发展奠定坚实基础。

（三）信息安全关系到企业的合规性

信息安全与企业的合规性密切相关，是企业必须严格遵守的法规和标准之一。合规性不仅涉及维护企业的声誉，还关系到法律责任和经济利益。通过确保信息安全合规，企业能够降低法律风险，提升经营的合法性和透明度。随着各国对于个人隐私和数据保护的法规要求不断升级，企业需要制订并执行符合相关法规的信息安全政策和措施。比如，欧盟的《通用数据保护条例》（GDPR）和美国的《加利福尼亚消费者隐私法》（CCPA）等法规都对企业在处理客户数据时提出了严格的规定，未能遵守可能导致高额罚款。通过确保信息安全合规，企业可以降低法律责任，维护良好的法律地位。不同行业通常有各自的信息安全标准，如金融行业的 PCI DSS、医疗行业的 HIPAA 等。企业需要了解并遵守适用于其行业的信息安全标准，以确保其信息安全实践符合业界最佳实践，提升企业的合规性和竞争力。在跨国经营中，企业需要遵守不同国家和地区的信息安全法规，以确保在全球范围内的业务合规性。通过建立全球一体化的信息安全策略、加强国际信息共享和协作，企业可以更好地适应复杂多变的国际法律环境，降低跨国业务运营的风险。企业通过合规性实践，不仅是对员工、客户和合作伙伴的负责，也是对社会的负责。积极履行社会责任，参与社会安全倡议，有助于树立企业的良好形象，提升公众对企业的信任。通过建立健全的信息安全管理制度、持续监控和评估合规性水平，企业可以降低法律风险、提高经营的合法性和透明度，从而为可持续经营打下坚实基础。

（四）信息安全对企业的内部管理和员工行为有深远的影响

信息安全对企业的内部管理和员工行为具有深远的影响，它涉及建立健全的内部安全文化、加强员工培训、设立有效的安全政策等多个方面，对维护企业的信息资产和保障业务稳健运行至关重要。通过建立完善的信息安全管理制度，企业可以规范和优化内部流程，确保信息的合理获取、传输和存储，提高业务流程的效率和可控性。良好的内部管理可以降低信息安全事件的风险，保障企业业务的顺利运行。员工是企业信息资产的关键管理者和使用者，其行为直接关系到信息的安全性。通过加强员工的信息安全培训，使其了解信息安全政策、风险防范措施以及如何正确处理敏感信息，企业可以降低员工造成的安全漏洞，提升员工对信息安全的意识和责任感。员工需要遵守企业的信息安全政策，合法使用信息系统，并在处理客户信息等敏感数据时保持诚实和慎重。通过制订明确的行为规范和相关奖惩机制，企业可以引导员工形成良好的信息安全行为习惯，降低内部威胁的发生概率。通过建立安全的内部通信渠道、加密传输机制，企业能够确保敏感信息不被未经授权的人员获取，保障内部沟通的保密性。促进信息共享和协作，有助于提高企业内部的整体工作效率。通过强调信息安全的重要性，弘扬安全意识和负责任的价值观，企业可以形成积极的安全文化，使员工对信息安全有更高的自觉性和主动性。通过建立全员参与的信息安全管理体系、加强员工培训、设定行为规范，企业能够提高内部的安全素质，降低信息泄露和内部威胁的风险，为企业的稳健经营奠定坚实基础。

（五）信息安全还与企业的创新能力和研发竞争力息息相关

信息安全与企业的创新能力和研发竞争力密切相关，它不仅是保护企业独特创新成果的基础，还直接影响到企业在科技领域的领先地位。通过建立健全的信息安全体系，企业能够在保障信息资产安全的同时，激发创新活力、提升研发竞争力。在创新过程中，企业通常会涉及大量的研发数据、技术方案和商业机密。通过加强对这些信息的保护，企业可以防止创新成果被未经授权的人员获取，确保创新投入的安全和效益。企业可以通过建立访问控制、加密技术等手段，保护研发团队的创新成果，维护其在市场上的领先地位。信息时代，研发工作离不开信息技术的支持，而信息系统的安全性直接关系到研发过程的高效进行。通过确保研发数据的完整性和保密性，企业可以提高研发团队的工作效率，降低研发风险，从而提升研发竞争力。很多企业在进行创新时需要与外部的合作伙伴、研究机构等分享信息。通过建立安全的合作机制、确保信息的安全传输，企业可以更加愿意与其他机构合作，推动科技创新的共同发展。一旦发生信息泄露事件，不仅可能导致商业机密的丧失，还可能损害企业的声誉，影响客户和投资者对企业的信任。保障信息安全有助于维护企业的良好形象，增强在市场上的竞争力。通过科学合理的信息安全管理，企业可以在保护知识产权的同时，激发内部创新活力，提升研发效率，增强在科技领域的竞争实力，从而实现可持续的创新和发展。

建立全面的信息安全管理体系，包括技术手段、管理政策、员工培训等多个方面，已经成为企业管理的重要组成部分。只有通过不断强化信息安全意识，加强内外部合作，企业才能更好地应对信息安全挑战，保障业务的持续发展。

四、在国家层面，信息安全关系到国家安全和社会稳定

在国家层面，信息安全的重要性不仅仅体现在经济、军事和政治层面，更直接关系到国家安全和社会稳定。随着现代社会的数字化和信息化进程不断加速，信息安全的保障已成为国家战略和治理的关键一环。

（一）国家安全直接依赖信息安全的维护

国家安全直接依赖信息安全的维护，信息安全不仅仅关系到国家政治和经济的稳定，更关系到国家在全球范围内的战略竞争力。随着信息技术的迅猛发展，信息安全成为国家安全的重要组成部分，关系到国家政权、军事实力、经济繁荣以及社会稳定的方方面面。政府机关拥有大量的敏感信息，包括行政管理、国防军事、外交谈判等领域的重要数据。一旦这些信息泄露或被攻击，将可能导致政府失去对国家的有效控制，危及国家政权的稳定性。通过建立健全的政府信息安全体系，采取多层次的安全防护措施，政府能够提高对关键信息的保护水平，确保国家政权的稳固。在现代战争中，信息技术的运用已经成为一项决定性的战略优势。军事信息系统的安全直接关系到国家的国防实力。通过建设高度安全的通信系统、防空系统、战略指挥系统等，国家能够保障军队指挥、情报收集等方面的信息安全，提高对外防御的能力，确保国家的国防安全。在数字经济时代，信息技术已经贯穿于各个行业，国家的经济活动离不开信息系统的支持。金融系统、能源基础设施、交通运输等关键行业的信息安全受到威胁可能导致经济活动的中断和严重的经济损失。通过加强关键领域的信息安全防护，国家能够提高抵御经济领域的网络攻击和信息泄露的能力，保障经济的持续健康发展。在全球化的背景下，国际社会的互联互通导致信息的跨国流动，国家之间的信息安全问题日益突出。通过积极参与国际信息安全合作、倡导国际规范和法规，国家能够提

高在国际社会中的声望，推动全球信息安全治理体系的建设，确保国际关系的和谐稳定。信息安全是国家安全的重要保障，关系到政治稳定、军事实力、经济繁荣以及国际声望。国家需要通过加强法规建设、建设强大的信息基础设施、培育专业人才等手段，全面提升国家的信息安全水平，以确保国家在数字时代能够安全、持续、健康地发展。信息安全已经成为国家整体安全的不可或缺的组成部分，对于构建和谐稳定的国家社会有着深远的影响。

（二）信息安全与社会稳定密切相关

信息安全与社会稳定密切相关，它不仅关系到个人和组织的安全，也涉及整个社会的和谐运行。在数字化时代，信息技术的广泛应用使得信息安全成为维护社会秩序和稳定的关键因素。在日常生活和工作中，个人和组织的大量敏感信息都存储在数字系统中，包括个人隐私、财务信息、商业机密等。一旦这些信息遭到泄露、篡改或滥用，将直接损害个人和组织的基本权益，影响到社会中成千上万的生活和工作参与者。在数字化经济中，金融、能源、交通等重要行业都依赖于信息技术的支持。信息安全的威胁和攻击可能导致关键基础设施的瘫痪，引发经济损失和社会动荡。通过建设健全的信息安全体系，加强关键领域的网络防护，社会能够提高对经济体系的保护水平，确保经济的稳定运行。在面临恐怖主义、网络犯罪等复杂威胁的时代，信息安全是确保社会公共秩序和人身安全的前提条件。通过建设智能化的监控系统、强化网络安全防护，社会可以更好地应对各种安全挑战，确保公共安全。通过信息传播渠道，人们获取、分享和传递信息，形成社会共识和舆论。一旦信息受到恶意篡改、虚假传播，可能导致社会不安定和对公共事件的误解。加强对信息真实性的保障，维护信息的透明度和公正性，有助于构建和谐的社会氛围。通过建设健全的法规体系，规范信息安全行为，社会能够更好地维护公共秩序，对违法行为进行有效打击，提高社会治理的效能。社会需要通过法律制度、技术手段、公共教育等多方面的措施，全面提升信息安全水平，以确保社会在数字化转型中能够稳定有序地发展。只有通过全社会的共同努力，才能建设一个安全、稳定、繁荣的数字社会。

（三）信息安全还涉及国家的经济安全

信息安全对国家的经济安全具有深远的影响，它直接关系到国家的财产安全、商业机密的保护以及金融体系的稳定。在数字化时代，信息成为经济活动的核心，信息安全的威胁和风险可能导致巨大的经济损失，保障信息安全成为维护国家经济安全的迫切任务。企业的核心竞争力常常依赖独特的商业模式、创新能力和市场策略，而这些都是敏感的商业信息。通过建立强有力的信息安全体系，包括加密技术、访问控制、安全传输等手段，国家可以保护企业的商业机密，防范恶意竞争对经济的损害。金融业是国家经济的核心，而金融交易往往依赖高度复杂的信息网络。一旦发生金融信息被篡改、盗取或恶意攻击，可能导致金融市场的混乱，影响国家货币的稳定和金融机构的正常运营。通过建立健全的金融信息安全体系，包括网络防护、身份验证和交易监控等措施，国家能够提高金融体系的抵御能力，确保金融市场的稳定运行。电力、水源、交通等关键基础设施的稳定运行对于国家的经济安全至关重要。这些基础设施往往依赖信息技术的支持，一旦受到网络攻击或信息泄露，可能导致基础设施的瘫痪，影响国家的正常经济活动。通过建设强大的信息安全防护体系，国家能够降低对关键基础设施的威胁，确保国家经济的顺畅运行。在全球化背景下，国际贸易和合作不可避免地涉及大量的信息交流和共享。通过建设安全的信息通信网络、保护跨境数据流动的安全，国家能够提高在国际舞台上的竞争力，确保贸易和合作的顺利进行。通过建设完善的信息安全体系，国家能够保护商业机密、维护金融体系的稳定、确保关键基础设施的安全，从而保障国家经济的持续健康发展。信息安全已经成为国家经济安全战略中的重要一环，需要全社会的共同努力来应对日益增长的信息安全威胁。

（四）在国际层面，信息安全是国家间合作和竞争的重要方面

在国际层面，信息安全不仅是国家间合作的关键因素，也是国家间竞争的重要方面。随着全球信息化进程的加速，各国之间在信息领域的互动与竞争愈发激烈，信息安全成为维护国家利益和国际秩序的战略性议题。在全球化背景下，国际社会面临着跨国网络犯罪、信息战争等多种威胁，这些威胁超越国界，需要国际社会共同协作来加以防范。通过国际合作，各国可以共享信息安全的最佳实践、开展联合研究与培训，共同构建全球信息安全体系，提高整体的抵御能力。数字化时代，跨境数据流动成为国际贸易与合作的重要组成部分。加强国际信息安全合作，能够保障跨境数据传输的安全性和稳定性，促进数字经济的健康发展。通过建立共同的信息安全标准和规范，国际社会能够降低信息安全风险，推动全球经济的共同繁荣。在信息化战争时代，网络空间已经成为军事斗争的重要领域。国家通过发展网络军事能力、加强网络防护，既能够保护国家的信息基础设施免受攻击，也能够提升在国际军事竞争中的地位。信息安全在维护国家军事安全和国际战略平衡中发挥着不可替代的作用。通过网络平台，国家能够向全球传递本国文化、推广自身价值观。但在信息传播中，也可能面临信息的不实传播和信息战的挑战。通过加强国际信息合作，共同维护网络信息的真实性和公正性，有助于构建和谐的国际社会。国际社会需要通过建设共同的信息安全治理机制、推动国际合作与规范制订，共同维护全球信息秩序，促进国际社会在信息领域的

持续、平衡、健康发展。信息安全的国际合作将为各国创造更加安全、繁荣的数字化未来。

建立健全的信息安全体系，不仅是国家治理和战略的需要，也是维护社会秩序、促进经济繁荣的不可或缺的基石。只有通过国家层面的综合治理和国际合作，才能更好地应对日益复杂和严峻的信息安全挑战。它不仅关系到个人的隐私权和企业的商业利益，更是国家安全和社会稳定的重要保障。建立全面的信息安全体系，采用先进的技术手段和管理措施，成为保障信息社会稳健运行的必要条件。

第三节 信息安全的发展过程和趋势

随着科技的不断进步，人们对于保护信息的需求逐步演变和提升。这一过程包括多个阶段，也伴随着新的趋势和挑战。

一、信息安全的发展经历了基础建设和意识觉醒的阶段

信息安全的发展经历了基础建设和意识觉醒的阶段，这两个阶段相互交织、相辅相成，共同推动了信息安全领域的发展演进。在基础建设阶段，信息安全的发展主要集中在技术层面的构建和完善。这一阶段的关键任务是建立安全的信息基础设施，包括网络安全设施、安全协议、加密技术等。随着计算机技术的迅猛发展，网络通信的普及和信息存储的大规模化，信息安全问题逐渐显现。因此，各类安全技术和标准应运而生，旨在保护信息系统不受未经授权的访问、窃取和破坏。在这个阶段，加密算法、防火墙、入侵检测系统等安全技术被广泛研发和应用。制订了一系列的国际、国家和行业标准，为信息安全奠定了基础。网络安全的基础设施逐渐完善，企业和组织开始意识到信息安全不仅仅是技术问题，更是需要系统化的管理和规范。随着社会信息化的深入和信息技术的普及，人们逐渐意识到信息安全问题不仅仅是技术层面的挑战，还涉及到组织文化、员工素养、法规合规等多个层面。这标志着信息安全进入了意识觉醒的阶段。在意识觉醒阶段，人们开始关注信息安全的管理体系和制度建设。企业和组织逐渐认识到，信息安全不仅仅依赖技术手段，更需要在组织内部建立一系列的政策、流程和培训，以强化员工的信息安全意识。法规合规成为一个突出的关键点，各国纷纷出台信息安全法规，强调企业在信息处理和存储过程中需要遵循的法律法规标准。组织开始实施信息安全管理体系（ISMS），引入信息安全管理标准，如 ISO/IEC

27001，以确保信息安全控制的全面实施。这一时期，信息安全被纳入企业战略规划，成为组织管理体系的一部分，涵盖了组织文化、风险管理、员工培训等方方面面。信息安全的意识觉醒还推动了行业和社会对于隐私保护的关注，促使更严格的隐私法规的制定。个人信息保护、数据隐私成为信息安全领域的热点话题，企业需要更加重视用户数据的合法获取和妥善处理。基础建设阶段主要关注技术手段和设施的完善，而意识觉醒阶段强调信息安全的全员参与，包括组织管理、员工培训、法规合规等多个方面。这两个阶段相互交织，推动了信息安全领域的全面发展，使其更加符合现代社会信息化的需求。

二、随着信息技术的快速发展，信息安全进入了技术驱动的时代

随着信息技术的快速发展，信息安全进入了技术驱动时代，这一时代特征明显体现在对新兴技术的广泛应用以及对安全保障的不断创新。

（一）新兴技术的快速普及和应用成为信息安全的新动力

新兴技术的快速普及和广泛应用对信息安全提出了新的挑战和机遇，这一趋势在数字化时代加速发展，新兴技术包括人工智能、大数据、物联网、区块链等，它们的应用不仅为社会带来了便利和创新，也带来了新的安全隐患，要求信息安全领域更加紧密关注和应对。人工智能在网络安全防御、攻击检测、密码破解等方面的应用日益广泛，恶意使用人工智能技术进行网络攻击也逐渐增多。通过使用智能算法，黑客可能更容易发现系统漏洞、进行精密的网络钓鱼攻击或者伪造身份进行入侵。信息安全领域需要加强对人工智能技术安全性的研究和应对措施的制订。大数据的应用为信息安全提供了更多的可能性，同时也增加了信息泄露和隐私侵犯的风险。大数据分析技术可以帮助企业更好地理解用户行为、优化运营，但也可能使大量敏感信息集中存储，一旦被非法获取将对个人隐私造成巨大威胁。信息安全需要在大数据应用中加强隐私保护、数据脱敏等措施，以防范潜在的风险。物联网（IoT）作为连接各种设备的技术，将数十亿个设备连接到互联网，为信息收集和共享提供了更多可能性。大规模的连接也意味着存在更多的潜在攻击面。未经充分保护的物联网设备可能成为黑客的入口，威胁个人、企业和国家的安全。信息安全需要面对物联网环境中的设备认证、数据加密、漏洞管理等问题。区块链技术被广泛应用于加密货币等领域，为信息安全提供了分布式、去中心化的解决方案。区块链本身也不是绝对安全的，智能合约漏洞、51% 攻击等问题仍然存在。信息安全领域需要在推动区块链技术应用的同时，不断加强对其安全性的研究和探索。信息安全需要不断更新和加强技术手段，制订更严格的标准和规

范，以确保新兴技术的安全应用，促进数字社会的稳定和可持续发展。在新兴技术的推动下，信息安全领域也应该积极创新，不断提高应对新威胁的能力，确保数字时代的安全与可持续发展。

（二）信息安全的技术驱动体现在不断创新的安全保障手段

信息安全的技术驱动体现在不断创新的安全保障手段，这一过程是为了适应不断演进的威胁环境和满足日益增长的安全需求。随着科技的发展，信息安全领域不断涌现出各种新技术，旨在提高数据的机密性、完整性和可用性，确保信息在传输、存储和处理的全过程中得到有效保护。通过对数据进行加密，即使在数据传输或存储过程中被未经授权的人员获取，也无法直接读取其内容。随着量子计算等技术的崛起，传统的加密算法面临破解的威胁，量子安全加密技术正在成为未来信息安全的趋势，以抵御未来量子计算的潜在攻击。传统的用户名和密码方式容易受到钓鱼攻击、密码猜测等威胁，因此引入生物特征识别、智能卡、手机短信验证等多因素身份验证手段，提高了用户身份验证的强度，减少了身份盗用和非法访问的可能性。机器学习算法可被用于异常检测、威胁情报分析等方面，帮助系统及时发现并应对潜在的威胁。人工智能还能够模拟恶意攻击，进行渗透测试，以评估系统的安全性，提高对新型攻击的适应性。传统的防火墙、入侵检测系统等技术逐渐融合和升级，出现了基于行为分析的入侵检测、威胁情报共享平台等新型防御手段。零信任网络模型在强调对所有用户和设备进行验证的基础上，更加注重对网络内部流量和用户行为的实时监测和响应。容器提供了更加轻量级、可移植、可扩展的应用部署环境，也提出了新的安全挑战。信息安全领域需要不断研发适应容器化和微服务环境的安全解决方案，以确保在这样的分布式环境中数据和应用的安全性。通过引入先进的加密技术、多因素身份验证、人工智能、网络安全防御等手段，信息安全领域致力于提高对抗现代化威胁的能力，确保数字社会的安全发展。技术的不断创新为信息安全提供了强大的工具，也要求信息安全从业者不断学习和适应新技术，以维护信息安全的可持续性。

（三）随着边缘计算、物联网等技术的兴起，信息安全不再局限于传统的网络和系统范畴，而变得更加普及和全面

随着边缘计算、物联网等技术的兴起，信息安全的范畴已经从传统的网络和系统扩展到更广泛的领域，呈现出更为普及和全面的趋势。这一变化不仅提升了信息安全的复杂性，也推动了安全策略的演变，以更好地适应新兴技术的发展和广泛应用。边缘计算将计算资源推向网络边缘，使得设备能够在本地进行数据处理和决策，减少对云端的依赖。这也意味着更多的终端设备参与到信息处理中，增加了潜在的攻击面。

信息安全需要关注边缘设备的安全性，采取有效手段来防范本地攻击、数据泄露等威胁。物联网的广泛应用将大量设备连接到互联网，形成了庞大的网络生态系统。这些设备涵盖了从家居设备、工业传感器到城市基础设施等各个领域，使得信息安全不再仅限于传统的计算机网络。保障物联网中设备的通信安全、数据隐私以及固件安全成为信息安全领域亟须解决的问题。边缘计算和物联网的结合使得信息安全在智能化、自动化的场景中变得更为关键。例如，智能家居、智能工厂等场景中的设备和系统需要实现相互协作，这就要求信息安全不仅关注设备本身的安全性，还需要考虑设备之间的信任关系、数据交互的可信度等方面。随着信息技术的不断发展，信息安全在新兴技术的推动下逐渐从专业领域走向更广泛的社会层面。从个人生活的智能化、城市的智慧化，到工业领域的自动化，信息安全已经成为社会各个层面的重要议题。保护边缘设备和物联网中的信息安全，不仅需要技术上的创新，还需要法规制度和社会意识的共同努力，以建设更为安全、可靠的数字社会。这一全面普及的趋势将持续引领信息安全领域朝着更加广泛、深入的方向发展。

（四）技术驱动的信息安全时代强调了人工智能在安全领域的应用

技术驱动的信息安全时代强调了人工智能在安全领域的应用，这体现在人工智能技术在威胁检测、漏洞分析、风险管理等方面的广泛应用，为信息安全提供了更为智能、高效的解决方案。传统的安全系统往往依赖于规则和模式的定义来检测威胁，但这种方法在面对日益复杂和变化多端的威胁时显得有限。通过机器学习和深度学习等人工智能技术，安全系统可以自动学习和识别新型威胁的模式，实现对恶意活动的实时检测和防范。漏洞是信息系统中的薄弱环节，黑客通常通过利用漏洞进行入侵。人工智能可以通过自动化的方式对软件和系统进行漏洞扫描、分析和修复，大大提高了漏洞检测的效率，缩短了漏洞修复的时间，从而降低了潜在的风险。通过对海量的安全数据进行分析，人工智能可以提供全面的风险评估，帮助组织更好地理解潜在的威胁和漏洞。基于人工智能的风险管理系统还可以自动化决策流程，提供实时的安全建议，使安全团队更具针对性地应对各种威胁。通过分析用户行为模式，人工智能可以识别异常活动，防止社交工程攻击。在网络攻击方面，人工智能可以识别大规模扫描、恶意流量，提前发现并应对潜在的攻击行为。它不仅弥补了传统安全方法的局限性，提高了安全系统的智能化水平，也为信息安全从业者提供了更为强大和高效的工具，以更好地保障数字社会的安全。在技术驱动的信息安全时代，人工智能的应用将继续演进，成为保障网络和系统安全的重要力量。

随着信息技术的快速发展，信息安全进入了技术驱动的时代，这一时代注重新兴技术的广泛应用，推动了安全保障手段的不断创新，使得信息安全在应对复杂威胁和新挑战时更具备灵活性和前瞻性。在技术驱动的时代，信息安全的保障不仅需要依赖传统的手段，更需要紧跟科技进步的步伐，不断升级和优化安全体系，以保护数字化社会的稳定运行。

三、近年来，信息安全进入了全球化、智能化的新阶段

近年来，信息安全不断演进，进入了全球化、智能化的新阶段，这一时期的发展呈现出多层次、复杂化的特点，对信息安全的管理和应对提出了更高要求。

（一）全球化使得信息安全面临更广泛、更复杂的威胁

全球化使得信息安全面临更广泛、更复杂的威胁，这一趋势凸显了信息安全领域的全球性和综合性特征。随着全球互联的不断深化，信息在跨国界的传播和共享呈现出前所未有的规模和速度，这也为黑客、网络犯罪分子等威胁行为提供了更多机会，使得信息安全形势更加严峻。全球化加速了信息的流通，导致了信息泄露和数据隐私泄露的风险上升。个人、企业以及政府机构在全球范围内传输和共享敏感信息，一旦这些信息受到攻击或滥用，可能对全球各方造成巨大的损害。信息安全需要在全球范围内建立更加紧密的合作机制，共同应对数据泄露和隐私侵犯的风险。黑客组织和网络犯罪分子能够利用全球互联的特性，穿越国界进行网络攻击、网络诈骗、勒索软件等犯罪活动。这种跨国性的犯罪形式使得单一国家或地区的法律和执法手段难以迅速有效地应对，强调了国际合作在打击网络犯罪中的重要性。企业在全球范围内建立的供应链网络，使得安全风险不仅仅局限于本国范围。供应链攻击可能通过在供应链中植入恶意软件或者利用供应链的弱点，迅速传播到全球范围，影响企业的生产和服务。保障供应链的安全性成为信息安全的一个重要方面。各国之间在信息领域的竞争和冲突变得更加复杂，网络空间成为国家间进行战略角力的重要战场。信息战涉及到网络攻击、网络渗透、虚假信息传播等多个层面，不仅影响国家间的政治关系，还可能对全球社会的稳定产生深远的影响。在这一背景下，全球范围内的信息合作和安全共建成为应对信息战挑战的重要手段。全球化为信息安全带来了更广泛、更复杂的威胁，要应对这些威胁，需要在全球范围内建立更加密切的合作机制，共同应对跨国网络犯罪、信息泄露、供应链安全等挑战。在全球化时代，信息安全的保障需要更为综合、协同的国际努力，以确保全球信息的安全传输和共享。

（二）智能化技术的广泛应用给信息安全带来了新的挑战

智能化技术的广泛应用给信息安全带来了新的挑战，这主要表现在智能设备、人工智能算法、大数据分析等方面的应用，使得安全风险更加复杂且难以预测。面对智能化技术的快速发展，信息安全领域需要不断创新和强化防御手段，以确保数字社会的稳定和可持续发展。随着物联网的发展，越来越多的设备变得智能化，从家居设备、工业控制系统到城市基础设施，这些设备之间通过互联网进行数据交换。然而，这也为黑客提供了更多攻击入口，他们可以通过攻击智能设备来获取敏感信息、实施勒索攻击或者干扰正常运行。信息安全需要更强有力的智能设备防护机制，包括设备认证、数据加密、固件安全等方面的创新。黑客利用人工智能技术进行网络入侵、漏洞利用和社交工程攻击，这使得攻击更具针对性、更难以被检测。信息安全领域需要不断改进自身的人工智能防御技术，通过机器学习和行为分析等手段，实现对新型威胁的及时发现和防范。大数据技术可以通过分析庞大的数据集来发现模式、趋势和关联性，这在商业、医疗、社交等领域提供了巨大的价值。大数据的收集和分析也可能导致个人隐私的泄露和滥用。信息安全需要在大数据应用中加强隐私保护、数据脱敏等措施，以降低潜在的隐私风险。新型的攻击手段和安全防御技术的不断更新，要求信息安全专业人员具备更广泛的知识和技能，包括但不限于人工智能安全、物联网安全、大数据安全等领域的专业知识。信息安全领域需要加强人才培养和技术创新，以满足智能化时代对专业人才的需求。智能化技术的广泛应用给信息安全带来了新的挑战，但也为信息安全领域提供了更多创新和发展的机遇。通过不断加强技术研发、强化防御手段和培养专业人才，信息安全可以更好地适应智能化时代的挑战，确保数字社会的可持续发展。

（三）全球化和智能化的新阶段推动了信息安全法规和政策的不断完善

全球化和智能化的新阶段推动了信息安全法规和政策的不断完善，这反映了对数字社会安全问题的不断认知和对新兴技术应用的监管需求。面对全球范围的信息交流和智能技术的快速发展，各国纷纷制订和更新信息安全法规，以促进创新、保障公民权利，同时强调跨国合作，共同应对全球性的信息安全挑战。由于网络攻击和威胁跨越国界，各国之间的合作变得尤为重要。许多国家通过签署国际协定、共享情报、建立联合应对机制等方式，加强了在信息安全领域的跨国合作。这有助于更加高效地对抗全球性网络犯罪，共同维护数字社会的稳定。随着人工智能、物联网等技术在各行各业的应用，相关法规需要不断更新，以确保这些技术的发展与应用不会侵犯个人隐私、不当使用个人数据，同时明确新兴技术的道德和伦理准则，避免其被滥用或产生负面社会影响。随着大数据的应用日益普及，各国纷纷加强了对数据的管理和保护，推行更严格的个人数据隐私法规。这旨在确保个人信息在数字社会中得到妥善处理，防止滥用和非法获取，同时提升个人对数字空间的信任感。关键信息基础设施包括电力、交通、金融等关键行业，其安全性直接关系到国家经济和社会的正常运行。许多国家在法规中明确了对这些关键信息基础设施的安全标准和监管要求，以确保其稳定运行，免受网络攻击和其他威胁的影响。在保障个人隐私、规范新兴技术应用、加强国际合作等方面，信息安全法规正朝着更加全面、灵活的方向发展，以适应数字社会不断变化的安全需求，这为建设更加安全、可靠的数字环境奠定了坚实的法律基础。

（四）全球化和智能化的新阶段推动了信息安全产业的蓬勃发展

从网络安全软件到智能安全分析系统，信息安全领域的市场需求不断扩大，各类安全服务和产品层出不穷。信息安全产业链逐渐形成，包括网络安全公司、威胁情报提供商、安全培训机构等，为信息安全提供了更多的技术和解决方案。全球化、智能化的新阶段使得信息安全面临更为广泛和复杂的挑战，需要更多国际合作、智能技术创新、法规完善和产业发展等多方面的综合努力。只有通过全球协同行动，不断加强技术创新和法规体系的建设，才能更好地应对信息安全领域的新挑战，确保数字化社会的安全稳定。

四、信息安全朝着全面性、智能化、可信任性发展

未来，信息安全领域的发展将进一步朝着全面性、智能化和可信任性的方向迈进，以适应不断变化的威胁环境和信息技术的迭代创新。

（一）全面性将成为信息安全的关键特征

随着数字化时代的深入发展，信息安全不再仅仅关注网络和系统的安全性，更将涵盖数据、应用、终端等多个层面。未来，信息安全将更全面考虑全球化背景下的跨国威胁、全行业范围内的合规性要求，以及人工智能、物联网等新兴技术的全面应用。这需要建立更为综合的信息安全管理体系，包括全方位的风险评估、全过程的威胁检测和响应，以确保信息系统在全方位上得到有效的保护。

（二）智能化将深刻改变信息安全的方法和手段

人工智能、机器学习等技术的广泛应用将使得安全防御更加智能和自适应，未来的信息安全系统将能够通过对大量数据的实时分析，自动检测和识别潜在威胁，实现实时响应和自我修复。智能安全分析系统、自动化响应工具等将更广泛地应用于安全管理中，提升信息安全的及时性和有效性。

（三）可信任性将成为信息安全建设的核心目标

由于信息系统的复杂性和全球性，用户和企业对于信息的可信任性和完整性的需求日益增加。未来，将强调建立可信任的信息基础设施、强化身份认证和访问控制，以确保信息在存储、传输和处理过程中的可信度。区块链技术等可信计算手段也将得到更广泛的应用，用于提高信息系统的抗攻击性和可溯源性。

（四）信息安全将更加注重人的角色，强调人的素养和行为对信息安全的影响

未来的信息安全教育将更注重培养员工的信息安全意识，使其能够主动识别和防范潜在威胁。企业将建立更全面的内部培训计划，引导员工正确使用信息系统，并对不当行为进行及时纠正，以降低人为因素引发的安全风险。

未来信息安全的发展将注重全面性、智能化和可信任性，以适应数字化社会的不断变化和信息技术的不断创新。通过综合运用先进技术、智能手段和全员参与的管理模式，信息安全将更为全面、高效地履行其保障数字社会安全的重要使命。未来，随着技术的不断创新和社会信息化程度的不断提升，信息安全将面临更加复杂和全面的挑战，也将逐步向更加智能和可信任的方向发展。

第五章　电子信息安全管理

电子信息安全管理是一项综合性的、系统性的措施和策略的管理过程，旨在有效保护电子信息系统、网络和数据资源，确保其机密性、完整性和可用性。这一管理体系涵盖了从制订政策和规程、实施技术手段到进行培训和监测等多个方面，以应对不断演进的信息安全威胁。电子信息安全管理侧重于制订全面的信息安全政策和规程，这包括明确信息访问权限、加密要求、数据备份策略等。通过建立明确的安全规范，可以为组织内的各级人员提供具体的指导，确保他们在信息处理过程中遵循安全最佳实践。技术手段在电子信息安全管理中起着重要的作用，这包括网络防火墙、入侵检测系统、反病毒软件等安全工具的选择和部署。通过使用先进的安全技术，可以及时发现并应对潜在的威胁，保障系统和网络的安全运行。组织需要为员工提供定期的信息安全培训，使其了解最新的威胁和防范方法，提高信息安全意识。建立一个安全文化，使每个员工都能够主动参与信息安全管理，形成共同的防护网络。定期的安全审计和监测是电子信息安全管理的重要环节。通过对系统和网络的审计，可以发现潜在的漏洞和风险，及时采取纠正措施。实时监测可以有效检测异常行为，及时预警并处置潜在的威胁，提高信息系统的应对能力。随着信息技术的不断创新和信息化程度的提高，电子信息安全管理需要不断适应和更新，以适应新兴威胁和挑战。持续改进和升级电子信息安全管理体系，保障信息系统的可持续安全运行，成为组织不可或缺的任务。在这一过程中，综合运用政策、技术、培训和监测等手段，是确保电子信息安全管理有效实施的关键。

第一节　电子信息安全管理基础知识

电子信息安全管理是当今数字时代中至关重要的领域之一，旨在保护电子信息系统、网络和数据资源的机密性、完整性和可用性。在这个信息爆炸和高度互联的时代，电子信息的安全性不仅关系到个人隐私，还直接影响企业、组织和国家的稳定和可持续发展。深入了解和实施电子信息安全管理的基础知识对于确保信息系统的健康运作和防范潜在威胁至关重要。

一、电子信息安全管理的基础

电子信息安全管理的基础之一是确立明确的信息安全政策和规程。这一基础性要素是为了在组织内部明确信息安全的目标、原则和操作规范，以便有效管理、保护和维护电子信息的安全性。明确的信息安全政策和规程不仅有助于防范潜在的威胁，还能够提高员工的安全意识，确保信息系统在数字环境中稳健运行。

（一）信息安全政策是制定整体信息安全战略的关键元素

通过建立明确的信息安全政策，组织能够清晰定义信息安全的核心价值和目标，明确信息安全的重要性，为整个信息安全管理体系奠定基础。政策的明确定义了信息安全的指导原则，涵盖了对信息的保密性、完整性、可用性等方面的要求，为组织制订相应的措施和实践提供了指导。

（二）信息安全规程是具体实施信息安全政策的手段

规程为信息安全政策提供了具体的操作指南，包括具体的技术标准、流程、权限管理、应急响应等方面的细节要求。规程的制定使得信息安全政策更具可操作性，让员工更容易理解和遵守信息安全要求。这有助于建立一种良好的信息安全文化，推动员工主动参与信息安全管理，形成全员参与、共同维护信息安全的态势。

（三）信息安全政策和规程的制定应该是综合性的，充分考虑组织的业务需求、法规法律要求以及现实操作的可行性

信息安全政策和规程的制订应该是综合性的，需要充分考虑组织的业务需求、法规法律要求以及现实操作的可行性。这种综合性的制订方式旨在确保信息安全政策既能够有效地保护组织的信息资产，又能够与业务活动和法规的要求相协调，使其在实际操作中能够被广泛理解和执行。组织的业务特点、目标和运作方式直接影响到信息安全政策的具体内容。制订信息安全政策时，需要深入了解组织的业务流程，明确关键信息资产和业务系统，从而更有针对性地确定保护措施。例如，在金融行业，对客户隐私和交易数据的保护可能是首要任务，而在制造业，对研发和生产数据的安全性可能更为重要。不同国家和行业对于信息安全都有一系列法规和法律要求，组织必须确保信息安全政策与这些法规相一致。这包括但不限于个人数据保护法、网络安全法等，信息安全政策应当设定符合法规要求的隐私政策、数据保护措施、信息披露等规定，

以确保组织在法律层面的合规性。即使信息安全政策制订得再完善，如果在实际操作中难以执行，就难以实现其预期的效果。制订信息安全规程时需要充分考虑到组织的资源状况、员工技能水平、技术基础设施等因素。应该确保制订的政策既能够提供足够的保护，又不至于给业务运作带来过大的阻碍，从而取得信息安全和业务运营的平衡。信息安全政策和规程的制订是一项复杂而细致的任务，需要全面考虑组织的业务需求、法规法律要求以及实际操作的可行性。只有在这三个方面都得到平衡和协调的情况下，信息安全政策才能真正起到有效保护信息资产的作用，并促使组织在数字时代中安全可靠地运营。

（四）这一过程需要与组织的整体战略和风险管理相一致，确保信息安全的管理不是孤立的，而是与业务运营和风险管理相协调的一部分

这种一致性的确保有助于将信息安全融入组织的核心运营，从而更好地应对不断变化的威胁和挑战。组织的战略目标通常包括业务增长、市场份额扩大、客户满意度提升等方面，信息安全政策和规程制订应该与这些战略目标相一致。例如，如果组织的战略重点是拓展全球市场，那么信息安全政策可能需要更强调对跨国数据传输和合规性的关注，以适应全球化的业务需求。风险管理是组织为达成其目标而主动识别、评估和应对的过程，信息安全是风险管理中的一个重要方面。在信息安全管理中，需要识别和评估可能对组织信息资产带来威胁的风险，然后制订相应的控制措施来降低这些风险。这种综合的风险管理方法有助于确保信息安全管理不仅仅是对已知威胁的应对，也能够适应未来不断演变的威胁。信息安全控制措施不能过于严苛，以致影响到业务的正常运营。相反，它应该在保障信息资产安全的同时，尽可能地支持业务的顺畅进行。例如，合理的身份验证措施和访问控制机制既可以确保信息安全，又不会妨碍员工完成工作任务。信息安全管理需要不断演进以适应动态的威胁环境，这包括定期的风险评估、技术更新和员工培训，以确保信息安全管理与业务运营和风险管理的变化保持一致。随着新的技术和业务模式的出现，信息安全管理需要灵活调整策略，以保持对潜在威胁的有效防范。信息安全管理应与组织的整体战略和风险管理相一致，确保信息安全不是一个独立的部分，而是与业务运营和风险管理有机融合的关键要素。这种一体化的管理方式有助于提高组织的整体抗风险能力，确保信息资产得到充分保护，促使组织在不断变化的商业环境中取得可持续的成功。

（五）信息安全政策和规程需要定期审查和更新，以适应不断变化的威胁环境和业务需求

随着技术的发展和业务模式的演进，信息安全政策和规程需要不断调整，确保其与时俱进，保持有效性和实用性。

这一基础性工作为组织提供了指导原则和具体操作规范，有助于在数字环境中更好地应对信息安全挑战，确保信息系统的稳健运行。

二、风险评估与管理是电子信息安全的基础知识之一

风险评估与管理是电子信息安全领域的基础知识之一，它是一种系统性的方法，用于识别、评估和处理潜在的信息安全威胁和风险。通过深入了解组织的信息系统、业务流程和相关环境，风险评估与管理帮助组织有效地制订防范措施，以最小化潜在风险对信息资产的影响。

（一）风险评估是识别和理解潜在威胁和弱点的关键步骤

这一过程涉及对组织内的信息系统、网络、应用程序以及相关的物理设备和人员进行全面调查和分析。通过系统地识别潜在的威胁来源、弱点和漏洞，风险评估为组织提供了全面的风险清单，帮助组织了解可能导致信息泄露、服务中断、数据损坏等问题的潜在风险。

（二）风险评估强调对潜在威胁的评估和分类

在明确了潜在威胁后，风险评估进一步对这些威胁的可能性和影响进行评估。这有助于确定哪些威胁对组织的信息资产具有更大的威胁，从而有针对性地制订应对措施。风险的评估还可以帮助组织确定应对风险的优先级，以便更有效地分配资源和实施风险管理措施。

（三）风险管理涉及采取一系列的对策，以减轻或消除潜在风险

这包括制订并执行安全政策、采用适当的技术解决方案、建立紧急响应计划等。在风险管理的过程中，组织需要权衡风险的代价和控制风险的成本，以确保制订的对策既是可行的，又能够在资源有限的情况下最大限度地提高信息安全水平。

（四）风险评估与管理是一个动态的过程，需要根据组织内外环境的变化进行定期的更新和调整

随着业务的扩张、技术的升级和新威胁的出现，组织需要及时重新评估风险，调整风险管理策略，以确保信息安全措施仍然有效。

风险评估与管理是电子信息安全的基础知识，为组织提供了科学合理的方法，帮助其识别、评估和应对潜在的信息安全风险。这一过程有助于组织制订有针对性的风险管理策略，最大限度地减小潜在风险对信息资产的威胁，从而保障信息系统的可靠性和稳定性。

三、访问控制是确保信息安全的重要手段

访问控制作为确保信息安全的重要手段，是一种通过规定和实施对信息系统和资源的访问权限来管理和控制用户、程序或设备对敏感信息的获取和使用的安全机制。这关键的安全措施不仅有助于防止未经授权的访问，还可以限制系统中各个实体对资源的操作，从而有效地防范潜在的风险和威胁。

（一）访问控制强调对系统资源进行精确而细致的控制

通过定义明确的权限和规则，访问控制系统能够对用户、程序或设备的访问行为进行准确的监测和管理。这涉及对不同用户或角色的差异化访问权限的设定，确保只有合适的实体能够获取特定敏感信息，防止敏感数据被未授权的用户或程序访问。

（二）访问控制在实施过程中重视最小权限原则

最小权限原则是指在授予访问权限时，仅授予用户或实体完成其工作所需的最低权限，以降低潜在的风险。通过遵循最小权限原则，组织可以有效减少由于过高权限而可能导致的误用、滥用或泄露信息的风险，提高系统的整体安全性。

（三）访问控制还包括身份验证和授权两个关键环节

身份验证确保用户或实体是其所声称的身份，通常通过密码、生物识别等方式进行。授权则是根据用户身份和访问需求，授予相应的访问权限。这两个环节协同工作，确保只有合法的用户在身份验证通过后，才能获得经过授权的访问权限，从而保障信息安全。

（四）访问控制涵盖了不同层面和维度，包括物理层面、网络层面和应用层面等

在物理层面，访问控制可通过安全门禁系统、生物识别技术等手段来限制物理区域内的访问。在网络层面，访问控制可通过防火墙、虚拟专用网络（VPN）等技术手段对网络流量进行过滤和控制。在应用层面，访问控制可通过身份验证、角色管理等手段来确保只有授权用户可以访问特定的应用程序和数据。

访问控制作为确保信息安全的关键手段，通过合理的权限设置、身份验证和授权机制，有效管理和控制用户对系统资源的访问，以降低潜在的风险和威胁，维护信息系统的安全性。

四、在网络层面，网络安全是不可忽视的方面

在网络层面，网络安全是信息安全的不可忽视的方面，它涉及保护整个网络基础设施、通信渠道和数据传输过程的一系列措施和策略。随着网络技术的迅猛发展和广泛应用，网络安全的重要性日益凸显，确保网络的安全性不仅关系到个人隐私，也直接影响企业、组织和国家的稳定和发展。

（一）网络安全强调保护网络基础设施的稳定性

网络基础设施包括路由器、交换机、防火墙等硬件设备，以及各种网络协议和服务。网络攻击可能针对这些基础设施中的漏洞或弱点，因此网络安全需要采取一系列的措施，包括定期更新和维护网络设备的软件和固件、配置强固的访问控制策略、使用安全协议等，以确保网络基础设施的稳定性和安全性。

（二）网络安全关注通信渠道的安全性

数据在网络中的传输可能面临窃听、篡改和拦截的威胁，因此保护通信渠道的安全成为网络安全的一个重要方面。加密技术、虚拟专用网络（VPN）等手段被广泛应用于确保数据在传输过程中的机密性和完整性，防止未经授权的访问和恶意篡改。

（三）网络安全注重对网络流量的实时监测和分析

通过使用入侵检测系统（IDS）和入侵防御系统（IPS），网络管理员可以实时监测网络流量，及时发现并应对潜在的网络攻击。这些系统利用签名、行为分析等技术，能够识别异常行为和恶意活动，提高网络安全的及时性和有效性。

（四）网络安全还包括对网络服务和应用程序的保护

由于网络服务和应用程序的广泛应用，它们成为网络攻击的目标。网络安全需要通过漏洞扫描、代码审查、安全补丁等手段，确保网络服务和应用程序的安全性，防范可能的攻击和恶意行为。

（五）网络安全需要综合考虑内部和外部的威胁

内部威胁可能来自组织内部员工的错误操作或恶意行为，需要实施访问控制、权限管理等措施，限制员工的访问权限。外部威胁则包括来自互联网的各种网络攻击，例如拒绝服务攻击（DDoS 攻击）、恶意软件传播等，对此需要建立强大的网络安全防护体系，及时发现和应对各类网络威胁。

网络安全作为信息安全的关键组成部分，致力于保护网络基础设施、通信渠道和

数据传输的安全。通过综合运用硬件设备、软件工具和安全策略，网络安全有助于防范各类网络威胁，确保网络的稳定运行和信息的安全传输。

五、数据保护是电子信息安全管理的核心

数据保护是电子信息安全管理的核心，它涉及对数据的收集、存储、传输和处理等全生命周期的综合保护措施，以确保敏感信息不受到未经授权的访问、泄露、篡改或破坏，从而维护个人隐私、保障业务机密性，并遵循法规法律的要求。

（一）数据保护强调合法和透明的数据处理原则

组织在收集、使用和处理数据时，应该遵循合法的原则，明确获取用户同意的方式，并明示数据的用途。透明的数据处理使得用户能够清楚了解其个人信息被如何使用，建立了用户与组织之间的信任关系。

（二）数据保护关注数据的机密性和完整性

通过使用加密技术、访问控制、身份验证等手段，确保敏感数据在存储和传输过程中不被未经授权的用户访问。通过数据完整性校验、备份和恢复策略等方式，防止数据在处理中遭到恶意篡改或丢失。

（三）数据保护注重敏感信息的匿名化和脱敏化

在处理个人敏感信息时，组织应当采用技术手段，如数据脱敏、匿名化等，以减少敏感数据的暴露风险。这有助于在满足业务需求的同时，最大限度地保护用户的隐私。

（四）数据保护还包括对数据访问和使用的监控与审计

通过实施访问控制、日志记录、审计等机制，可以追踪和记录数据的访问历史，及时发现异常行为并进行调查。这有助于提高对数据滥用或非法访问的感知能力，并及时采取相应的应对措施。

（五）数据保护也需要考虑跨境数据流的问题

随着信息的全球化，数据可能会在不同国家之间流动，需要遵循相应的法规法律要求，确保在数据传输过程中合规处理，防范潜在的合规风险。

（六）数据保护需要与员工培训和意识提升相结合

组织应当通过定期的培训活动，加强员工对于数据保护的认知和理解，推动员工在日常工作中更加谨慎地处理和管理数据，减少因人为疏忽导致的信息安全风险。

数据保护作为电子信息安全管理的核心，通过一系列技术、法律和管理手段，确保数据在整个生命周期内得到充分保护，维护了信息系统的安全性、业务的可靠性和用户的隐私权益。

六、员工培训和意识提升是信息安全的一环

员工培训和意识提升是信息安全管理中不可或缺的一环，它涵盖了向组织内部的员工传递关于信息安全的知识、技能和意识，以降低人为因素对信息安全造成的风险。这一方面的培训不仅涉及技术层面的知识传递，还包括强调员工在日常工作中对信息安全的责任和行为规范。

（一）员工培训注重传递基础的信息安全知识

这包括关于密码安全、身份验证、访问控制、网络安全等方面的基础概念和操作规范。培训旨在让员工了解潜在的信息安全威胁，认识到安全意识的重要性，并掌握遵循最佳安全实践的基本技能。

（二）员工培训侧重强调社会工程和钓鱼攻击等人为因素的防范

这方面的培训通过实际案例、模拟演练等方式，让员工学会如何辨别恶意邮件、虚假网站，以及如何防范社交工程攻击，从而提高在面对各种社交工程手段时的警惕性。

（三）员工培训需要针对不同岗位和职责制订定制化的培训计划

不同部门的员工可能面临不同的信息安全威胁，培训计划需要根据具体的工作职能和岗位需求制订，以确保培训内容贴近员工的实际工作场景，提高信息安全的实际应用效果。

（四）员工培训不仅仅关注技术层面，还强调信息安全意识的提升

通过定期的安全意识活动、内部通知、海报宣传等方式，组织能够形成一种积极向上、注重信息安全的文化氛围。员工在日常工作中逐渐形成主动关注信息安全、自觉防范潜在风险的良好习惯。

（五）员工培训需要定期更新和调整，以适应信息安全领域的不断变化

随着新的威胁和攻击手段的出现，培训计划需要及时更新，确保员工始终具备最新的信息安全知识和技能。这也包括对新员工的快速培训，以便他们能够尽快适应并遵循组织的信息安全政策。

员工培训和意识提升是信息安全管理中的重要一环，通过传递知识、培养技能和

增强意识，能够有效降低人为因素引发的信息安全风险，构建一个具有高度信息安全意识的组织文化。

七、安全审计和监测是发现和应对潜在威胁的有效手段

安全审计和监测是发现和应对潜在威胁的有效手段，它们构成了信息安全管理中的重要环节，通过系统性的监测和审计流程，提供实时的威胁感知和对潜在风险的全面洞察，以保障信息系统的稳健运行和数据的安全性。

（一）安全审计强调对信息系统和网络的全面检查

通过定期的安全审计，组织可以深入了解系统和网络的配置、权限设置、日志记录等情况，识别潜在的弱点和漏洞。这有助于发现潜在的威胁和可能被利用的入口，从而及时加强相应的安全措施，提高系统的整体防御水平。

（二）安全监测强调实时对网络流量、系统日志等数据的监控

通过使用入侵检测系统（IDS）、入侵防御系统（IPS）、防火墙日志等工具，组织能够实时监测网络中的异常行为，及时发现可能的攻击和威胁。安全监测系统能够通过分析网络流量模式、检测异常登录行为等方式，迅速发现并应对不寻常的活动，防范潜在的风险。

（三）安全审计和监测也关注员工行为的监控

通过审计员工在系统中的操作记录和行为，组织可以发现不当的数据访问、异常的权限使用等问题。通过监测员工的身份验证和访问行为，可以防范内部威胁和滥用权限的风险。

（四）安全审计和监测需要结合合规性要求，确保组织的信息系统和操作符合相关法规和标准

合规性审计可以帮助组织检查其安全措施是否符合法规要求，防范潜在的法律责任和罚款风险。

（五）安全审计和监测强调对安全事件的及时响应

通过建立紧急响应计划、制订事故处置流程等方式，组织能够在发现潜在威胁时迅速做出反应，防止威胁进一步扩大和造成更大的损失。

通过全面检查和实时监控，帮助组织及时发现和应对潜在的威胁和风险，保障信息系统的安全性和稳定性。这一过程需要持续进行，以适应不断变化的威胁环境和安全挑战。

八、应急响应计划是防范和应对安全事件的关键

应急响应计划是一项关键的信息安全管理措施，旨在帮助组织迅速、有效地应对和处理各类安全事件，减小潜在损失、恢复服务，并降低对业务和信息系统的影响。这一计划的建立和执行是信息安全管理体系中的重要环节，涉及预防、检测、应对和修复安全事件的全过程。

（一）应急响应计划强调前期准备工作

在制订计划之初，组织需要进行全面的风险评估，了解自身信息系统和业务的脆弱性，明确可能面临的威胁和风险。基于这些评估结果，组织可以制订应急响应策略，包括紧急通知程序、应急资源准备、应急人员培训等，以提前准备好应对可能发生的各种安全事件。

（二）应急响应计划强调安全事件的及时检测和报告

通过实施入侵检测系统（IDS）、日志监测工具等技术手段，组织能够及时发现异常行为和潜在威胁。及时地安全事件检测是应急响应的前提，只有在事件发生后迅速发现并通报，组织才能采取有效措施遏制事件扩散和危害。

（三）应急响应计划着重于组织内部应急团队的建设和培训

建立专业的应急团队，包括安全专家、网络工程师、法务人员等，确保在安全事件发生时能够迅速响应。培训团队成员了解应急计划的执行流程、熟悉相关工具和技术，提高应对安全事件的能力。

（四）应急响应计划包括了对外部协力和沟通的策略

在应对大规模或复杂的安全事件时，可能需要与外部的安全厂商、执法部门等进行合作。计划中需要明确与外部合作伙伴的沟通方式和协作流程，以提高应对安全事件的效率。

（五）应急响应计划必须包括事件后的事后总结和改进措施

通过对事件的事后分析，组织可以了解安全事件的原因和漏洞，从而不断改进应急响应计划，提高系统的整体安全性。

应急响应计划是防范和应对安全事件的关键，它通过前期准备、及时检测、团队培训和外部合作等方面的综合策略，确保组织在面对各种安全事件时能够迅速、有序地做出反应，最大限度地减小潜在损失，保障信息系统和业务的持续稳定运行。

九、了解和遵循相关的信息安全法规和合规性要求是电子信息安全管理不可或缺的一环

随着信息技术的迅猛发展和广泛应用，政府和监管机构逐渐制订了一系列信息安全法规和合规性要求，旨在保护个人隐私、维护国家安全、促进健康的信息经济发展。电子信息安全管理需要在法规合规的框架下进行，以确保组织的信息系统和数据处理活动在法律规定的范围内运行，并履行相应的法律责任。

（一）了解相关法规是信息安全管理的前提

不同国家和地区可能有不同的信息安全法规和法律体系，例如欧洲的《通用数据保护条例》（GDPR）、美国的《健康保险可移植性与责任法案》（HIPAA）、中国的《个人信息保护法》等。了解这些法规的内容、适用范围和要求，是组织确保信息安全合规性的基础。

（二）制订和实施合规性要求是信息安全管理的核心

在了解法规的基础上，组织需要制订符合法规要求的信息安全政策、流程和措施，并确保全体员工理解和遵循这些要求。这可能涉及个人隐私的合法收集和使用、数据的安全存储和传输、信息披露和通知的机制等方面，组织需要建立和完善相关的制度以确保合规性。

（三）信息安全管理需要不断跟进法规的更新和变化

信息安全法规通常会随着技术和社会的发展而进行修订和更新，组织需要保持对法规的关注，及时了解法规的最新要求，调整信息安全管理措施以适应新的合规性要求。

（四）合规性要求也包括了与第三方服务提供商的合规性验证

当组织使用云服务、外包服务等第三方服务时，需要确保这些服务提供商也符合相关的信息安全法规和合规性要求，以避免因为第三方服务的不合规而带来的潜在风险。

（五）信息安全管理需要建立完善的合规性审计和监测机制

通过定期的内部审计和监测，组织可以评估自身的合规性水平，及时发现和纠正可能存在的合规性问题，确保信息系统和数据处理活动一直在法规合规的轨道上运行。

了解和遵循相关的信息安全法规和合规性要求是电子信息安全管理的基础，它有助于组织合理规划和实施信息安全策略，降低法律风险，维护组织的声誉和信誉。

十、紧跟技术创新和发展趋势是电子信息安全管理的必然选择

随着科技不断演进和信息技术的飞速发展，电子信息安全管理需要不断调整和更新策略，以适应新兴技术的崛起、安全威胁的演变以及业务环境的变化。只有保持对技术创新的敏感性，积极应对新挑战，才能确保信息系统的安全性和可靠性。

（一）新兴技术的广泛应用使得信息安全管理面临新的挑战

例如，人工智能（AI）、云计算、物联网（IoT）等技术的快速发展，为信息系统带来了更高效的运算能力和更便捷的业务操作，同时也带来了新的安全威胁。电子信息安全管理需要及时关注这些新技术的安全性问题，采取相应的防护措施，确保其在应用过程中不成为潜在的攻击目标。

（二）安全意识和培训需要与新技术同步更新

员工是信息安全的第一道防线，他们需要了解和适应新技术的安全要求。组织应该通过培训和教育，帮助员工理解新兴技术的风险和安全最佳实践，提高其对信息安全的警觉性，避免由于人为因素引起的安全漏洞。

（三）新技术的采用需要建立相应的安全标准和最佳实践

在引入新技术时，组织需要明确技术实施的安全标准，确保其符合业界安全要求和法规合规性。这包括制订合适的安全政策、规程，以及实施相应的安全控制措施，确保新技术在系统中的安全性。

（四）技术监测和漏洞管理也是紧跟技术创新的重要环节

通过建立健全的漏洞管理制度，组织可以及时了解新技术中可能存在的漏洞和安全风险，采取相应的修复措施，降低潜在攻击的风险。

（五）组织需要积极参与安全社区和行业协会，了解最新的安全威胁和对策

通过参与安全研讨会、关注安全论坛、分享经验等方式，组织可以获取来自同行业的信息安全实践经验，以及新技术背后的安全风险和对策，有助于提高组织对新兴技术安全性的认知和防范能力。

只有不断更新安全策略、加强安全培训、建立新技术的安全标准和实施最佳实践，组织才能更好地应对不断变化的信息安全挑战。只有建立起完备的信息安全管理体系，全面应对内外部的威胁和风险，组织才能在数字化时代安全可靠地运行。

第二节　电子信息安全管理应用技术

电子信息安全管理应用技术是一门关注保护、管理和维护电子信息系统安全的学科，随着信息技术的飞速发展，电子信息已经成为现代社会不可或缺的基础资源，而其安全性对个人、企业和国家的稳定与发展至关重要。电子信息安全管理应用技术应运而生，通过一系列综合性的手段和方法，致力于保障电子信息系统的机密性、完整性和可用性，防范各类威胁和风险。

一、电子信息安全管理应用技术概述

电子信息安全管理应用技术注重建立全面的安全策略和规范，以应对日益复杂的网络环境。在当今数字化时代，组织面临着来自内外部的多样化威胁，建立综合而有效的安全策略和规范是确保信息系统安全的关键。

（一）制定全面的安全策略是电子信息安全管理技术应用的基础

安全策略不仅仅是一份文件，更是组织对信息安全的整体战略规划。这包括对敏感数据的分类和保护、对网络流量的监测和分析、对身份验证和访问控制的管理等方面的详细规划。全面的安全策略需要综合考虑组织的业务需求、技术架构和法规合规性要求，以确保安全措施的全面性和系统性。

（二）规范化的安全政策有助于确保信息系统和网络的稳定性

通过明确的安全规范，组织可以规范用户行为、设备配置、网络通信等方面的操作，降低因人为原因引起的安全漏洞。这包括设定密码策略、规范设备的安全配置、限制对敏感数据的访问等。规范化的安全政策使得信息系统能够在一个稳定和受控的状态下运行，有助于减小潜在的风险。

（三）建立全面的安全规范也需要考虑新兴技术的融入

随着新技术的不断涌现，如云计算、边缘计算、物联网等，安全策略和规范需要及时调整，以适应新技术的安全要求。这可能包括制订相应的云安全政策、物联网设备管理规范等，确保新兴技术的应用在保障安全的同时，也符合组织的信息安全策略。

（四）安全规范还应该注重灵活性和可调整性

由于信息环境的动态变化，安全规范需要具备灵活性，能够根据新的威胁和变化的业务需求进行调整。这可以通过定期的安全审查、漏洞评估、风险评估等手段实现，以及建立响应迅速的更新机制，确保规范的实时性和适应性。

（五）全面的安全策略和规范需要得到组织内部所有相关方的共识和支持

这包括高层管理层、IT 部门、业务部门和所有员工。通过推动全员安全意识培训、建立跨部门的信息安全委员会等方式，组织可以促使所有相关方共同遵循和执行安全策略和规范，形成共同的信息安全文化。

电子信息安全管理技术应用注重建立全面的安全策略和规范，以应对日益复杂的网络环境，这需要从全面性、规范性、灵活性等多个角度进行综合考虑，确保信息系统在复杂多变的威胁环境中保持高度的安全性。

二、电子信息安全管理应用技术的多层次性和全方位性

电子信息安全管理应用技术强调网络安全防护的多层次性和全方位性。在当今数字化环境中，网络攻击的威胁变得日益复杂和普遍，建立多层次、全方位的网络安全防护体系是确保信息系统安全的重要手段。

（一）多层次的网络安全防护体系涉及在网络架构中设置多重防线

这包括网络边界防御、内部网络防御和终端设备防御等多个层次。在网络边界，防火墙、入侵防御系统（IPS）、反病毒网关等技术可用于监测和阻挡来自外部的恶意流量。内部网络防御可以通过网络隔离、安全网关等手段，防范内部恶意活动的传播。而在终端设备上，使用端点安全软件、设备加密等技术，提高终端设备的抵抗恶意攻击的能力。这种多层次的网络安全防护体系能够形成一道道坚固的防线，阻挡和减缓潜在威胁的传播。

（二）全方位的网络安全防护要求覆盖网络的各个方面

这包括网络流量监控和分析、身份验证与访问控制、漏洞管理、安全培训与意识提升等多个方面。通过实时监控网络流量，组织可以及时发现异常行为和潜在攻击。身份验证与访问控制则确保只有合法用户能够访问特定的资源，降低了内部威胁的风险。漏洞管理通过及时修复系统和应用程序的漏洞，降低了遭受已知攻击的可能性。安全培训与意识提升则有助于提高员工的安全意识，降低社交工程等人为攻击的风险。

（三）全方位的网络安全防护需强调持续性和响应性

网络环境和威胁是动态变化的，网络安全防护需要持续不断地进行评估和更新，这包括定期的漏洞扫描、安全审计、风险评估等手段，以及建立应急响应计划，能够

在发生安全事件时迅速做出反应，最小化潜在损失。

（四）网络安全防护需要充分利用先进的技术手段

这包括人工智能和机器学习在威胁检测和分析中的应用，以及区块链技术在加强身份验证和保护数据完整性方面的应用。通过充分利用先进的技术手段，可以提高网络安全防护的效率和准确性，更好地应对日益复杂的网络威胁。

电子信息安全管理应用技术强调网络安全防护的多层次性和全方位性，这需要组织在网络架构、技术工具和人员培训等方面全面考虑，建立起强大而灵活的网络安全防护体系，以确保信息系统在数字环境中的安全运行。

三、电子信息安全管理应用技术的重点

在当前数字化时代，信息安全威胁不断升级，恶意攻击愈发复杂，因此，组织中所有成员都需要具备高度的信息安全意识和相应的培训，以有效地预防和应对各类安全威胁。

（一）信息安全意识的建立是电子信息安全管理的基础

所有组织成员，包括高层管理人员、IT 专业人员和普通员工，都应该具备对信息安全的基本认识和敏感性。这意味着要理解信息资产的重要性，认识到信息泄露可能带来的潜在风险，并知晓如何妥善处理敏感信息。信息安全意识的建立不仅仅是技术层面的问题，更是一种文化和价值观的渗透，要求所有成员都把信息安全作为个人和组织的责任。

（二）信息安全培训是确保组织成员具备实际防范和应对能力的关键环节

通过定期的培训，组织可以向员工传递最新的信息安全威胁情报、防护措施和最佳实践。培训内容应涵盖密码管理、社交工程防范、网络安全基础知识等方面，以提高员工对潜在威胁的认知，并培养正确的信息安全行为。培训可以采用在线课程、模拟演练、工作坊等多种形式，以确保信息的有效传达和学习效果。

（三）信息安全培训还需要根据不同岗位和职责制订差异化的培训计划

不同部门和岗位的人员可能面临不同的信息安全挑战，培训计划应根据具体情况进行定制。例如，IT 人员可能需要更深入地了解网络安全和系统防护措施，而非技术人员则可能更关注社交工程和安全意识的培养。

（四）信息安全培训需要强调员工在日常工作中的实际应用

这包括安全文件存储、数据传输、远程工作等方面的实际操作。通过模拟真实场景，

培训可以帮助员工更好地理解信息安全原则，并在实际工作中运用所学知识，提高工作中的信息安全素养。

（五）信息安全培训应该是一个持续的过程

信息安全威胁不断演变，新的攻击手法不断涌现，培训计划需要定期更新和调整，以确保员工对最新威胁有清晰的认识，并能够采取相应的防范措施。培训还应当与组织的安全政策和规程相结合，确保员工在工作中能够准确地贯彻和执行相关安全措施。只有通过全员的共同努力，建立起高度的信息安全意识和技能水平，组织才能更好地应对不断演变的信息安全威胁。

四、电子信息安全管理应用技术注重安全事件的监测和溯源

在当今高度互联的数字环境中，网络安全威胁变得越来越复杂，对安全事件的及时监测和追溯成为确保信息系统安全的重要环节。

（一）安全事件监测是发现异常活动和潜在攻击的前提

通过实施先进的安全信息与事件管理系统（SIEM）、入侵检测系统（IDS）、行为分析工具等技术手段，组织可以实时监测网络流量、系统日志、用户行为等多个方面的信息。这种监测不仅仅是被动地检测已知攻击模式，更包括对未知、零日攻击的实时监控，以及对异常行为的及时警报。安全事件监测可以帮助组织在攻击发生之前发现问题，降低潜在威胁造成的风险。

（二）安全事件溯源是确定安全事件来源和传播路径的关键

一旦发生安全事件，及时追溯其源头对于事后的调查和应对至关重要。通过合理设置日志记录、网络流量记录、用户活动记录等，组织可以追溯安全事件的发生时间、地点、攻击者身份等关键信息。这种溯源有助于快速锁定攻击源，并为进一步的应急响应提供有力支持。安全事件溯源也是对安全事件的全过程管理，包括事件的演变轨迹、影响范围等方面的详细记录。

（三）安全事件监测和溯源需要与其他安全控制措施协同工作

例如，与访问控制、身份认证系统集成，可以更精确地追踪用户活动。与数据分类与加密系统结合，可以提高对敏感数据泄露的监测和防范能力。通过与漏洞管理系统联动，可以更好地监测和应对系统和应用程序的漏洞。

（四）安全事件监测和溯源也需要考虑法规合规性的要求

一些法规和合规性要求可能要求组织建立翔实的安全日志、事件记录，并规定一

定的保存和报告期限。在设计监测和溯源系统时，需要充分考虑这些法规的要求，确保满足相关的法规合规性。

（五）安全事件监测和溯源也需要定期的演练和测试

通过模拟真实的攻击场景，组织可以验证监测系统的有效性，调整监测规则和溯源流程，以提高整体的安全应对能力。

电子信息安全管理应用技术注重安全事件的监测和溯源，这是对抗不断演变的网络威胁的必要手段。通过建立先进的监测系统和溯源机制，组织能够更迅速、准确地发现、定位和应对潜在的安全威胁，从而提高信息系统的整体安全性。

电子信息安全管理应用技术是一个综合性、复杂性的学科，涉及多个层面的技术和策略，通过全面、系统地应用各种安全技术，建立科学合理的安全管理体系，可以更好地保障电子信息系统的安全，维护社会信息秩序，推动数字化时代的可持续发展。

第三节 电子信息安全管理应用实践

电子信息安全管理应用实践是将理论与技术应用于实际系统和环境，以保障电子信息系统安全、提高抗攻击能力、维护信息完整性和机密性的一系列行动。在迅猛发展的数字化时代，电子信息安全管理的实际应用已成为社会各个领域不可或缺的重要环节，我们需要综合运用多种手段和方法，将理论知识融入实际操作，以确保信息系统的平稳运行和安全性。

一、建立完善的安全政策和规范体系

在电子信息安全管理的实际应用中，我们需要建立完善的安全政策和规范体系。这一体系不仅仅是为了满足法规合规性的要求，更是为了确保组织能够在数字环境中有效应对各种安全威胁、保护敏感信息和维护业务连续性。

（一）安全政策是安全管理体系的核心

安全政策是组织内部对于信息安全目标、原则和责任的正式表述。这包括对敏感信息的分类和处理、用户访问控制、网络安全要求、风险评估与管理等多个方面的规定。安全政策应当具备明确性、全面性和可执行性，确保所有员工了解并能够遵循这些安全原则。这些政策可以根据组织的具体情况进行定制，包括不同部门、不同岗位的安全责任和规定。

（二）规范体系是安全政策的具体实施手段

规范包括了详细的工作流程、技术规程、行为准则等，以支持安全政策的贯彻执行。例如，网络使用规范可以规定员工在使用公司网络时应当注意的事项；数据处理规范可以明确对于敏感信息的存储和传输要求；密码管理规范可以规定密码复杂性和定期更改等。这些规范为员工提供了具体的操作指南，帮助他们在日常工作中更好地遵守安全政策。

（三）建立完善的安全政策和规范体系需要与业务需求和法规要求相结合

不同行业、不同地区可能有不同的法规合规性要求，组织需要确保安全政策和规范体系的设计符合相关的法规标准，这包括个人隐私保护、数据传输加密、合规性报告等方面的规定。

（四）安全政策和规范体系需要注重与员工培训和意识提升相结合

通过定期的培训活动，组织可以向员工传达安全政策和规范的重要性，提高他们的安全意识，并确保员工能够理解和正确执行相关规定。此外，可以通过定期的安全演练来验证安全政策和规范在实际操作中的有效性，发现潜在的问题并及时修正。

（五）安全政策和规范体系需要定期审查和更新

随着业务环境和安全威胁的不断变化，安全政策和规范体系也需要不断调整以适应新的情况。定期的安全审计、风险评估、合规性检查等都是确保体系持续有效的关键环节。

在电子信息安全管理的实际应用中，建立完善的安全政策和规范体系是确保信息系统安全的基础。这一体系应当全面覆盖组织的各个方面，从高层管理到基层员工都应参与其中，以共同维护组织的信息安全。

二、强调建立高效的身份认证和访问控制机制

在实际应用中，强调建立高效的身份认证和访问控制机制是确保电子信息安全的至关重要的一环。随着信息系统的复杂性增加和网络威胁的不断演变，有效的身份认证和访问控制机制能够有效降低潜在的风险，保护组织的敏感信息和资源。

（一）高效的身份认证机制是确保只有合法用户能够访问系统和敏感信息的关键

传统的用户名和密码认证方式逐渐变得脆弱，因此采用多因素认证（MFA）是提高认证安全性的有效手段。MFA 结合了多种身份验证要素，如密码、生物特征、硬件令牌等，增加了用户身份验证的难度，提高了系统的整体安全性。采用单一登录（SSO）系统可以简化用户登录体验，同时确保安全，减少了用户使用弱密码或在多个系统中重复使用密码的风险。

（二）访问控制机制应该基于最小权限原则，确保用户只能访问其工作职责所需的信息和资源

细粒度的访问控制可以通过角色 -based access control（RBAC）或属性 -based access control（ABAC）等方法来实现。通过为不同的用户分配适当的角色或属性，可以实现对系统和数据的精细控制，减少了因用户误操作或非法访问而导致的风险。

（三）访问控制应该综合考虑时间、地点、设备等因素，实现更精准地授权

例如，在敏感操作或访问高风险信息时，可以要求额外的身份验证步骤，以提高安全性。通过设备的合规性检查，可以防范来自未受信任设备的潜在威胁。地理位置信息的审查则可以检测到异地登录或异常地点的访问，从而及时发现潜在的异常行为。

（四）日志和审计是访问控制机制的重要补充

通过记录用户的访问行为、权限变更等信息，组织可以及时发现异常活动并追溯其来源。定期对日志进行审计，可以帮助组织发现潜在的安全威胁，确保访问控制机制的有效性。

（五）高效的身份认证和访问控制机制需要与员工培训和意识提升相结合

员工需要了解系统的安全性和访问控制机制的原理，以充分配合和遵守相关规定。通过定期的培训，员工能够更好地理解系统的安全需求，从而在实际操作中更加谨慎和规范。

这不仅有助于降低内外部威胁，还能够提高系统的整体安全性，确保敏感信息和资源不被未经授权的访问。

三、部署高效的防火墙、入侵检测系统和反病毒软件等工具

在网络安全方面的实际应用中，部署高效的防火墙、入侵检测系统和反病毒软件

等工具是至关重要的。这些工具构成了网络防御的核心，能够帮助组织及时发现并阻止潜在的网络威胁，维护网络的稳定和安全。

（一）防火墙是网络安全体系的第一道防线

部署高效的防火墙有助于监控和控制网络流量，防范未经授权的访问和恶意攻击。传统的防火墙可以基于端口和协议进行过滤，而现代防火墙则更注重深度包检查和应用层过滤。这种深度包检查可以有效防范各种网络攻击，包括拒绝服务（DDoS）攻击、应用层攻击等。此外，防火墙还能够支持虚拟专用网络（VPN）的建立，提高远程访问的安全性。

（二）入侵检测系统（IDS）是网络安全的主动监测手段

它能够实时分析网络流量，识别异常行为，并提供警报以及对潜在威胁的响应。IDS 可以分为网络入侵检测系统（NIDS）和主机入侵检测系统（HIDS）。NIDS 通过监测整个网络流量来识别网络层面的威胁，而 HIDS 则集中在单个主机上，检测主机层面的异常行为。入侵检测系统的部署有助于及时发现未知攻击和零日漏洞，从而加强对网络的实时保护。

（三）反病毒软件是防范恶意软件的关键

这类软件能够检测、阻止和清除计算机系统中的病毒、蠕虫、特洛伊木马等恶意代码。反病毒软件通常包括实时防护、定期病毒扫描和恶意网址过滤等功能。通过定期更新病毒数据库，反病毒软件能够及时识别新的威胁，保持对潜在风险的高度警惕。一些高级的反病毒软件还能够采用行为分析和云端智能检测等先进技术，提高对未知威胁的检测率。在部署这些工具时，需要考虑将它们集成到一个整体的安全信息与事件管理系统（SIEM）中。SIEM 系统能够集中处理和分析来自各种安全工具的信息，提供对整个网络安全状况的全面洞察。通过实时监控和自动化响应，SIEM 系统有助于组织更快速、准确地应对各种网络安全威胁。

（四）定期的安全审计和漏洞管理是保持网络安全的关键环节

通过对系统和应用程序进行定期的漏洞扫描、安全配置审计等活动，组织可以发现潜在的漏洞和弱点，及时修复以防范潜在威胁。

在网络安全方面的实际应用中，部署高效的防火墙、入侵检测系统和反病毒软件等工具是维护信息系统安全的基础。这些工具的整合和合理配置可以有效提高网络的安全性，减少潜在威胁的影响。

四、强调信息安全意识的培养和提升

在实际应用中，强调信息安全意识的培养和提升是确保电子信息安全的关键措施。无论在组织内部还是社会整体，人为因素往往是信息安全问题的重要来源，通过培养员工和用户的信息安全意识，可以有效减少人为失误和恶意攻击的风险。

（一）信息安全培训是提高个体和组织整体安全意识的基础

通过定期的培训活动，组织可以向员工传达信息安全政策、规范和最佳实践。培训内容涵盖密码管理、社交工程防范、网络安全基础知识等方面，使员工能够更全面地了解信息安全的重要性。培训还可以介绍最新的安全威胁和攻击手法，提高员工对潜在风险的认知。

（二）强调实际案例和生动事例有助于增强信息安全培训的实效性

通过分享真实的安全事件、漏洞案例和社交工程攻击实例，可以使员工更深刻地理解信息安全问题的实际影响。这种案例学习能够让员工更加直观地感受到信息安全的重要性，提高他们对潜在威胁的警惕性。

（三）借助模拟演练和实际操作的方式，可以更好地培养员工在实际工作中的信息安全技能

模拟演练可以模拟真实的攻击场景，让员工在安全的环境中体验并应对各种安全威胁。这种实践性的培训有助于提高员工在面对实际情况时的应对能力，减少因为缺乏经验而造成的安全风险。

（四）强调信息安全是每个人的责任，不仅仅是 IT 部门的事情

通过强调信息安全的集体责任，可以激发员工的主动性和积极性。每个人在日常工作中都有一定的信息安全责任，从简单的密码安全到对敏感信息的妥善处理，每个员工都需要在工作中积极贯彻信息安全原则。

（五）信息安全意识的培养是一个持续的过程

随着技术的不断发展和安全威胁的不断演变，组织需要不断更新培训内容，确保员工对新的安全挑战有清晰的认识。通过定期的培训、定期的安全提醒和定期的测试，组织可以不断提升员工的信息安全意识水平，形成一个强大的信息安全文化。

在实际应用中，强调信息安全意识的培养和提升是确保电子信息安全的必要手段，通过全员共同参与、综合多种培训方式，组织能够在人为因素方面建立起坚实的安全防线，有效提高整体的信息安全水平。

五、日志管理和审计技术不可或缺

在电子信息安全管理的实际应用中，日志管理和审计技术是不可或缺的一部分。这些技术为组织提供了追踪、分析和监控系统活动的手段，对于及时发现潜在威胁、进行事后溯源和确保合规性都具有重要作用。

（一）日志管理是记录系统和应用程序活动的关键组成部分

通过收集和存储各种日志数据，包括系统日志、安全事件日志、网络流量日志等，组织能够建立起对系统运行状况的全面了解。这些日志记录有助于发现异常行为、追踪用户活动、分析安全事件，从而提高对潜在威胁的感知能力。合理设置和维护日志，确保其完整性和可追溯性，是日志管理的基础。

（二）日志分析技术是对日志数据进行深度挖掘的手段

通过使用安全信息与事件管理系统（SIEM）等工具，组织可以对大量的日志数据进行实时分析和关联。这些工具能够自动检测潜在的安全威胁、异常活动和异常访问模式，提供及时的告警和响应。日志分析技术还可以帮助组织识别安全事件的来源、影响范围和危害程度，有助于迅速制订应对措施。

（三）审计技术是对系统和网络活动进行审查和评估的关键手段

通过定期对日志数据进行审计，组织可以验证系统和应用程序的合规性，确保其符合法规和内部政策的要求。审计技术还有助于识别潜在的安全风险、改进安全控制措施，并提供对安全管理效果的评估。审计可以包括系统配置审计、用户行为审计、数据访问审计等多个方面，以确保整个信息系统的安全性。

（四）合规性要求通常对日志管理和审计提出了明确的要求

例如，一些法规（如 GDPR、HIPAA）要求组织在一定时间内保存特定类型的日志数据，并能够在需要时提供可追溯的审计记录。在设计日志管理和审计系统时，组织需要充分考虑这些合规性要求，确保系统满足相关法规的规定。

（五）在实际应用中，日志管理和审计技术需要与其他安全技术协同工作

例如，与入侵检测系统（IDS）和防火墙集成，可以提高对潜在威胁的感知和响应能力。与身份认证和访问控制系统结合，可以更好地追踪用户活动。通过与安全培训和意识提升结合，可以帮助员工更好地理解安全政策和规范，从而减少安全风险。

通过有效的日志记录、分析和审计，组织能够更全面地了解系统的运行状态，及时发现和应对潜在的安全威胁，确保信息系统的稳定和安全。通过全面、系统的应用

各种安全技术，将理论知识融入实际操作，可以更好地保障电子信息系统的安全，维护社会信息秩序，促进数字化时代的可持续发展。在不断变化的信息安全威胁面前，实践中的不断总结和创新将推动电子信息安全管理水平不断提升。

参考文献

[1] 武明斐 . 电子信息技术在安全保障管理中的应用 [J]. 集成电路应用，2023，40（04）：327-329.

[2] 宋宜璇 . 计算机网络技术在电子信息工程中的应用 [J]. 电子元器件与信息技术，2022，6（09）：200-203.

[3] 崔洪志 . 信息时代视域下电子信息安全管理研究 [J]. 网络安全和信息化，2022，（05）：104-106.

[4] 李松宇 . 电子信息工程技术的应用与安全管理 [J]. 科技资讯，2021，19（27）：14-16.

[5] 俞五炎，史业宏，雷宇等 . 计算机电子信息工程技术的应用与安全分析 [J]. 无线互联科技，2021，18（13）：85-86.

[6] 刘国祥，周卫红，李佩佩等 . 计算机电子信息工程技术的应用和安全 [J]. 电脑编程技巧与维护，2021，（05）：40-41.

[7] 沈哲 . 计算机网络技术在电子信息工程中的应用研究 [J]. 网络安全技术与应用，2021，（03）：132-133.

[8] 赵浚宇 . 电子科技企业信息安全技术应用分析 [J]. 无线互联科技，2021，18（04）：90-91.

[9] 韩倩 . 医院电子档案管理与电子信息安全防护分析 [J]. 长江信息通信，2021，34（02）：178-180.

[10] 王海亮 . 计算机电子信息技术及工程管理模式思考研究 [J]. 电脑知识与技术，2021，17（04）：249-250.

[11] 景日晨，蔡秋梅 . 新时代加强电子政务信息安全的管理思路研究 [J]. 中国管理信息化，2020，23（24）：196-197.

[12] 陈华林 . 电子信息的隐藏技术应用 [J]. 电子元器件与信息技术，2020，4（10）：26-27.

[13] 王瑀珩 . 电子信息技术在网络安全中的应用分析 [J]. 网络安全技术与应用，

2020，（10）：154-156.

[14] 王瑀珩 . 电子信息技术在网络安全中的应用分析 [J]. 网络安全技术与应用，2020，（10）：154-156.

[15] 任玺 . 电子信息技术在公共管理中的应用探讨 [J]. 中阿科技论坛（中英文），2020，（10）：73-75.

[16] 蒋书琴 . 政府部门电子政务信息安全应急管理的探讨 [J]. 中国新技术新产品，2020，（17）：143-144.

[17] 蒋书琴 . 政府部门电子政务信息安全应急管理的探讨 [J]. 中国新技术新产品，2020，（17）：143-144.

[18] 王晓庆 . 电子信息技术在企业安全管理中的应用分析 [J]. 中外企业家，2020，（14）：80.

[19] 龚俊铭 . 新时代加强电子政务信息安全的管理思路探讨 [J]. 通讯世界，2020，27(03)：215-216.

[20] 唐静远 . 关于电子信息技术在企业中的应用以及发展趋势 [J]. 商场现代化，2019，（15）：113-114.

